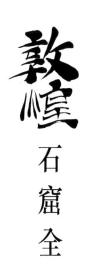

敦煌

石窟全集

U0063376

# 敦煌石窟全集

敦煌研究院 主編

14

圖案卷（下）

本卷主編 關友惠

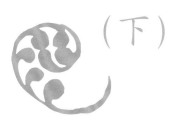

商務印書館

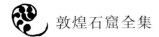

**敦煌石窟全集**

主編單位 …………… 敦煌研究院

主　　編 …………… 段文杰

副 主 編 …………… 樊錦詩（常務）

編著委員會（按姓氏筆畫排序）
主　　任 …………… 段文杰　樊錦詩（常務）
委　　員 …………… 吳　健　施萍婷　馬　德　梁尉英　趙聲良

出版顧問 …………… 金沖及　宋木文　張文彬　劉　杲　謝辰生
　　　　　　　　　　　羅哲文　王去非　金維諾　周紹良　馬世長

出版委員會
主　　任 …………… 彭卿雲　沈　竹　劉　煒（常務）
委　　員 …………… 樊錦詩　龍文善　黃文昆　田　村
總 攝 影 …………… 吳　健
藝術監督 …………… 田　村

**圖案卷（下）**

主　　編 …………… 關友惠

攝　　影 …………… 張偉文

封面題字 …………… 徐祖蕃

出 版 人 …………… 陳萬雄
策　　劃 …………… 張倩儀
責任編輯 …………… 田　村
設　　計 …………… 呂敬人
出　　版 …………… 商務印書館（香港）有限公司
　　　　　　　　　　香港筲箕灣耀興道 3 號東滙廣場 8 樓
　　　　　　　　　　http://www.commercialpress.com.hk
製　　版 …………… 中華商務彩色印刷有限公司
　　　　　　　　　　香港新界大埔汀麗路 36 號中華商務印刷大廈
印　　刷 …………… 中華商務彩色印刷有限公司
　　　　　　　　　　香港新界大埔汀麗路 36 號中華商務印刷大廈
版　　次 …………… 2018 年 6 月第 1 版第 2 次印刷
　　　　　　　　　　© 2003 商務印書館（香港）有限公司
　　　　　　　　　　ISBN 978 962 07 5287 2

# 前　言

## 富麗的盛世紋樣

　　敦煌石窟的圖案紋樣豐富，色彩保存基本完好，並具有歷史沿革的系統性，因而不僅具有難得的學術研究價值，而且有着豐富的實用價值。為了更多地收錄這些珍貴的圖像，特將《圖案卷》分成上、下兩卷，共四章。上卷內容為第一、二兩章，包括北朝和隋（公元421～618年）的圖案；本卷是下卷，內容為第三、四兩章，包括唐及五代、宋、西夏、元（公元618～1367年）的代表性圖案。

　　唐代是敦煌藝術的繁榮時期，經由了從成熟到鼎盛，再到轉變的幾個不同歷史時段，紋樣富於變化，內容十分豐富。其中尤以團花（蓮花）紋藻井圖案、捲草紋邊飾圖案為代表，紋樣繁麗，色彩鮮豔。

　　需要說明的是，在晚唐圖案中，人物服飾紋樣華麗精細，特別是女供養人畫像服飾，個個金釵花鈿，身着錦綺綾羅裙衫，遍體禽鳥、蜂蝶、花草紋飾，在延續近百年的非常程式化的裝飾紋樣中，格外引人注目。因另有《服飾卷》刊行，本卷從略。

　　五代、宋，在沿襲唐代紋樣的基礎上，再行翻新創造，形成了以團龍藻井為特徵的地方風格。西夏、蒙元時期，裝飾紋樣受中原王朝宋、北方政權遼和藏傳佛教藝術影響，紋樣多摹仿漢式建築彩畫，以纏枝牡丹紋、花草禽獸紋、迴紋和捲渦紋最有特色，呈現着多民族、多文化元素交融的特點。

　　從唐至元的這一時期，敦煌的裝飾紋樣發展、演變的脈絡清晰，承襲關係明確，並影響到明、清乃至近代，這是中國裝飾藝術史上極其重要的一頁。

# 目　錄

前　言　富麗的盛世紋樣　　　　　　　　　　　　　　005

第三章　絢麗多彩的蓮花世界
　　　　（唐代：公元618～907年）　　　　　　007

第一節　初唐圖案　　　　　　　　　　　　　　009

第二節　盛唐圖案　　　　　　　　　　　　　　045

第三節　中唐圖案　　　　　　　　　　　　　　103

第四節　晚唐圖案　　　　　　　　　　　　　　143


第四章　多民族培育的花朵
　　　　（五代至元：公元914～1367年）　　　163

第一節　五代圖案　　　　　　　　　　　　　　165

第二節　宋代圖案　　　　　　　　　　　　　　187

第三節　西夏圖案　　　　　　　　　　　　　　219

第四節　蒙元時期圖案　　　　　　　　　　　　241

圖版索引　　　　　　　　　　　　　　　　　　250
敦煌石窟分佈圖　　　　　　　　　　　　　　　251
敦煌歷史年表　　　　　　　　　　　　　　　　252

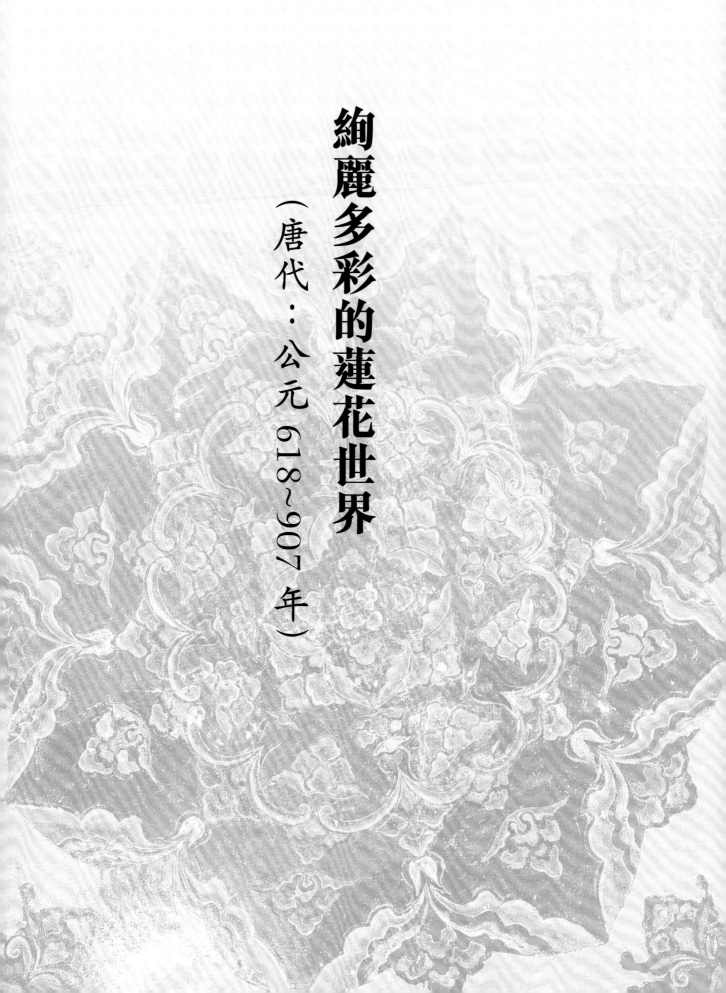

# 絢麗多彩的蓮花世界

（唐代：公元618~907年）

　　唐朝是敦煌藝術的繁榮時期，石窟的裝飾圖案日臻完美，達到高峯。這一時期的裝飾紋樣，可依據其發展變化分初、盛、中、晚四期：

　　初唐是唐朝開拓西域蓬勃發展時期，中原與西域交流頻繁，為敦煌藝術的發展帶來生機，新紋樣源源不斷地傳入石窟。具有西域風韻的葡萄紋、石榴紋藻井是初唐早期石窟裝飾的代表作。而與中原同類紋樣一致的桃形瓣蓮花紋藻井和形姿纖秀的纏枝捲草紋邊飾，則是初唐石窟裝飾的主流。

　　盛唐時期經濟空前繁榮，敦煌石窟的裝飾也進入極盛期。各式紋樣異彩紛呈，邊飾種類齊全，藻井裝飾結構完美。其中以蓮花藻井、團花藻井、石榴捲草紋邊飾最具代表性。蓮花紋藻井紋飾繁盛華麗，蓮瓣層層作綻開狀，色彩青綠朱紫重重疊暈，頗有富貴寶相之氣；團花藻井紋飾組構繁縟，已達飽和狀態，花瓣向內合包成團圓形，呈現出莊嚴、穩固、嚴謹的秩序感。

　　中唐時期敦煌為吐蕃佔據，與中原交流受到影響，石窟裝飾中的盛唐樣式嘎然而止。紋樣以茶花紋為特徵，藻井裝飾以禽獸捲瓣蓮花為代表，色調清新雅致，形成了具有地方特徵的風格。

　　晚唐敦煌雖為唐朝歸義軍管轄，但與中原遠隔千里大漠，因而石窟裝飾大多延襲中唐舊樣，而且在應用中逐漸程式化、簡易化。只有鳳、獅子、芝草紋樣新穎，為一亮點，並影響於五代。

## 第一節　　初唐圖案

唐朝建立之初，沙州（敦煌）為地方勢力割據，七年之後才正式歸屬唐朝管轄之下。貞觀十六年（公元642年）唐王朝平定西域高昌，絲路交通至此才得以暢通。中原與西域交往逐漸頻繁，新的裝飾紋樣隨之不斷傳入石窟。石窟裝飾在平高昌以前尚有較多的隋代遺風，之後則全面進入了新的發展時期。

初唐石窟裝飾內容豐富，新樣繁多，依其分佈，有窟頂藻井、四壁邊飾、佛菩薩背光、佛頂華蓋四類，其中以藻井裝飾為代表。藻井裝飾依其中心方井內的紋樣，分為葡萄石榴紋藻井、石榴蓮花紋藻井、蓮花紋藻井三種。葡萄、石榴兩種紋樣藻井，雖然數量不多，但是初唐早期圖案的代表之作。蓮花紋藻井繪飾較多，是初唐圖案的主流。

葡萄石榴紋藻井，藻井中心以葡萄紋、石榴紋為主紋飾，紋飾作"十"字或"米"字形構架，再以纏枝環繞套聯，依纏枝分佈葡萄串和葉子。紋樣滿地鋪展，分佈疏密相宜。方井四周的邊飾層，以葡萄紋、八葉小花紋為主，同時也還保持着隋代藻井框架的舊樣式，如邊飾層中仍繪有方格紋、鱗片紋、白珠紋和三角式垂幔，藻井外邊四周亦繪有飛天行列。這是新的葡萄、石榴紋樣與舊有的框架組合的新式藻井。葡萄紋有兩種：一種是寫實形，葡萄顆粒纍纍；

另一種是寫意形，形如"品"字形，是一片三弧小葉（也有作五弧葉），多重疊壘，葉片上畫層層小弧線，恰如串串葡萄顆粒，想像豐富，實是智慧之作。葡萄紋除作為藻井主紋飾之外，也畫於邊飾和佛背光上。在應用中，兩種葡萄紋或單用一種，或兩種相間。紋樣組構，纏枝起着骨架作用，沒有纏枝紋樣就難以成立。

葡萄紋樣源於西亞，很早就傳入中國，在新疆民豐縣尼雅出土的東漢時期的毛織物上已織有葡萄紋，距敦煌最近的西鄰古樓蘭佛寺遺址出土的三四世紀木器殘件上亦雕有葡萄紋。在佛教石窟中，北魏時期的山西大同雲岡第12窟明窗邊沿、河南洛陽龍門石窟古陽洞北壁景明三年（公元502年）佛龕楣飾均雕有忍冬葡萄紋，葡萄為寫實形。敦煌隋代第401窟佛背光中畫有葡萄捲藤紋，但與雲岡、龍門石窟中的葡萄紋不同，當是另一譜系。初唐的纏枝葡萄紋，它的纏枝構架方法及其格調，與伊拉克巴格達附近泰西封遺址出土的6世紀的壁鑲板上浮雕葡萄紋樣相近似。西安何家村出土的唐代"蔓草龍鳳紋銀碗"上的葡萄紋已是典型的中國纏枝蓮花葡萄紋了。藻井裝飾中的葡萄紋是現知唐代最早的葡萄紋。

石榴蓮花紋藻井，藻井中心以石榴蓮花為主紋飾，亦繪於唐初，與葡萄石榴紋藻井同期，主花飾構架與之也有相同之處。其數也少，而延續時間到盛唐，為我們展示了這類藻井百年間發展演變的全過程。中心方井石榴蓮花紋亦作"十"字形構架，"十"字空檔再配飾一小花，又呈現"米"字形。方井四角畫半圓蓮花。石榴紋是由兩片忍冬葉相合狀如桃子的形象，有的剖面露籽（如第373窟），有的無籽（如第375窟），如同一蓮花花瓣。

石榴紋樣最初傳自西域，在阿富汗巴米揚石窟第167窟前庭頂部約繪於六七世紀的壁畫中即有同類紋樣，是由長方格組成的帶狀紋飾，每格內畫兩個忍冬葉合成的桃形紋，或頂端相對，或底部相聯，接聯處畫一小花。有的桃形內畫一片多裂闊葉。它對唐代裝飾紋樣的發展產生極大的影響。在北魏石窟中有一種由兩片忍冬葉相背合成的紋樣，外周環以纏枝。它與唐初藻井中的石榴紋雖然並無直接承襲關係，但那以兩片忍冬葉紋相背或相向組構複合紋樣的方法相通，其本源一致。到隋代，在第401窟的蓮花環珠紋邊飾中，已有完整的由四個對葉忍冬桃形紋組合的蓮花紋樣，應當說它就是唐初藻井中石榴蓮花紋樣的雛形。不過藻井中的四石榴蓮花紋的直接承襲關係應傳自中原。陝西博物館藏初唐時期的"四鸞菱花鏡"主紋飾即為四石榴紋"十"字形構架，捲藤纏枝串聯，

"十"字空檔處為鸞鳥。說明此鏡之前的四石榴蓮花紋已經成熟。唐初的石榴蓮花紋藻井還帶有濃重的隋代遺風（如第373、375窟），到初唐後期，四桃形蓮花紋雖然還保持着"十"字構架樣式，那桃形的忍冬葉已分解變化為葉端肥大多裂，葉片後部作回捲狀，中部短小有裂。只等盛唐到來為之填充更華麗的紋樣，藻井垂幔紋已近於盛唐樣式了。

蓮花紋藻井，內容豐富，花形多樣，數量也多，是初唐藻井圖案的主要部分。依其中心蓮花花形可歸為三類：平瓣蓮花紋藻井、桃形瓣蓮花紋藻井、異形蓮花紋藻井。平瓣蓮花紋藻井，繪於唐初，中心方井蓮花花瓣平展，有八瓣或多瓣，方井四周的環珠紋邊飾、三角垂幔紋都還保持隋代的老樣式（如第386、204窟）。如以類型劃分，還應歸屬隋代範疇。但它的造型、審美情趣、繪製技法、色彩都已發生了新的變化。這種變化在隋末已見端倪，到初唐中期（約7世紀中）平瓣蓮花紋藻井方為新樣式所取代。

桃形瓣蓮花紋藻井與平瓣蓮花紋藻井相比，徹底脫離了隋代遺風，是以新的蓮花紋、捲草紋構組的全新藻井裝飾。中心方井畫桃形瓣蓮花，蓮花八瓣呈放射綻開狀。桃形蓮瓣與上述石榴紋同源異支，是初、盛唐時期組構蓮花最基本的母體紋。桃形瓣蓮花蓮瓣兩側向

內包合的多裂長葉，較之四石榴蓮花藻井中的蓮瓣包合度已經變淺，瓣內空間寬大，畫有葉形花飾。蓮瓣多為一重，內中再環以捲雲、小葉組合的聯環紋，中心畫重層四葉小花，層次簡潔分明，形象爽朗明快。蓮花周圍多畫有雲紋，四角畫半蓮花。方井四周邊飾，層次不多，多是一層捲草紋，一層半對半蓮花（半團花）紋。最外層是三角垂幔紋，或不畫垂幔。作為石窟藻井裝飾，初唐與盛唐相比，還未形成完全的標準樣式。

桃形瓣蓮花紋是初、盛唐之際蓮花紋樣之代表，如陝西乾縣大足元年（公元701年）李重潤墓過道天花繪四桃形瓣蓮花、乾縣神龍二年（公元706年）李蕙仙墓墓誌石邊飾刻八桃形瓣蓮花、西安何家村出土唐"金花銀羽觴"刻六桃形瓣蓮花、鄭州上街區55號墓出土開元時（公元713～741年）菱花鏡為八瓣桃形瓣蓮花。這些皇室顯貴享用的墓室裝飾和銀器裝飾，代表了當時最時興的高水平的工藝裝飾。敦煌初唐桃形瓣蓮花紋藻井無疑是對其紋樣的模仿，紋樣發展演變時序與之也是同步的。

異形蓮花紋藻井，所謂"異形蓮花"，實是難以歸類的兩窟孤例，但很重要，亦很精美。其一是第329窟蓮花飛天藻井，畫者搜集了此前藻井中所有的紋樣，有葡萄紋、石榴紋、捲草紋、各種葉紋以及隋代某些紋樣組構藻井裝飾，藻井中心畫十四瓣方頭捲瓣大蓮花，花中央是色輪蓮蓬，蓮花周圍有四飛天，四角畫石榴蓮花。方井四周邊飾有葡萄紋、方格環珠紋、捲草紋，可謂"苦心孤詣"。但就整體而論，不免過於龐雜。它反映了新舊更替時期，新的紋樣蜂湧而來，如何選用新紋樣，利用舊紋樣，組構新樣式藻井裝飾，畫工們還在探索之中。另一例是第321窟蓮花藻井，中心方井蓮花以新的多裂圓葉紋、橢圓內捲雲紋組成，花形新穎，個性鮮明。四角花為桃形瓣蓮花。方井四周只有兩道邊飾，無垂幔。兩道邊飾均是當時廣為流行的紋樣，纏枝三葉蓮花與陝西禮泉縣出土唐顯慶三年（公元658年）尉遲敬德墓墓誌邊飾完全一樣，特別是那三片花瓣翻捲的形狀。捲雲圓葉紋半對半邊飾與新疆吐魯番阿斯塔那唐墓出土的一件絲織物鑲邊上彩繪的紋樣，花形、排列方法、色彩、繪製技法完全相同。兩窟藻井樣式雖是孤例，紋樣卻都是一時代之代表。

初唐邊飾種類不多，主要有纏枝捲草紋、四葉瓣蓮花紋、幾何紋。

纏枝捲草紋，有纏枝、捲草、蔓草、唐草諸多名稱，不同名稱反映着研究者們各自所據紋樣的差異及其習慣用語，並不是對紋樣的分類。"纏枝捲草"概括了這一紋樣的基本特徵。現在能看到的最早的纏枝捲草紋是印度薩特那出土的五世紀的《説法的佛陀》雕像頭光上的紋樣。雕像屬馬圖拉笈多風格，被譽為印度古典主義藝術代表作，頭光紋樣環形帶狀，波狀纏枝上分段雕出花蒂，花蒂出葉，葉如捲雲狀，滿地鋪展，紋帶兩側為聯珠紋。在敦煌隋代窟中有精美的纏枝蓮荷紋邊飾，但並非同一譜系。

纏枝捲草紋邊飾是唐代圖案兩大紋樣之一，紋形變化非常豐富。依據紋樣形態與譜系可分為兩類、三系、五種。

第一類纏枝蓮花紋，葉紋是平展狀，分兩種：一、花形由多種葉紋組合而成，有圓形葉、長條葉、捲頭葉，是異化了的裝飾植物紋，自成譜系。繪飾不多，但很重要（如第321窟）。這一紋樣也見於陝西禮泉縣上元二年（公元675年）阿史那忠墓誌蓋邊飾、甘肅涇川縣出土延載元年（公元694年）舍利石函邊飾。石窟邊飾與石刻大致同時。二、花形由三片葉組成，纏枝上無附葉，是一種簡化纏枝蓮花紋，多繪於一些窄小部位（如第329窟壁畫欄板、321窟窟頂、392窟龕沿）。

第二類纏枝捲草紋，是纏枝捲草紋的主流，有三種：一、纏枝石榴捲草紋，單元花飾中心為一石榴紋，石榴剖面露籽，外層內捲包合狀，纏枝上葉子稀少，應用廣泛，延續至盛唐之初（如第220窟）。二、纏枝蓮花捲草紋，單元

花飾中的蓮花為桃形蓮瓣，纏枝多有細長的捲葉（如第334、335、211窟藻井中的邊飾）。與之相同的紋樣有陝西禮泉縣出土唐阿史那忠墓誌蓋邊飾、甘肅涇川縣舍利石函邊飾。三、纏枝百花捲草紋，是吸取了纏枝蓮花紋、纏枝蓮花捲草紋多種花形組合成的一種邊飾紋樣，纏枝上滿佈細長的捲葉，有的還畫有禽獸形象（如第220窟、340、334、71窟龕沿邊飾）。與之相同的紋樣，還出現在陝西西安何家村出土的菱花鴛鴦鸚鵡紋銀杯和涇川出土的舍利銀椁上。三種纏枝捲草紋樣是同一譜系，同時並存，互相影響，又各具特色。它們具有相同的纖秀華麗的初唐風格。

四葉蓮花紋邊飾，根據其構成可分兩種：一種由四個大小相同的桃形蓮瓣、或是由四片多裂大圓葉與四片小葉組成，外形成方形（如第334、321窟）。與之相同的紋樣，有新疆吐魯番出土唐永淳二年（683年）寶相花織錦紋樣、陝西乾縣大足元年（公元701年）李重潤墓過道頂部天花紋樣。各地所繪紋樣時間大致相同。四葉方形蓮花以後演變成六葉形團花。另一種是由兩片多裂大圓葉與兩片小圓葉組成，外形成橫長方形（如第329、334窟）。這一花形邊飾繪飾不多，但延續時間到盛唐。

幾何紋邊飾，北朝以後基本不再流行，初唐僅有菱形邊飾一種，繪飾也

少，將在下節一並敍述。

　　佛背光與菩薩頭光裝飾，已由北朝以來的火燄紋轉向華麗的捲草紋、團花紋。唐初諸窟一般只畫以多色光環，中期以後繪飾紋樣日漸華麗（如第 220、321、332、334 窟），紋樣與上述邊飾相同。這種變化顯然是受到印度馬圖拉笈多造像藝術的影響，也是佛教思想中國化、世俗化在裝飾上的表現。

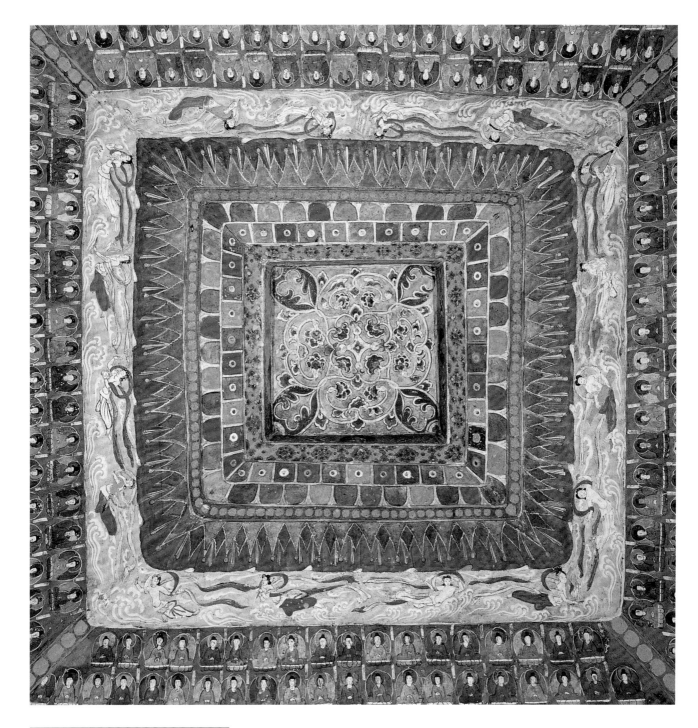

## 1 葡萄石榴紋藻井

藻井的中心方井內繪纏枝葡萄紋，纏枝
呈網狀，葡萄為葉形疊暈狀。方井四角
繪石榴紋，形成對角"十"字構架。方
井四周邊飾層還保持着隋代的樣式。

初唐 莫322 窟頂

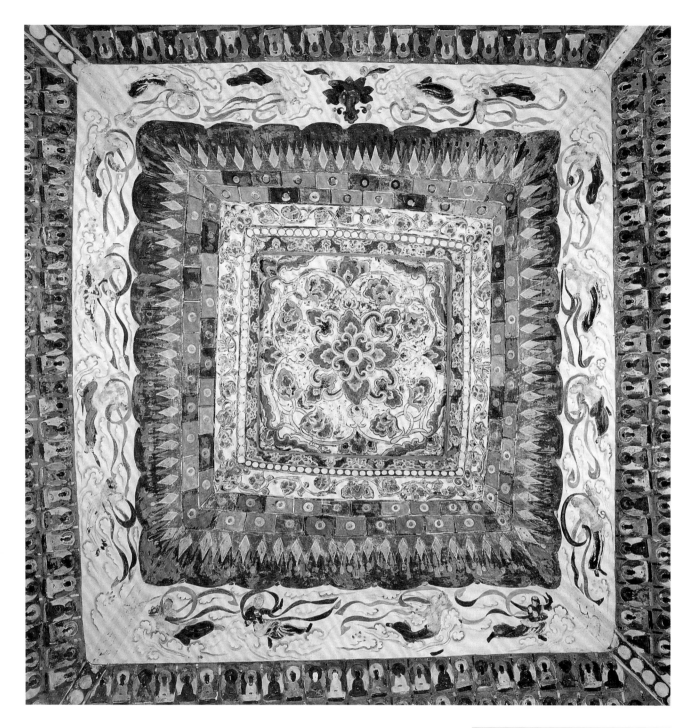

**2 葡萄蓮花紋藻井**

藻井的中心方井內繪四葉蓮花捲雲紋，
環繞纏枝葡萄紋，構成"米"字形構
架。方井四周邊飾層除纏枝葡萄紋外，
都還保持隋代的樣式。

初唐 莫387 窟頂

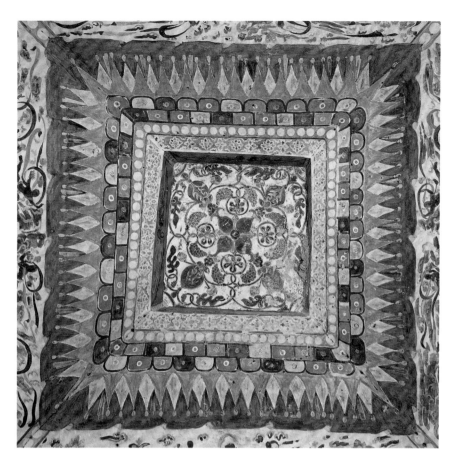

**3 葡萄石榴紋藻井**

方井內繪四個石榴，與四角石榴構成
"十"字，四片葡萄葉與纏枝又構成
"十"字，兩個十字相聯，呈"米"字
構架。八串葡萄環繞石榴，組成方圓相
套的形式。方井凸起的立面亦繪葡萄捲
藤紋，充滿異域風韻。

初唐 莫209 窟頂

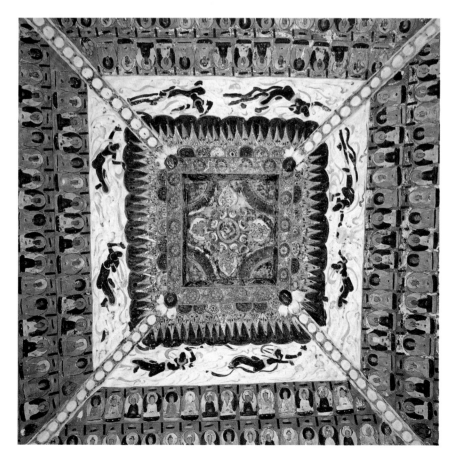

**4 石榴蓮花紋藻井**

方井中心紋樣以四個石榴作"十"字
形，再以四朵小蓮花作斜向交叉，與四
角蓮花相對應。花形簡潔，色彩單純，
時代特徵鮮明。

初唐 莫375 窟頂

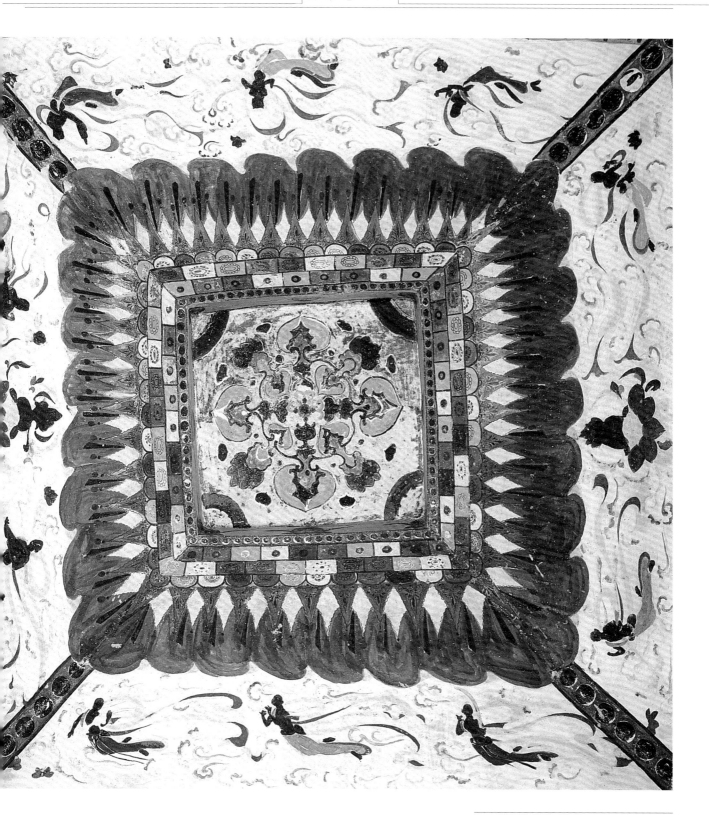

**5 石榴蓮花紋藻井**

方井中繪捲雲瓣蓮花，四方各繪一露籽
大石榴構成"十"字形，"十"字空檔
再繪小蓮花，呈現方中有圓、圓中藏方
的巧妙形式。方井外的邊飾、垂幔仍是
隋代遺風。

初唐 莫373 窟頂

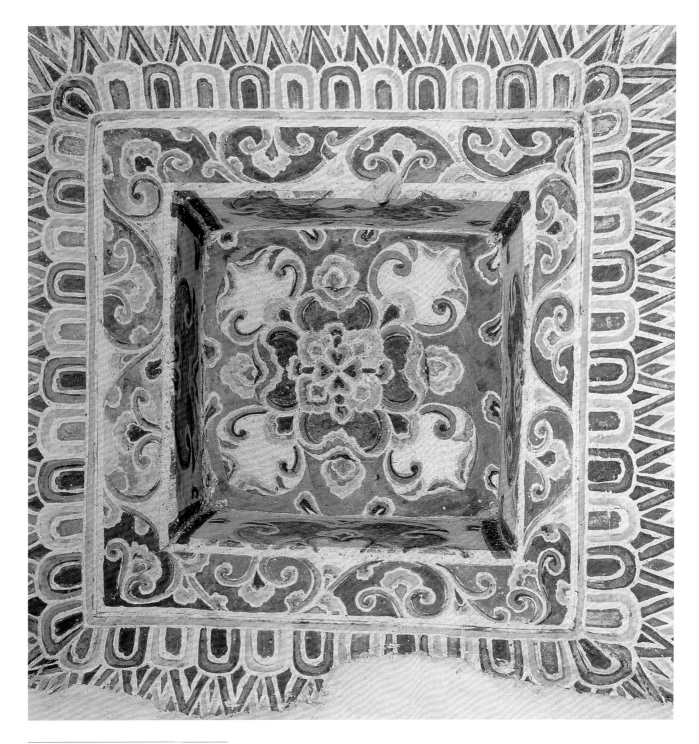

## 6 四瓣蓮花紋藻井

方井中心繪四葉小蓮花，四面再繪四個
桃形瓣蓮花構成斜向交叉，與中心四葉
蓮花形成五嶽分立之狀。五花之間又以
捲葉相聯，呈現有散有聚的變化。桃形
蓮瓣由石榴紋演化而來。方井外圍邊
飾、垂幔已是初唐後期樣式。

初唐 莫211 窟頂

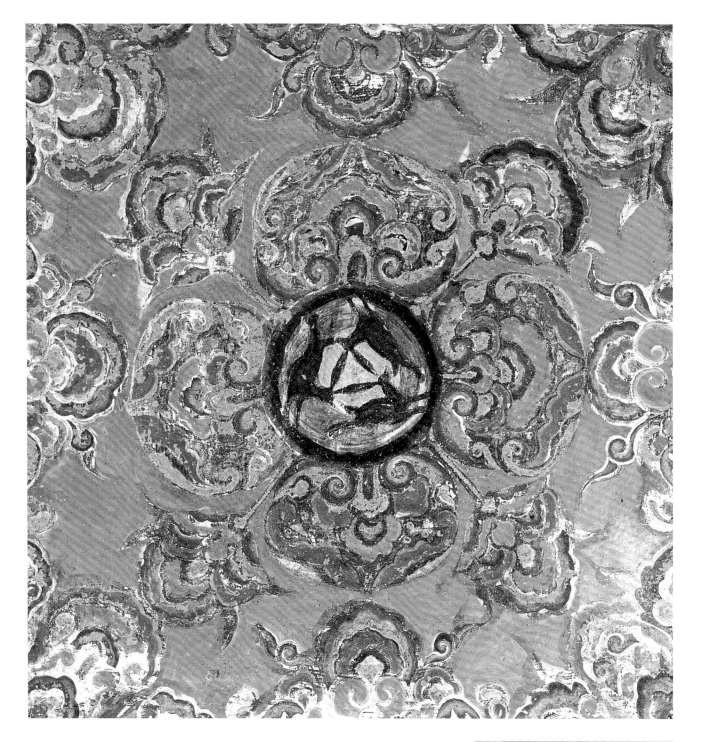

### 7 三兔蓮花紋藻井

方井中的四瓣蓮花構架仍是初唐早期的
樣式，蓮花中心繪三兔紋樣是隋代遺
風。桃形蓮瓣形象已漸豐富，近於盛
唐。方井四周無邊飾層與垂幔。

初唐 莫205 窟頂

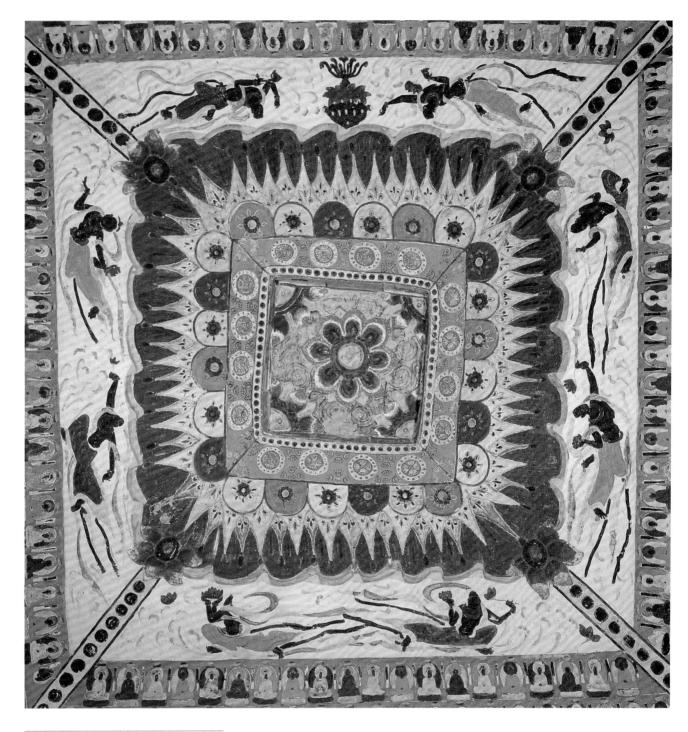

## 8 平瓣蓮花紋藻井

方井中蓮花八瓣平展，外圍聯珠紋邊
飾。半圓狀的鱗片紋飾及內弧狀的三角
垂幔，都是隋代樣式。紋樣形象顯得很
秀麗，已有初唐新意。

初唐 莫386 窟頂

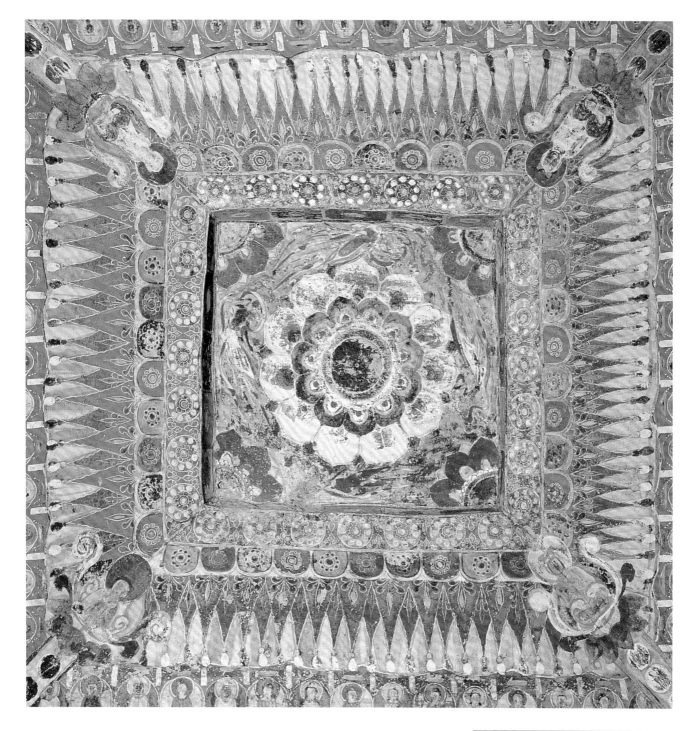

### 9 平瓣蓮花飛天紋藻井

藻井構架、紋樣組合雖然都還保留着隋代樣式，但繪製精細，顯露出唐代的審美情趣。

初唐 莫204 窟頂

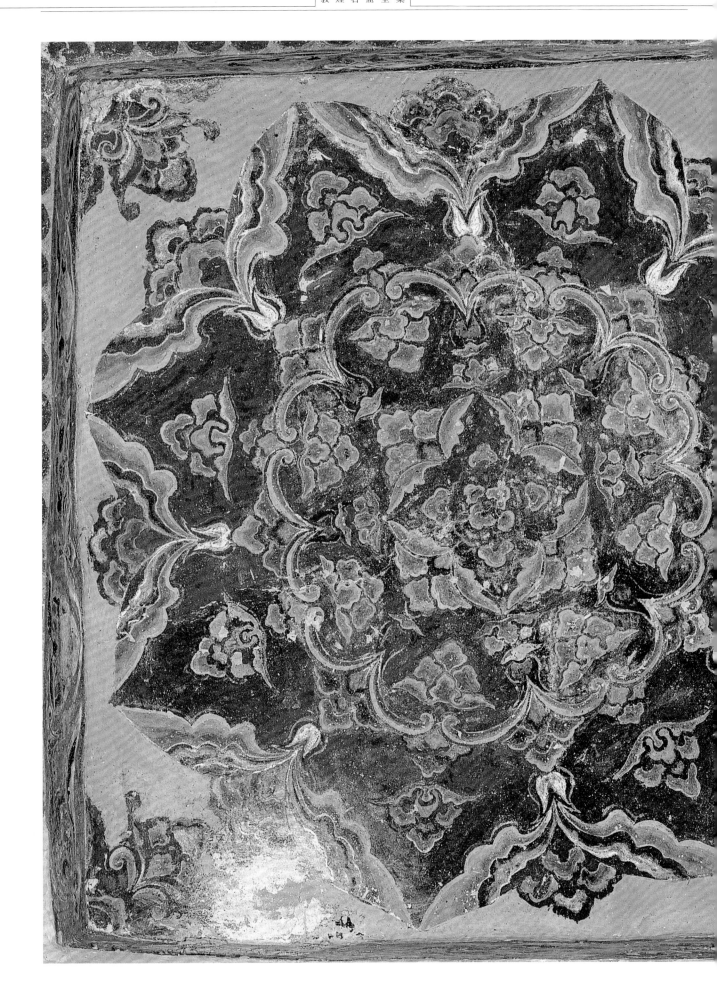

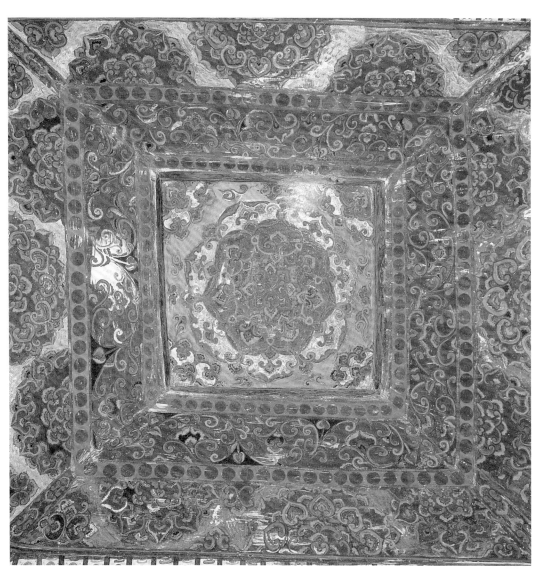

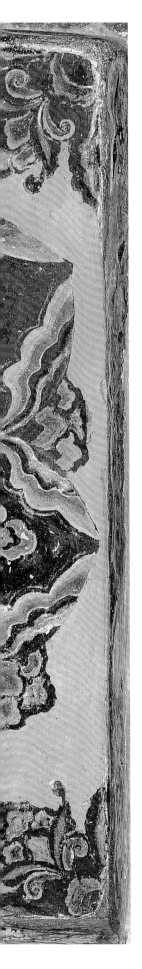

### 11　桃形瓣蓮花紋藻井

中心蓮花花瓣三層，外、中層為桃形
瓣，內層為捲雲紋和葉紋。方井四周邊
飾為纏枝蓮花紋、半對半蓮花紋，無垂
幔。深褐色為一種含鉛的淡紅色所變。

初唐　莫335　窟頂

### 10　桃形瓣蓮花紋藻井（中心部分）

方井內繪重瓣蓮花，外層蓮瓣特別大，
呈桃形；內層蓮瓣為捲雲紋，再附以小
葉。內外兩重蓮瓣相疊成一整體，形成
盛開之狀，是初唐藻井中心蓮花典型樣
式。

初唐　莫331　窟頂

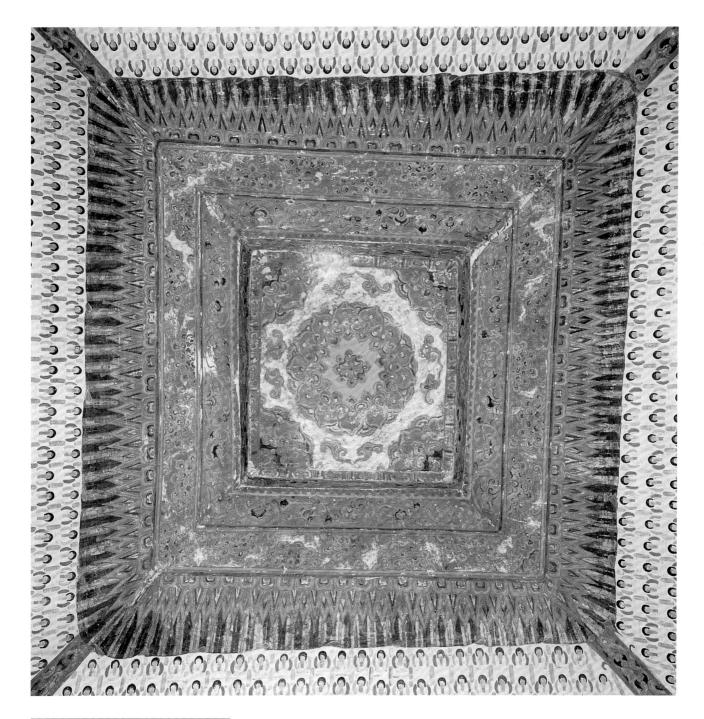

### 12 桃形瓣蓮花紋藻井

方井中心蓮花花瓣為桃形，瓣片較多，
以內捲雲紋相聯。蓮花中心空地綠色，
外圍紅地襯托。四角蓮花即為中心蓮花
之一角。邊飾為纏枝蓮花紋、半對半蓮
花紋，垂幔紋樣簡潔。色調青灰，為煙
熏變化所致。

初唐 莫340 窟頂

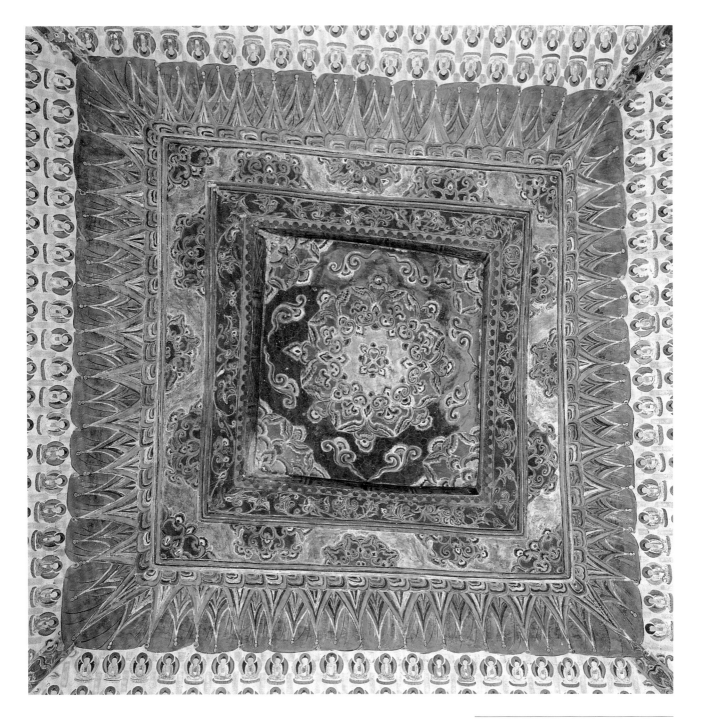

**13 桃形瓣蓮花紋藻井**

此藻井的結構層次分佈，中心蓮花組合
樣式，邊飾紋樣，均與前圖（第340窟）
相似。可能為同一畫工所繪。
初唐 莫341 窟頂

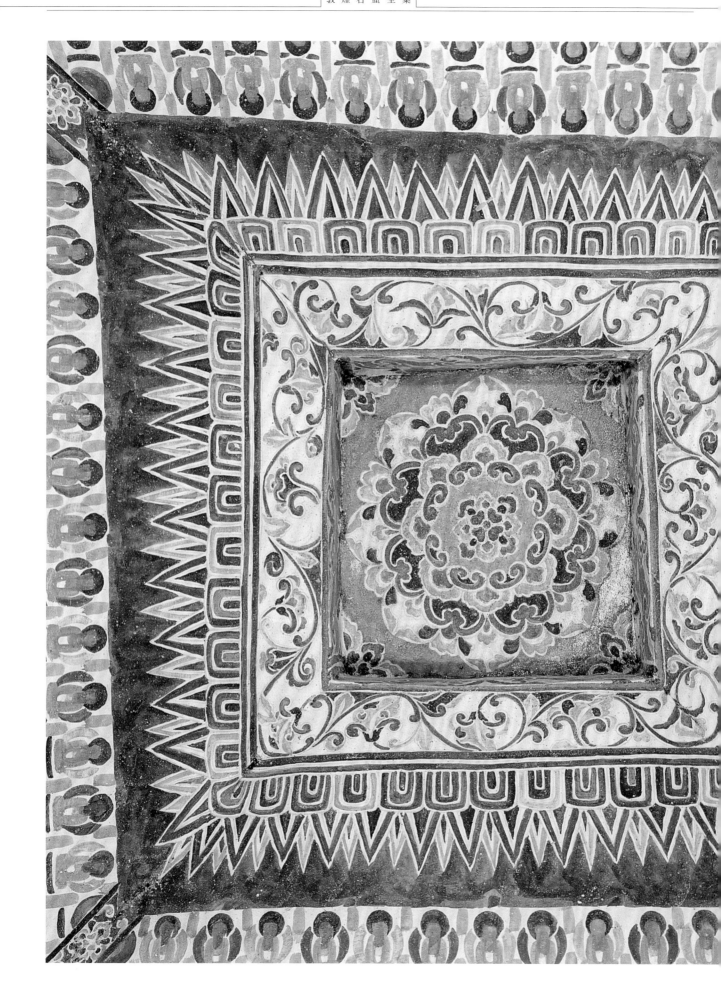

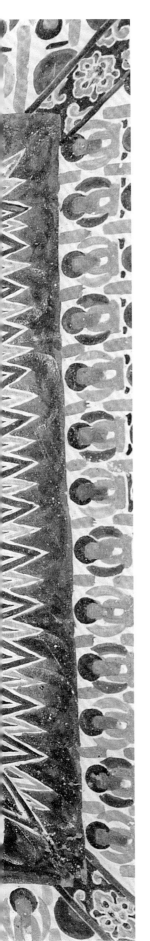

## 14 蓮花紋藻井

中心方井較小，蓮花花瓣三層，外層為
桃形瓣，中層捲雲紋，內層圓葉紋以捲
雲紋聯成環狀。方井外有一道纏枝蓮花
邊飾，垂幔為方塊鱗形紋和三角紋。藻
井的組構比例及蓮花造型都已接近盛唐
風格。

初唐 莫372 窟頂

## 15 飛天蓮花紋藻井

方井中蓮花呈團花形，蓮瓣為方頭捲雲
紋形，花心繪成色輪式小蓮花，四飛天
圍繞蓮花飛行。四角蓮花為石榴紋瓣所
成。方井四周邊飾增多，有纏枝葡萄
紋、方格聯珠紋、纏枝蓮花紋。紋樣組
構繁縟，樣式獨特。

初唐 莫329 窟頂

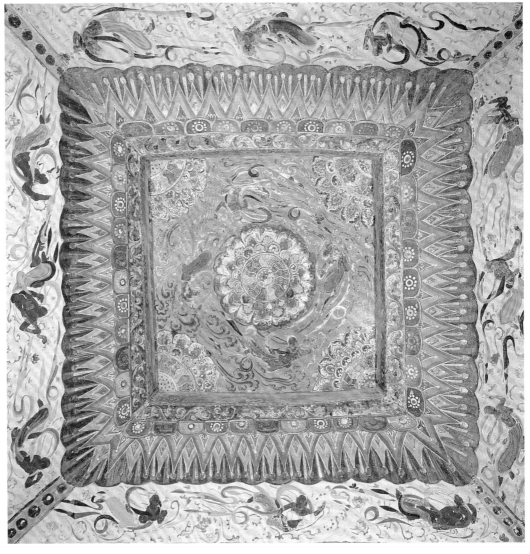

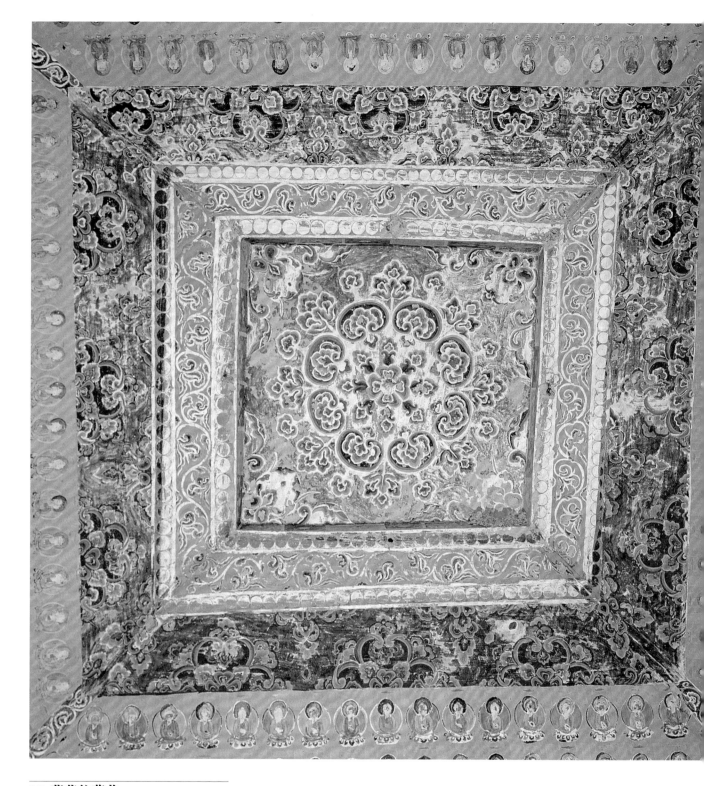

### 16 蓮花紋藻井

方井內的蓮花由捲雲紋和葉紋組成。八
個橢圓捲雲葉紋為蓮瓣，花中八個小石
榴葉紋和花外八個大葉紋、小葉紋均向
外作放射狀，構成蓮花層層綻放的形
態。方井周圍的邊飾亦由葉紋組成。無
垂幔。紋樣組構統一和諧，顏色保存完
好。

初唐　莫321　窟頂

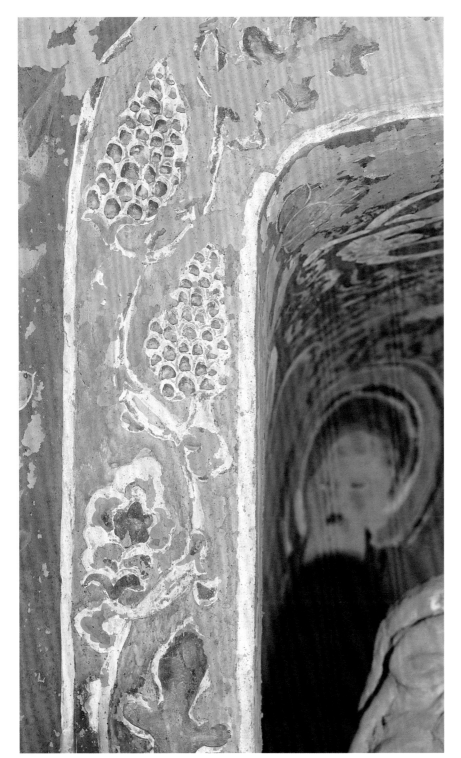

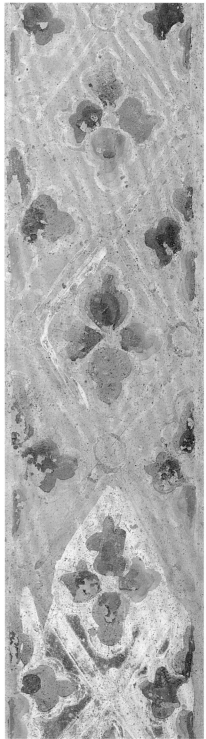

### 17　纏枝葡萄紋邊飾

佛龕龕沿繪葡萄紋。葡萄串、葡萄葉隨
纏枝波狀彎弧分佈，葡萄串一種為寫實
形，一種為花形，與葡萄葉相間繪飾。
色彩有青、綠、紅、赭、白，對比鮮
明，清爽悅目。

初唐　莫322　西壁

### 18　菱格紋邊飾

菱格中繪四葉花紋，素地，似未畫完。
初唐時期所遺留下的幾何紋樣甚少，所
以此邊飾頗為重要。

初唐　莫322

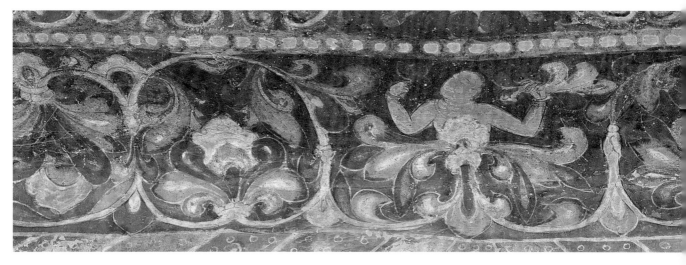

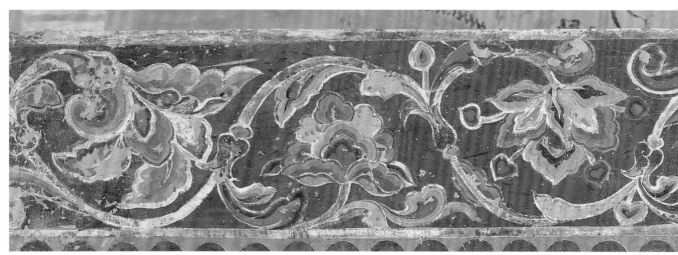

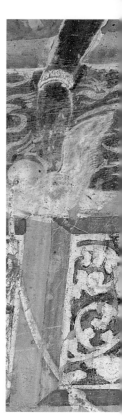

### 21 纏枝蓮花紋邊飾

繪在天宮欄板上的紋飾,呈長方形單元排列,每一單元所繪纏枝纖秀多捲葉,一個波彎一朵蓮花。綠地白紋,如同剪紙之美。上欄是龍鳳紋,欄柱旁畫白鴿口啣珠鏈。

初唐 莫321 西壁

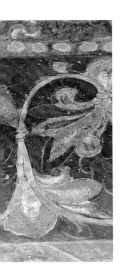

### 19 蓮荷童子紋邊飾

佛龕龕楣上繪蓮荷童子紋為邊飾，紋樣
還是沿襲隋代的樣式。只是龕楣由圓拱
形變成了橫條形，從而紋飾也隨之改變
了形狀，此紋樣初唐已少有繪飾。

初唐 莫57 西壁

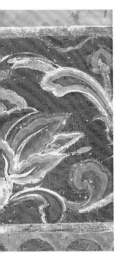

### 20 纏枝蓮花紋邊飾

纏枝為波狀連續，一波生出一簇花，呈
風動搖曳之狀。花簇由多種葉紋組合而
成，亦花亦葉，各不相同。色彩有青、
綠、朱、褐、白，對比鮮明，統一協
調。

初唐 莫321

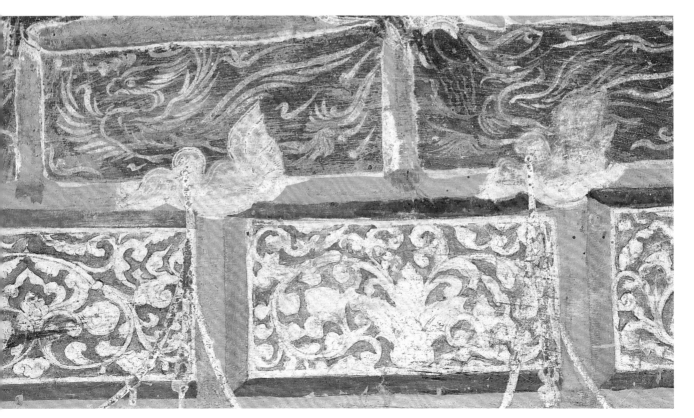

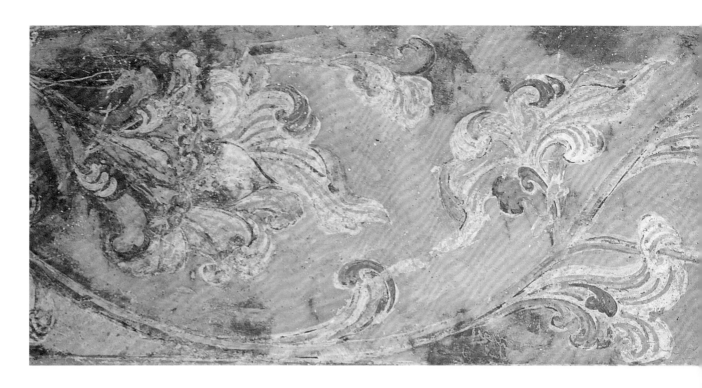

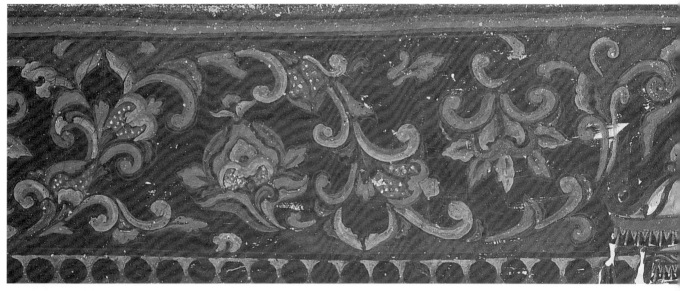

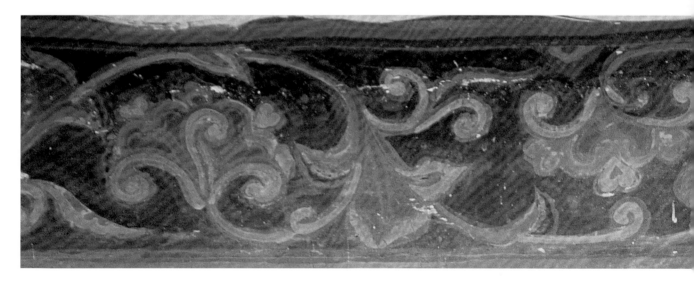

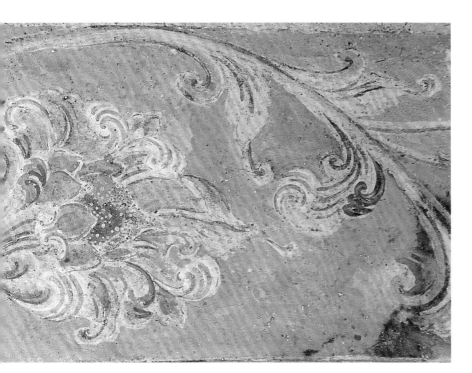

### 22 纏枝石榴捲草紋邊飾

邊飾繪於佛龕龕沿，纏枝纖秀，花朵分佈疏朗。捲葉多脈腺，合包石榴，石榴裂開而露籽，後世吉祥紋樣中的"榴開百子"喻意即源於此。色彩保存完好。

初唐 莫220 西壁

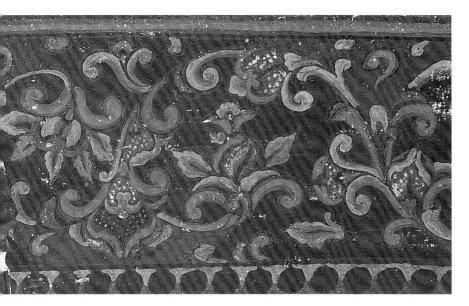

### 23 纏枝石榴蓮花紋邊飾

邊飾繪於佛龕上沿，纏枝以細長的捲葉連接成波狀，回捲的分枝生出一蓮花或石榴。蓮花花瓣有多種樣式，石榴大且露籽，纏枝上附有小蓮花和小石榴。

初唐 莫340

### 24 單枝蓮花邊飾

邊飾以一莖纏枝為主幹，每段枝頭各畫一蓮花，蓮花呈桃形，纏枝上附有零散小葉。這是初唐時期流行的紋樣之一。

初唐 莫340

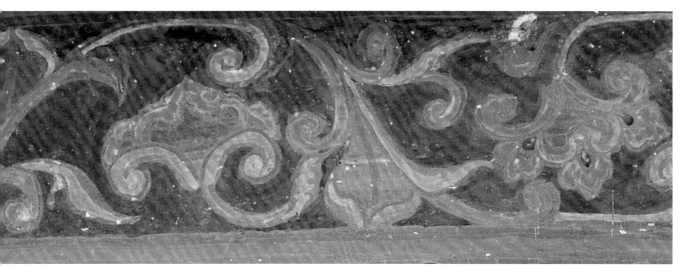

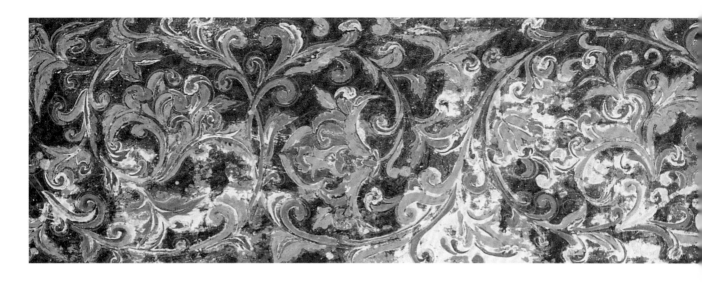

## 25 纏枝百花草紋邊飾

纏枝纖細流暢，花飾由葉紋組成。葉形
窄短，葉邊多小裂如同芒刺。描繪精
細，色彩青綠為主，襯以黑褐色地，顯
得格外美麗，富有生機。

初唐 莫334

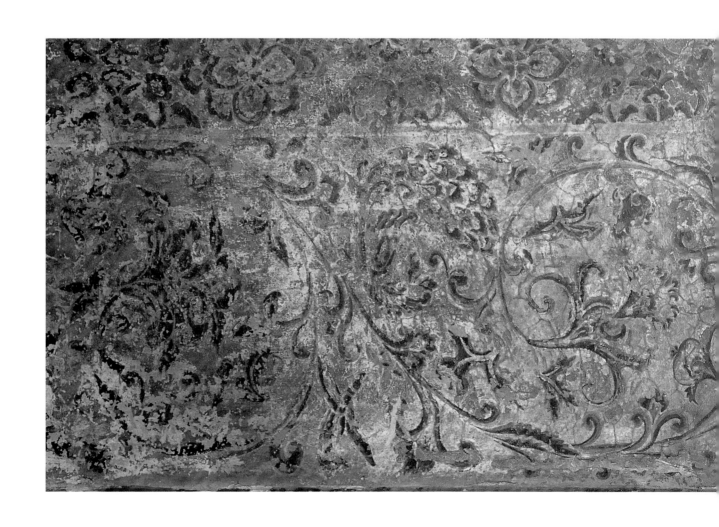

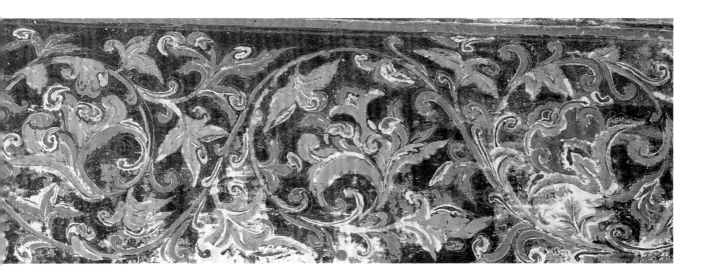

## 26 纏枝百花草紋邊飾

纏枝葉紋纖長秀麗，花形各有變化，纏枝夾畫有飛鳥、蜂蝶，是流行於初盛唐之際具有代表性的紋樣之一。此邊飾後為煙子覆蓋，今以化學劑清洗復出，顏色多已褪變。

初唐 莫71

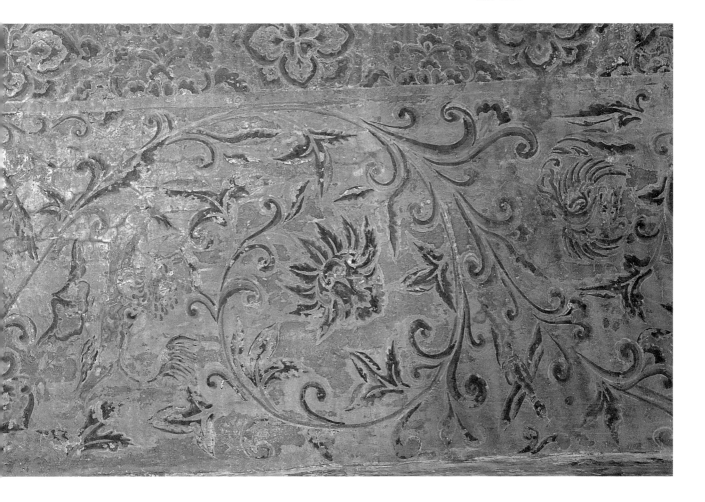

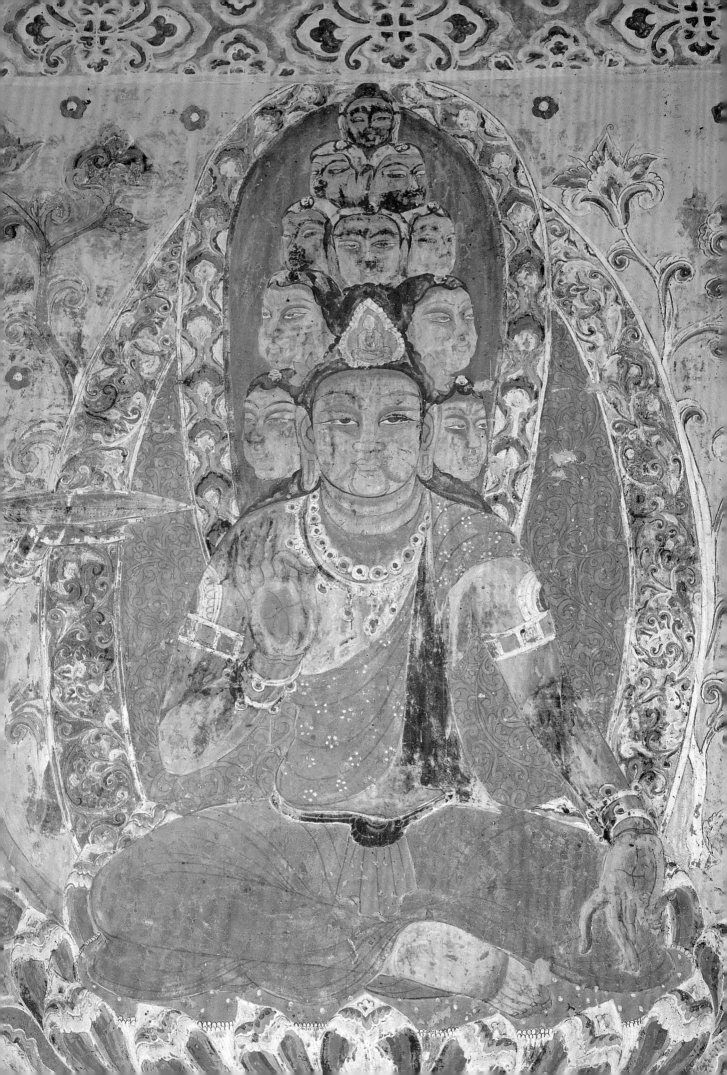

## 27　四葉蓮花紋邊飾

菩薩背光上的橫條邊飾紋樣，為長方形
四葉蓮花，由兩片大圓葉與兩片小圓葉
組成；背光邊沿是纏枝蓮花捲草紋，頭
光是葉形蓮瓣一整二半連續邊飾。有人
稱四葉蓮花為"寶相花"或"團花"，
是初唐廣為流行的紋樣。

初唐　莫334

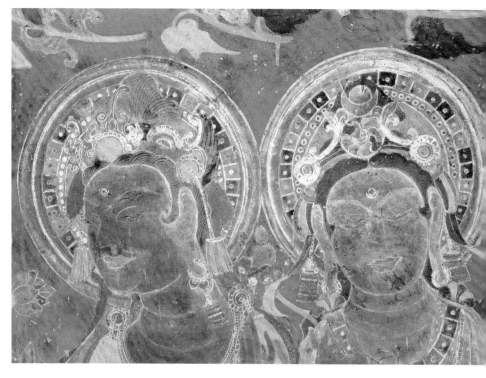

## 28　二菩薩頭光

菩薩頭光紋飾為三重，外環為青綠色
環，中環為多色方塊連續紋，內環為白
珠連續紋。以簡單的色環為裝飾，是隋
至初唐時期頭光的特徵。

初唐　莫57

## 29　葡萄捲藤紋佛背光

佛的背光、頭光主紋飾均為葡萄捲藤
紋，依纏枝蜿蜒的走勢畫出葡萄葉與小
坐佛像。外周畫大面積火燄紋，是隋代
遺風。

初唐　莫209　西壁

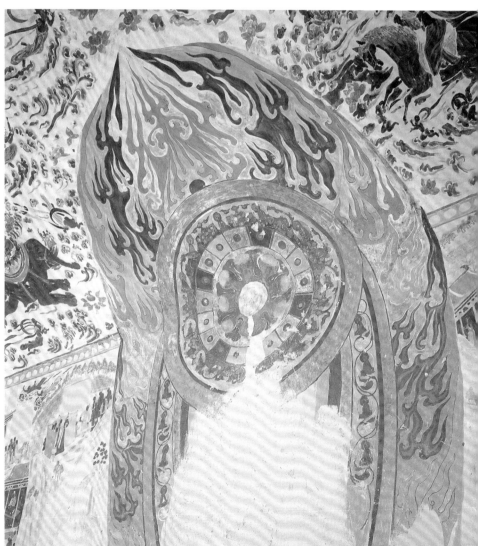

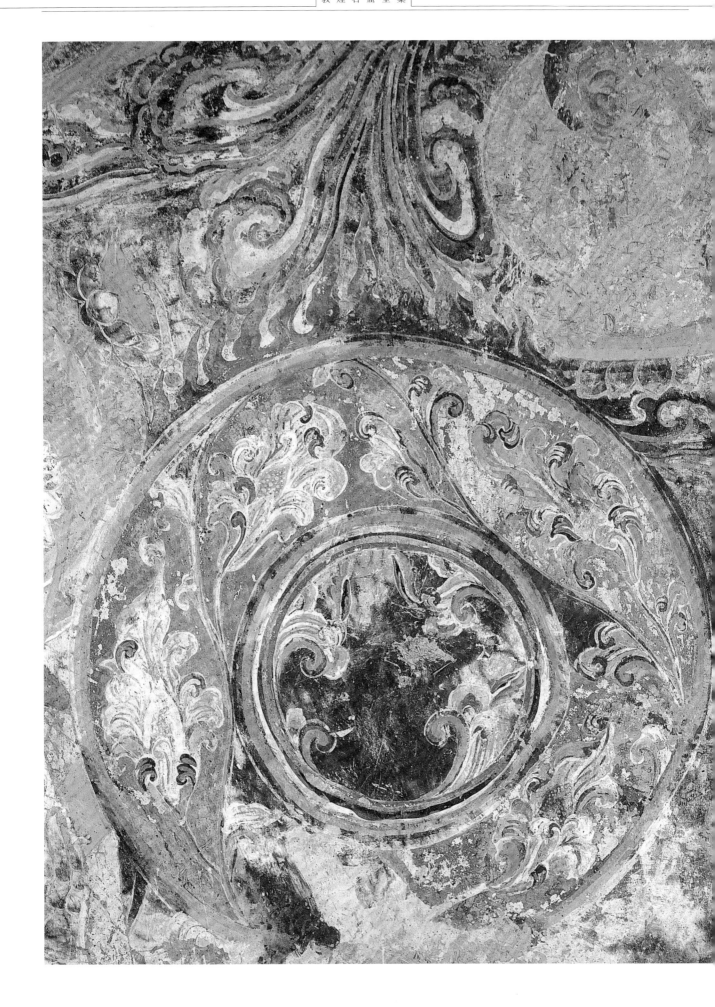

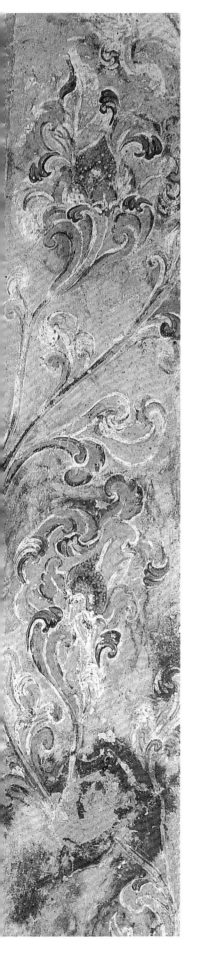

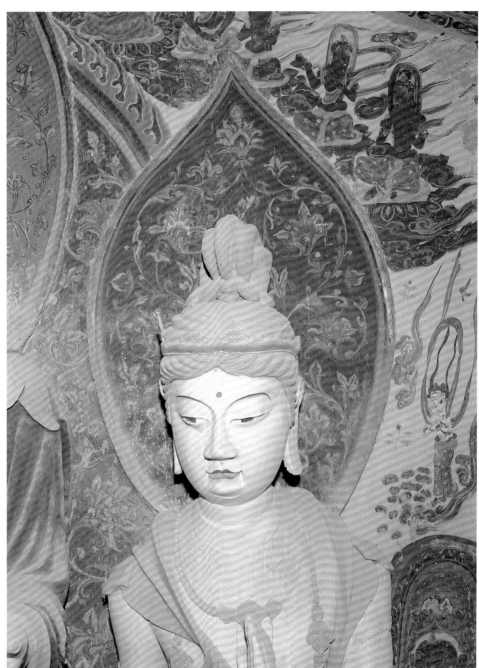

### 31 纏枝百花草紋菩薩頭光

菩薩頭光為蓮花瓣形，纏枝對稱蜿蜒捲
曲分佈，葉紋滿地鋪展。紋樣的選擇、
組構佈局與塑像結合得非常協調。

初唐 莫332 西壁

### 30 石榴捲草紋頭光

頭光中的纏枝石榴捲草紋，與龕壁邊飾
中的同類紋樣完全相同。作為頭光的環
形適合紋樣，組合還不完美。

初唐 莫220 西壁

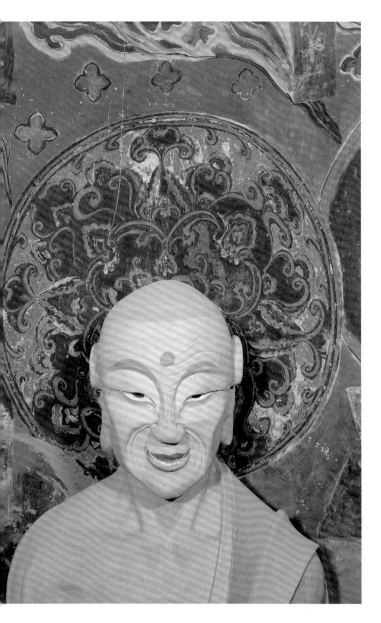

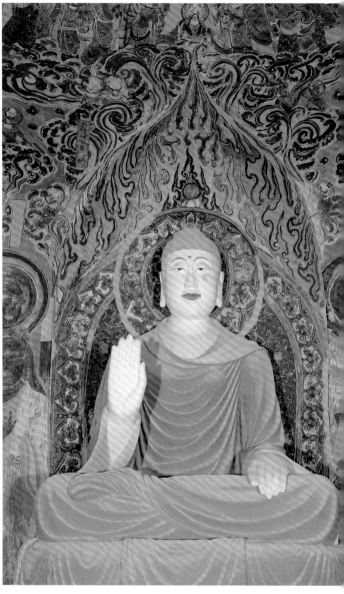

**32 蓮花紋弟子頭光**

頭光蓮花由捲雲紋與葉紋組合而成,為
一圓形適合紋樣,其組構方法與藻井中
心蓮花相同。佛弟子迦葉像為清代重
塑。

初唐 莫341 西壁

**33 蓮瓣紋佛背光**

佛背光、頭光均以桃形蓮瓣連續紋為主
紋飾,內中繪纏枝百花草紋,上部繪火
燄紋。紋樣規矩整齊,與佛像結合完
美,烘托出莊嚴的氣氛。佛像為清代重
修。

初唐 莫341 西壁

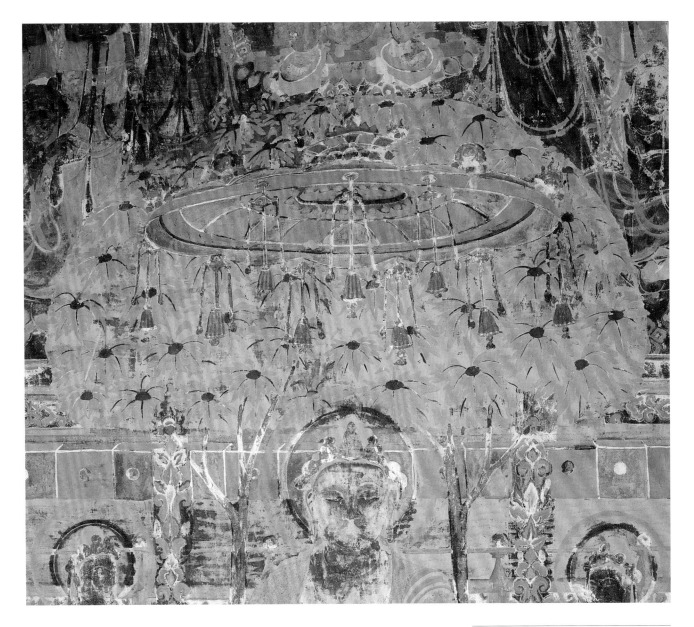

### 34 雙樹華蓋

華蓋亦稱寶蓋、傘蓋。此華蓋形似撐開
的遮陽傘，懸浮在空中，周邊掛飾珠串
玉寶，華蓋左右為兩棵菩提樹，綠蔭葱
蘢。此佈局仍保留着隋代樣式。

初唐 莫331

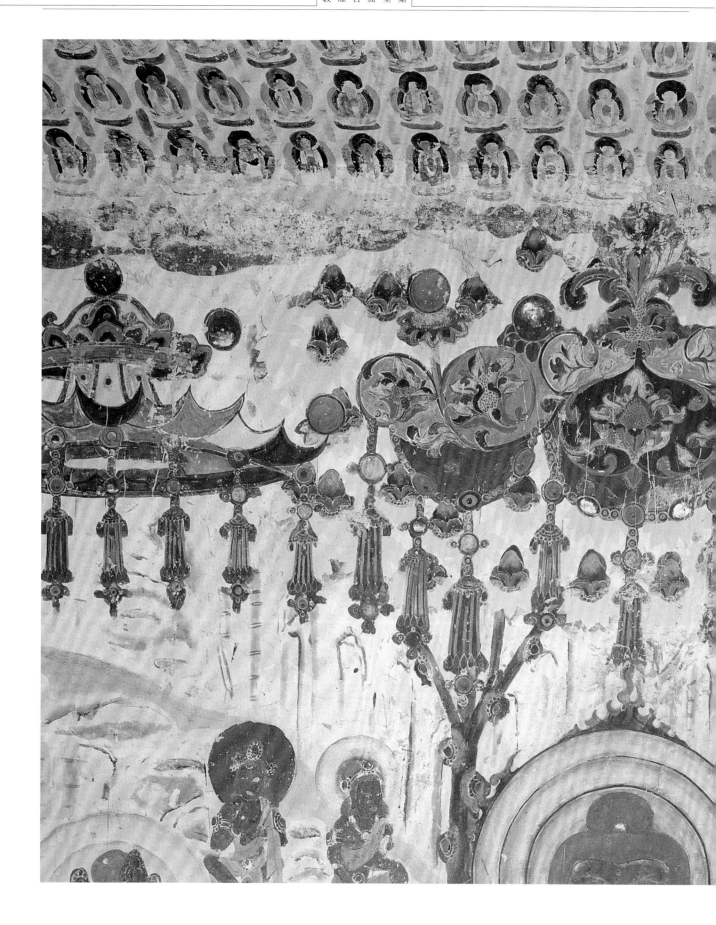

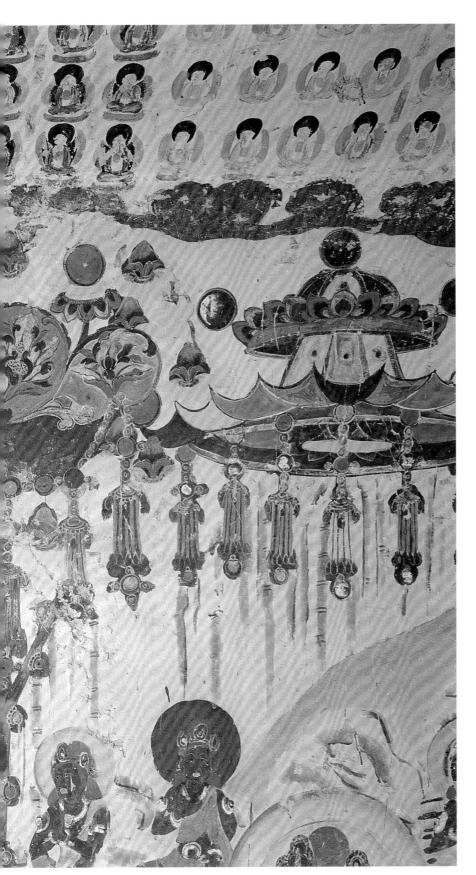

### 35 纏枝石榴紋華蓋

華蓋上纏枝迴環彎轉，每一分枝生出一
朵石榴花，巧妙的組構了一頂新型華
蓋，宛若廳堂懸吊的華燈，可謂匠心獨
具。

初唐 莫332

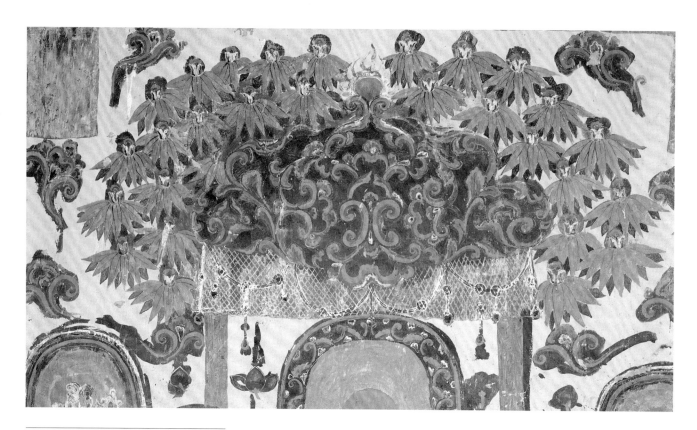

## 36 纏枝捲草紋華蓋

華蓋以纏枝捲草紋組成，滿繪捲雲葉
紋，好似一團彩雲，上有火燄寶珠，周
圍掛飾珠玉羅網。這是初唐華蓋的另一
種樣式。

初唐 莫329

# 第二節　　盛唐圖案

　　盛唐是敦煌石窟裝飾圖案的鼎盛期，各類紋樣發展已臻完美，色彩富麗，繪製精細，以蓮花（團花）和纏枝捲草為主紋飾，組構了一個以藻井圖案為代表的豐富多彩的蓮花世界。

　　盛唐圖案，組構紋樣的母體紋發展已至完備，如忍冬紋、捲瓣雲頭紋、葉形紋等。忍冬紋有原形、亞形，捲瓣雲頭紋有單頭、多頭、橢圓形，葉形紋有多裂葉、圓形葉、長條葉，以之組合了桃形蓮瓣、雲頭形蓮瓣、葉形蓮瓣和各種捲草紋。這些組構藻井中心蓮花（團花）和各種邊飾的基本單位紋樣，為盛唐圖案的發展繁榮奠定了良好基礎。

　　藻井圖案作為石窟覆斗形窟頂的裝飾，自北朝西魏經二百年的發展至盛唐始達完美階段。藻井裝飾構架已成定式，皆由中心方井、方井四周邊飾層、垂幔三部分組成。整體結構比例協調，中心方井由大變小，向上深凸。方井四周邊飾層次多，由外向內次第遞減，由寬而窄，與覆斗窟頂形體非常契合協調。仰望藻井，頗有深遠之感。藻井邊沿垂幔，珠玉鈴璫紋飾亦極華麗。藻井依中心方井蓮花（團花）樣式，大致可分為四種：桃形瓣蓮花、葉形瓣蓮花、團花形蓮花、雜花形蓮花。不同蓮花花形，反映着藻井裝飾不同階段的特點。

　　桃形瓣蓮花紋藻井，主要繪於開元年間（約8世紀前半葉），中心蓮花由八

個桃形蓮瓣組成，內層環以如意雲頭紋或橢圓內捲雲頭紋。作為母體紋的如意雲頭紋（單頭內捲雲頭紋），在這裏有着橫聯左右與豎貫上下的作用。橢圓內捲雲頭紋具有蓮花瓣片的特徵，與初唐藻井中心蓮花大致相同。中心方井四周邊飾層次少，多是繪一道蓮花捲草紋或石榴捲草紋，一道半對半團花或一整二半團花紋。周邊的垂幔紋也比較簡潔。藻井中心蓮花瓣層繁麗，花形飽滿（如第215、216、217、103、319窟）。

　　葉形瓣蓮花紋藻井，主要繪於開元後期與天寶年間（約8世紀中葉）。中心蓮花由八片多裂圓葉組成，瓣片兩重三重不等，平面鋪展。這種花形通稱“寶相花”或“寶花花”，由初唐四葉蓮花紋發展而來。開元時期藻井花形清新，方井四周邊飾層少，垂幔簡潔，色調明快爽朗（如第41、49窟）。天寶時期藻井蓮花瓣層增多，並多附有龐雜小花紋，方井四周邊飾層次多，紋樣以團花紋為主，以及菱格、龜甲、方璧多種幾何紋。垂幔彩鈴裝飾繁縟（如第129、171、175窟）。

　　團花紋藻井，主要繪於開元末期以後諸窟。中心蓮花由桃形蓮瓣、葉形蓮瓣、橢圓內捲雲頭紋和一些零雜小花組成，所用母體紋較為龐雜，圖案呈圓形，故名團花。方井四周邊飾層多，以團花、菱格紋為主，有的還繪有大葉捲

草紋、方勝紋、百花草紋。垂幔裝飾中持續二百多年的三角齒形紋漸為圓葉紋、錦彩鈴璫紋所代替。石窟藻井裝飾紋樣由簡而繁，以至發展到飽和狀態。團花紋圓滿莊嚴，整齊規矩，層次排列有序，呈現出穩定、嚴謹的秩序感（如第 320、122、123、166 窟）。

雜瓣蓮花紋藻井，均繪於盛唐晚期。中心蓮花由各種雜花組成，蓮花組合無有定式，一窟一樣，可謂"百花齊放"。方井四周邊飾以團花、大葉捲草紋為主，菱格紋退居次要地位，變為與方勝紋、方璧紋相同的窄小邊飾。垂幔紋各不相同，有的還繪有羅網紋。完全擺脫了百餘年來以桃形瓣、葉形瓣組構藻井蓮花的舊手法。方井四周邊飾層呈現出無序失衡的現象，預示着盛唐繁花似錦、絢麗多姿的蓮花、寶相花、團花藻井圖案行將結束，而為新的中唐藻井圖案所代替。

邊飾紋樣，作為帶狀連續紋是石窟裝飾的基本形式，發展至盛唐已達極盛。窟內四壁分界聯接處，佛龕沿口，經變畫四邊，佛菩薩的背光、頭光，窟頂藻井均為邊飾所成。以紋樣分類，有纏枝捲草紋、團花紋、百花草紋、幾何紋、雜花紋多種類。

纏枝捲草紋邊飾最為豐富，有單枝石榴捲草、多枝蔓草捲草、大葉石榴捲草、茶花捲草多種。

單枝石榴捲草紋邊飾是初唐同類紋樣邊飾的延續，此時捲草中的石榴形象豐富多變，有剖面、正面、背面，各不相同。並以兩種顏色交錯塗地，增強了纏枝的波狀流動感。到盛唐末，單元花形已由初唐的側視剖面，層層捲葉合包石榴花形，變為捲葉寬大，內中石榴成半圓形或寫實形，花形俯、仰、背、側多有變化（如第 113、148 窟）。

多枝蔓草捲草紋邊飾，主要繪於開元年間，紋樣是在主幹枝蔓上附着數條分枝，分枝上每段有一較大的石榴捲草，並附有許多細碎大小不一的捲葉，枝藤波狀上下起伏，點點捲葉錯落分佈，如溪流水花（如第 444、41 窟）。這種自由流暢的捲草紋，是由初唐的纏枝百花捲草、石榴捲草等多種捲草紋演化而來。在內地有諸多出土遺物上的紋樣與之相似或類同，如陝西乾縣唐神龍二年（公元 706 年）永泰公主墓誌石邊飾、寧夏固原縣唐史道德家族墓石幢上的紋樣、西安龐留村唐墓誌石邊飾。敦煌石窟這種邊飾紋樣較之內地所見皇室、官吏墓室石刻紋樣出現略晚，而且已經簡化，但都是當時盛行的紋樣。

大葉石榴捲草紋邊飾與多枝蔓草紋邊飾同時，但延續時間較長，直到盛唐末年。兩種紋樣相似而又有區別。大葉石榴捲草紋捲葉寬大，滿地分佈，每段石榴捲草中伸出一片長葉，以長葉相繼連續。枝藤多隱於花葉之中，花葉正反轉側變化無定，繁華富麗，節奏感不強（如第23窟）。

茶花捲草邊飾，繪於唐天寶至吐蕃佔領沙洲之前諸窟，紋樣以一片窄長的捲葉為主幹，分段相繼連續，捲葉中繪茶花，或蓮花，或形似松果的花飾。有的"茶花"中繪石榴。紋樣組構有很大的隨意性，是中唐茶花紋邊飾的前奏（如第172窟）。

團花紋是唐代流行最為廣泛的紋樣，其本義就是蓮花，團形蓮花是天寶時期蓮花紋樣的典型形象。它是由圓葉形紋和捲雲紋組合的團狀蓮花，與上述藻井中的寶相花、團花實屬同類。其分別是藻井中的花形，作為中心方井內的單獨適合紋樣，花瓣層次比較複雜，以繁麗動人；作為邊飾中的單元紋樣，花形比較單純，是在反覆連續的節奏動感中表現自身的美感。團花邊飾多作一整二半連續，半團花呈半圓狀，與初唐的半對半團花邊飾中的半團花呈三角狀的花形不同。盛唐團花邊飾繪飾最多，主要裝飾於佛龕龕沿、藻井邊飾、佛、菩薩的背光、頭光中。

百花草紋是以多種葉形雜花組合的一種紋樣，主花飾有兩種：一是正視圓形，花瓣五片或六片，瓣片外沿呈三裂圓弧形。二是側視下垂形，內畫松果狀花實。花草多小葉，葉肥短而尖。花葉作均衡分佈，自由連續。約與茶花捲草紋同期，繪飾較多，除繪於四壁邊飾，亦裝飾於佛菩薩的背光、頭光中（如第66、79、120、171、126、225窟），是八九世紀廣為流行的時興紋樣。與之相同的紋樣，有陝西西安何家村出土的唐代金花提樑罐上的花鳥紋，那種圓、肥、短、尖的葉形，纍纍如葡萄狀的花實，與之非常相似。並對中唐石窟茶花紋樣的流行有極大的影響。

幾何紋自北朝以後基本不再流行，到唐天寶時又以新的面貌成為時興紋樣。盛唐幾何紋邊飾有菱格紋、龜甲紋、方璧紋、方勝紋多種，紋樣以多種顏色，多重疊暈，交錯塗飾為特徵，在連續中形成平緩的跳動節奏感。幾何紋邊飾中菱格紋最多，主要繪於佛龕龕沿和藻井中邊飾上，其餘均為窄小邊飾繪在藻井中。幾何紋中某些紋樣有特別的喻義，如唐太宗時《服制》規定"七品服龜甲、雙距、十花綾，色用綠"。地方向朝廷貢品中有龜甲綾、雙距綾、方綦綾。盛唐石窟中喜用幾何紋，也應是受到織物上幾何紋樣的影響。

雜花紋紋樣難以歸類，花形比較龐雜，其數不多。邊飾多以葉紋為單元紋樣，紋樣組合有很大的隨意性，應是畫工即興所繪，不是普遍流行的樣式。

佛菩薩背光、頭光裝飾，以盛唐最為華麗。佛龕內塑像，由北朝的單身、三身、五身，到唐代增至五身、九身，塑像增多使背光、頭光裝飾得到進一步發展。盛唐佛背光裝飾基本形式是弧形和環形連續紋，裝飾紋樣包括了所有邊飾中的各類紋樣，還有邊飾中沒有的葡萄蓮花圓形單獨適合紋樣，桃形蓮瓣連續紋樣（如第217、444、180窟）。第217窟、225窟的頭光紋樣分別代表了盛唐前後兩個時期佛背光裝飾紋樣的特點，百花草紋頭光，茶花紋頭光是天寶年以後佛背光裝飾代表佳作。

龕頂華蓋裝飾。盛唐後期，佛龕形制開始變化，出現了方口盝頂帳形龕，龕頂壁畫內容由原來畫說法圖變為華蓋裝飾。華蓋有仰視平面橢圓形、俯視側面及仰視側面多角形，變化多端，競相爭奇出新，是唐代圖案中特有的裝飾。直至唐中期始為龕頂平棊裝飾所取代。

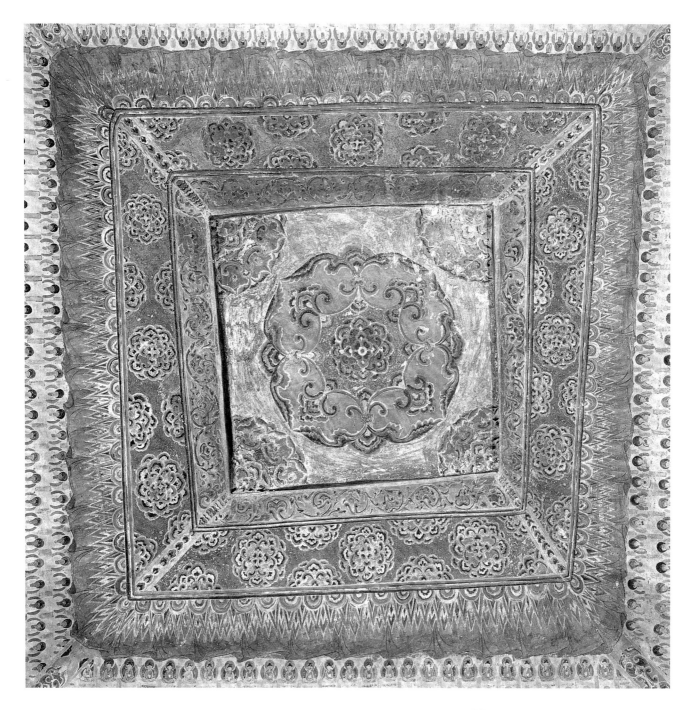

### 37 桃形瓣蓮花紋藻井

藻井的中心方井內繪四瓣蓮花，其構
架、花形及方井外圍的單枝蓮花邊飾，
都還保留着明顯的初唐遺風。

盛唐 莫323 窟頂

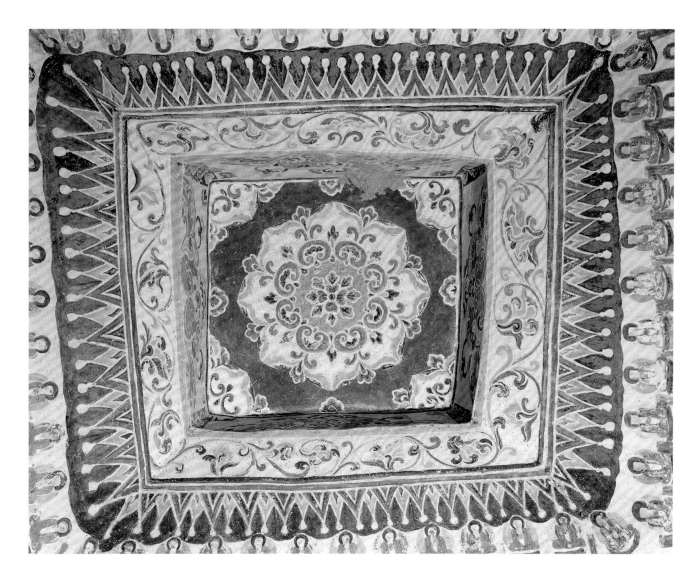

## 38 桃形瓣蓮花紋藻井

方井內所繪蓮花以桃形瓣為主,配以內
捲雲紋組合而成。方井外圍邊飾為單枝
蓮花紋。在整體上還保持着初唐紋樣簡
潔纖秀的特徵。

盛唐 莫216 窟頂

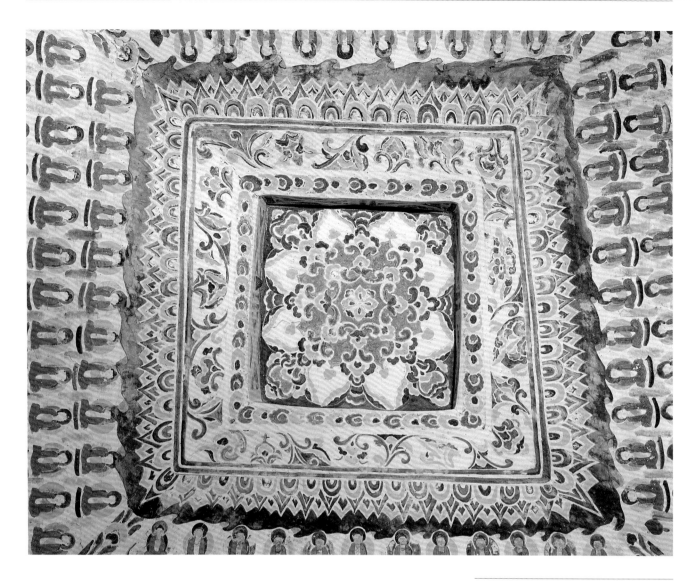

### 39 桃形瓣蓮花紋藻井

方井中心蓮花與方井外的邊飾還保持着
初唐特徵，垂幔上稠密短小的三角紋已
呈現出盛唐紋樣的意趣。

盛唐 莫215 窟頂

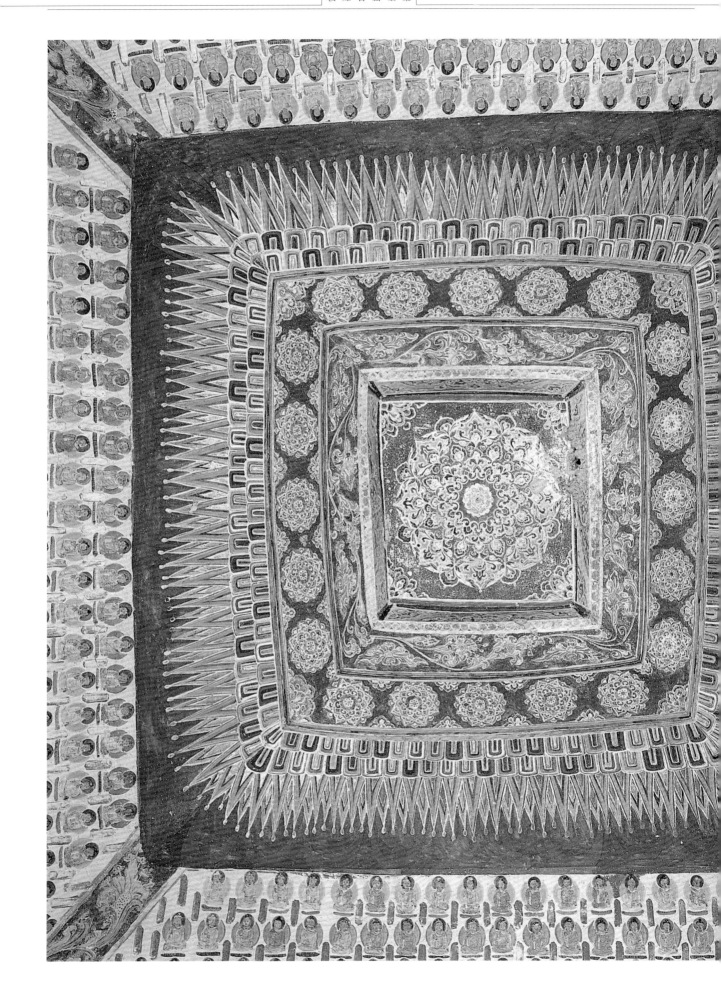

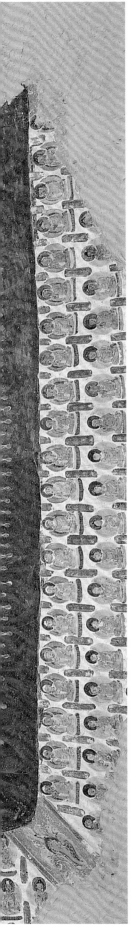

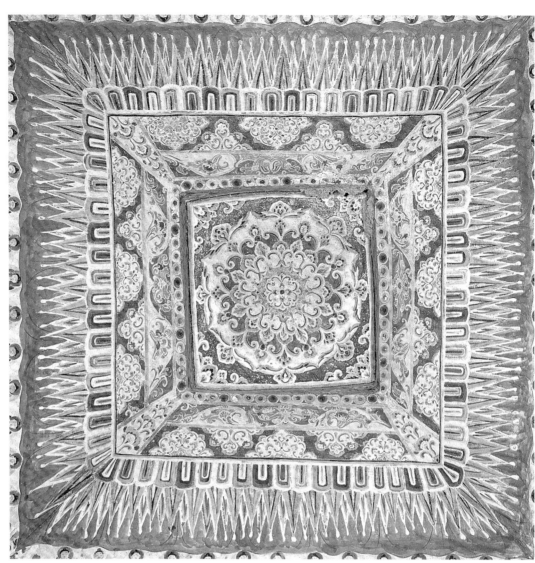

### 41 桃形瓣蓮花紋藻井

方井內的蓮花外層為桃形蓮瓣，中層和
內層蓮瓣均為內捲雲紋。蓮瓣紅白兩色
相間，層次清晰。方井外圍繪纏枝石榴
捲草紋邊飾，四邊紋樣、顏色均作對稱
排列。

盛唐 莫103 窟頂

### 40 桃形瓣蓮花紋藻井

藻井中心蓮花由桃形瓣、葉形瓣、雲形
瓣三層交錯套聯組成，呈層層綻開之
狀，邊飾層有小白珠、纏枝石榴捲草、
團花邊飾和鱗形紋、三角紋垂幔。紋樣
繪工精緻，層次繁縟富麗，色彩重重疊
疊，冷暖色調相間，對比鮮明而又協
調，是盛唐前期代表作。

盛唐 莫217 窟頂

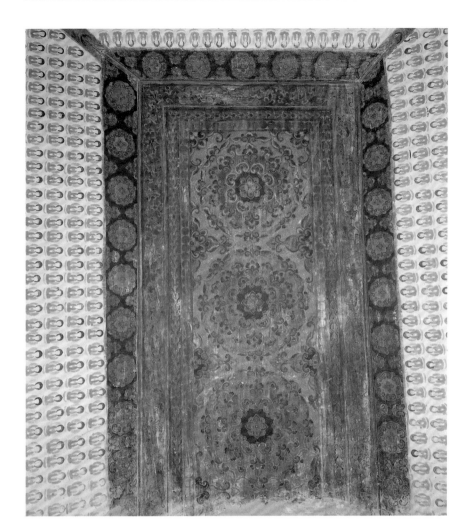

## 42 三蓮花紋藻井

此窟為盝形窟頂，長方形平頂上繪三蓮花藻井。蓮花花瓣的外層為桃形瓣，內層為橢圓內捲雲紋。外圍邊飾有白珠紋、疊鱗紋、纏枝蓮花捲草紋、團花紋，無垂幔。色彩變為深褐色，前部已損毀。

盛唐 莫319 窟頂

## 43 葉形瓣蓮花紋藻井

方井中心的蓮花，亦稱寶相花，團花。蓮花全以葉紋組成，兩道邊飾均為半對半葉形瓣蓮花。紋樣簡潔，充滿生氣，主要繪於盛唐前期。

盛唐 莫41 窟頂

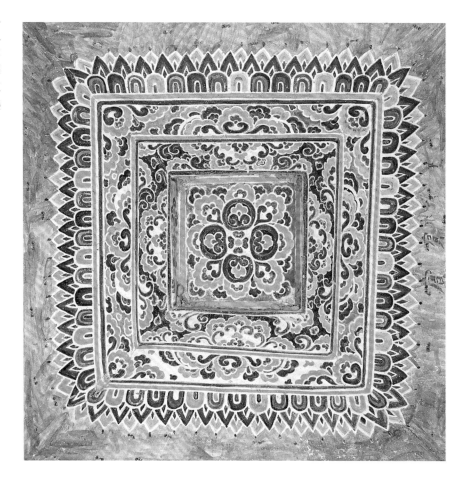

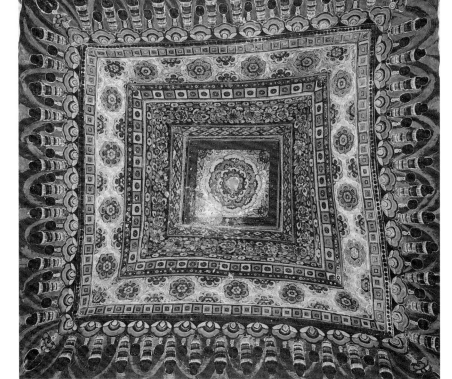

## 44 葉形瓣蓮花紋藻井

中心蓮花，亦稱團花，寶相花。蓮花全
以葉紋組成，兩道邊飾半對半蓮花亦葉
紋所成，以葉紋組構花形是其特徵。紋
樣簡潔，統一大方，充滿生機。繪於盛
唐前期。

盛唐 莫41 窟頂

## 45 葉形瓣蓮花紋藻井

中心方井較小，蓮花呈團狀，故亦稱團
花。方井外圍邊飾層多，由內向外：菱
格紋、百花草紋、小方格紋、小白珠
紋、團花紋、小方格紋、小白珠紋。垂
幔繪圓葉紋與長桶形彩幡鈴璫紋，紋飾
繁縟華麗，主要繪於盛唐後期。

盛唐 莫171 窟頂

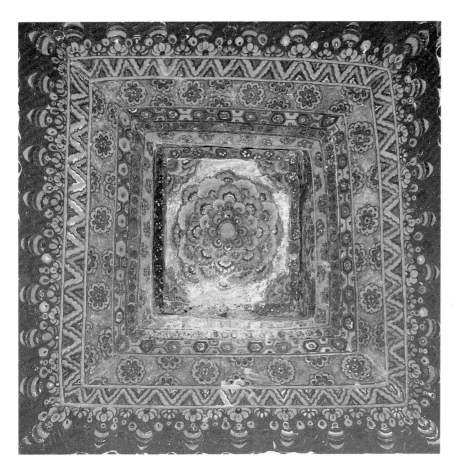

**46 葉形瓣蓮花紋藻井**

方井內蓮花為葉形瓣，層次排列密集。
邊飾紋樣以一整二半團花邊飾為主，輔
以龜甲紋、山形紋、小珠紋、小花紋
等。垂幔繪圓葉紋、瓔珞鈴璫紋。邊飾
層次繁縟是盛唐天寶時期藻井裝飾一重
要特徵。

盛唐 莫175 窟頂

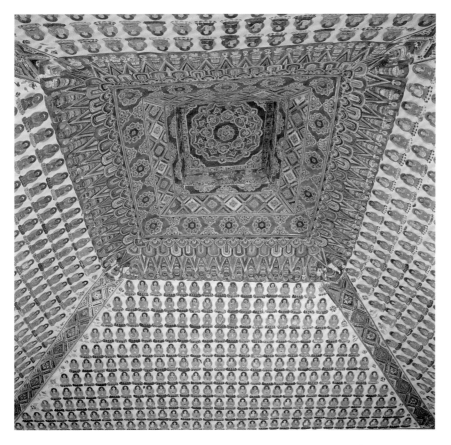

**47 團花紋藻井**

中心方井較小，團花花瓣分兩層，外層
為桃形瓣，瓣端附有一層多裂窄邊。內
層為內捲雲紋、圓葉紋合成，兩層蓮瓣
交錯套疊成團狀。邊飾以大團花、大菱
格紋為主，配以方勝紋、半對半二葉花
紋。垂幔畫圓葉、方鱗片、三角紋和長
桶形彩幡鈴璫。用青、綠、朱、赭、
黑、白層層疊暈，異常華麗。這是具有
代表性的團花紋藻井。

盛唐 莫320 窟頂

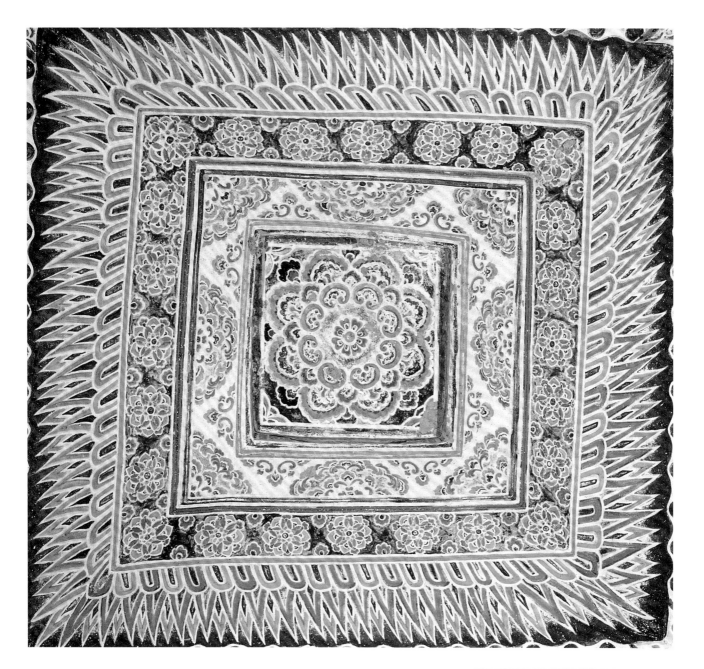

### 48 團花紋藻井

方井內的團花由多裂圓葉組成，方井四周的邊飾層較少，有團花、半團花及葉紋組成，垂幔紋亦較簡潔。紋樣的色彩頗有特點，是以綠色為主，間以淺紅色，清新雅致。這是盛唐前期的代表之作。

盛唐 莫49 窟頂

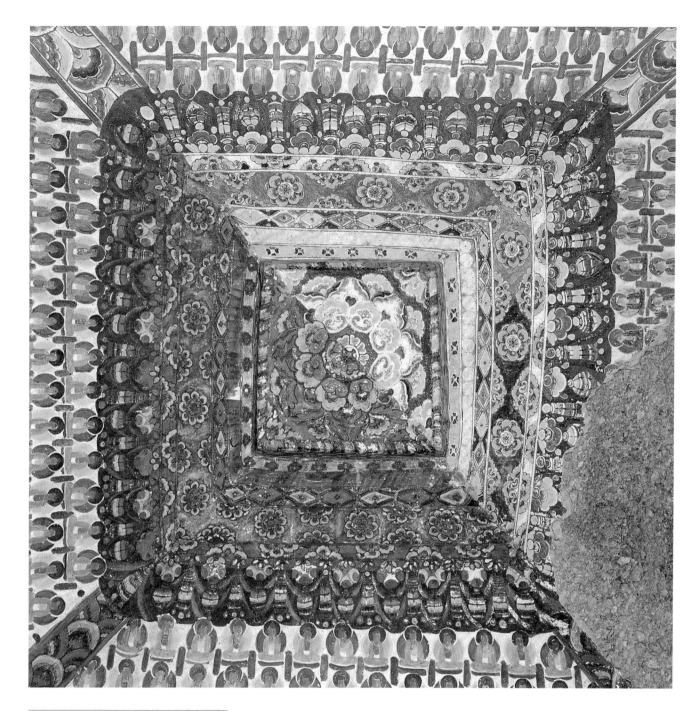

## 49　團花紋藻井

方井內團花由桃形蓮瓣紋、多裂圓葉
紋、捲雲紋組成，中心畫平瓣小蓮花。
方井四周邊飾為小團花、白珠紋、菱形
紋、大團花紋、半對半團花紋。垂幔由
大圓葉紋、長桶形五彩垂鈴、橢圓形瓔
珞組成，紋飾繁縟，是盛唐後期典型樣
式。色彩陰陽各半，是畫工分工繪製時
各自調色不同，後經變色所致。

盛唐　莫122　窟頂

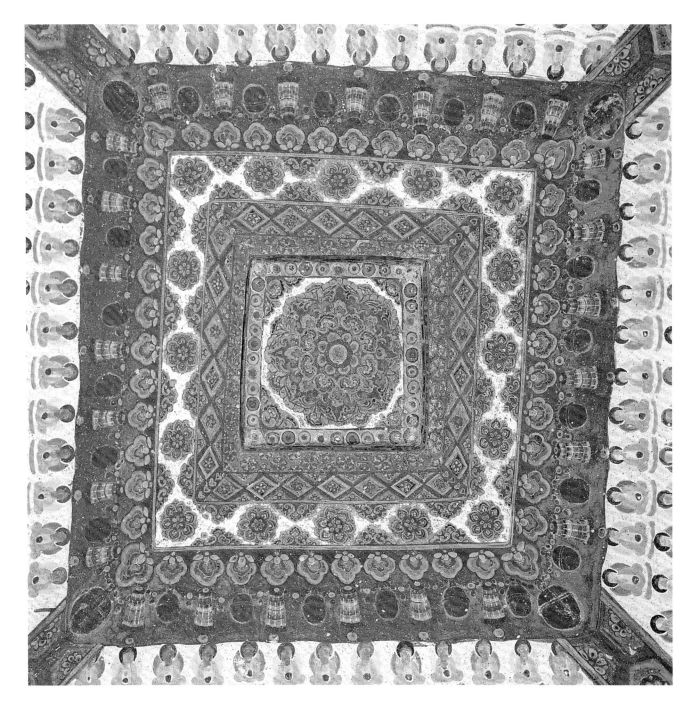

### 50 團花紋藻井

方井內的團花由桃形瓣、捲雲葉形瓣組
成，瓣端有方齒形鑲邊，是天寶時期藻
井團花形象一重要特徵。邊飾以團花、
菱格紋為主，配以小團花、聯珠紋、方
璧紋、蓮瓣紋等小紋樣。

**盛唐 莫123 窟頂**

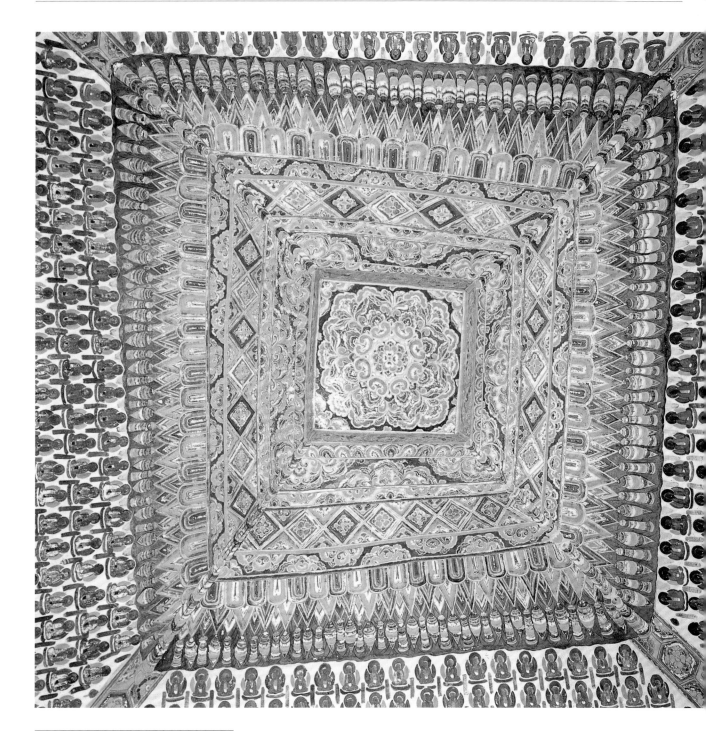

## 51 團花紋藻井

方井內的團花以桃形瓣、圓葉、捲雲紋
組成,邊飾以菱格紋、半對半蓮花紋為
主花飾,作一道寬一道窄相間排列。藻
井組構樣式已漸程式化。

盛唐 莫166 窟頂

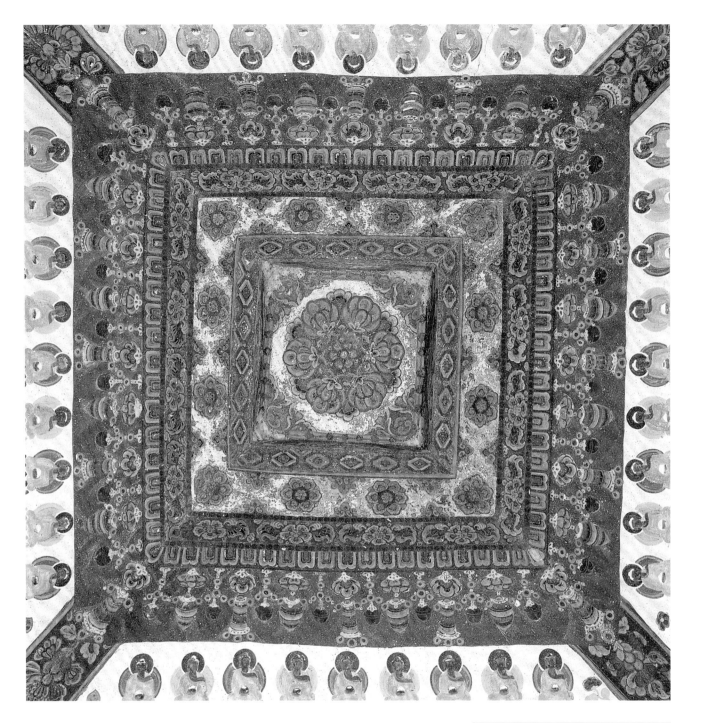

## 52 葉形瓣團花紋藻井

方井內的團花由六片圓葉組成，花形別
致。邊飾紋樣除團花、菱格紋外，另有
一道茶花紋，是藻井中未有過的新紋
樣。垂幔紋飾依然華麗。是盛唐晚期之
作。

**盛唐 莫117 窟頂**

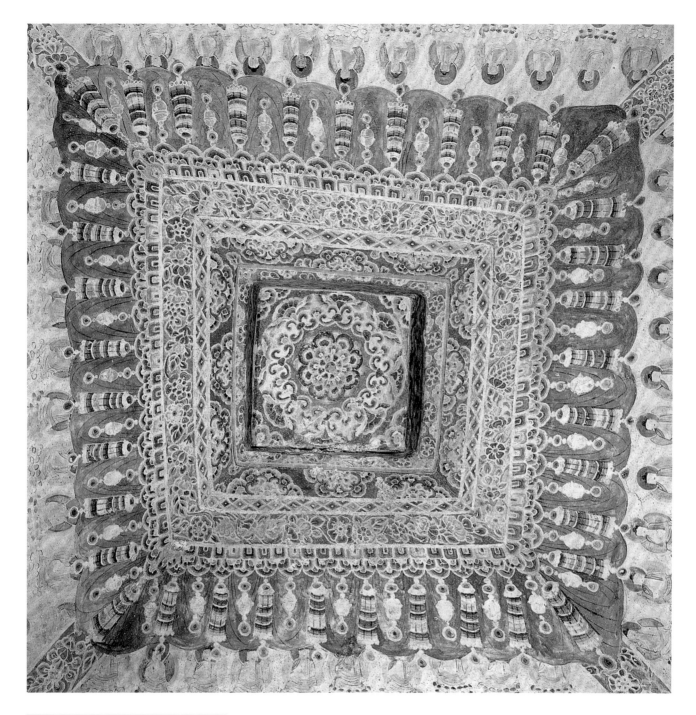

## 53 桃形瓣團花紋藻井

方井內的團花以八個桃形瓣聯成環狀，
中心繪一小蓮花。邊飾以新的百花草紋
和半對半蓮花為主紋樣。藻井紋樣組合
已逐漸趨向簡潔化。

盛唐 莫113 窟頂

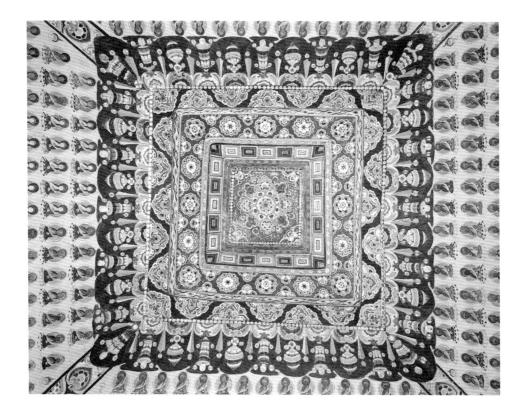

### 54 葉形團花紋藻井

方井內的團花由四片花形大葉與四片小
圓葉組成，花形新奇。邊飾中有團花、
半團花、方壁紋，紋樣規整莊重。

盛唐 莫79 窟頂

### 55 團花紋藻井

方井內的團花花瓣，外層為圓葉紋，內
層為桃形瓣，中心小蓮花為方格輪狀。
小小的變化，即使花形呈現出另一種面
貌，簡潔而有新意。

盛唐 莫208 窟頂

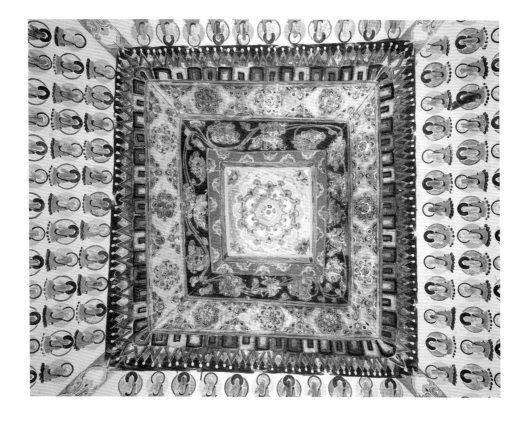

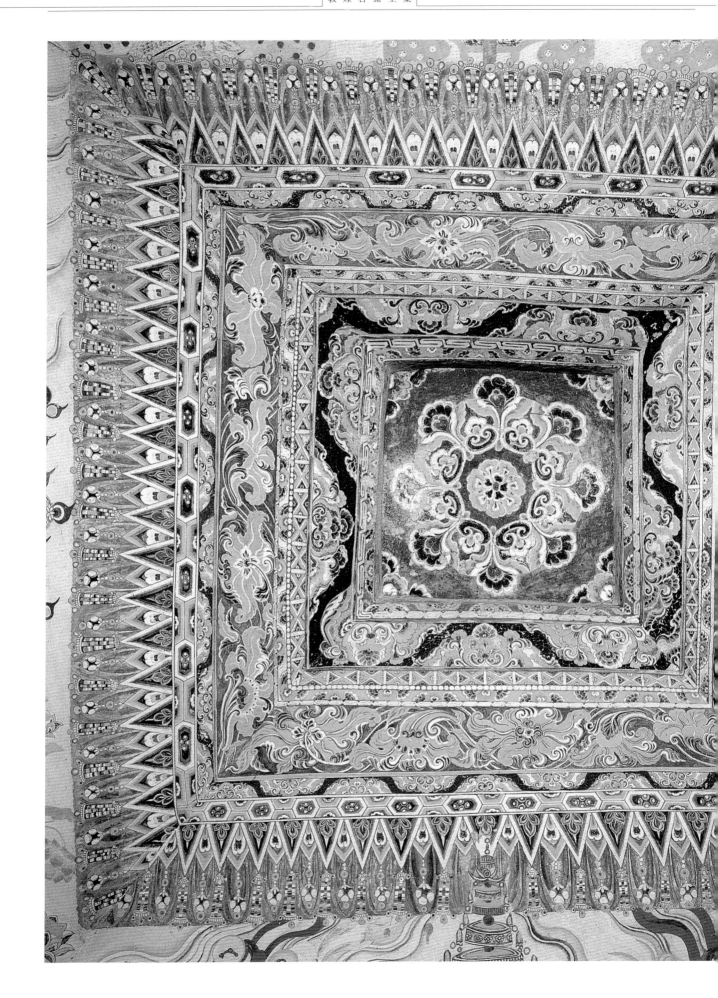

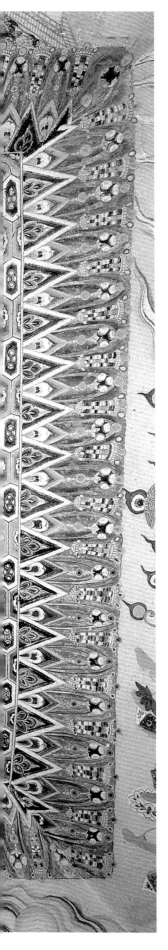

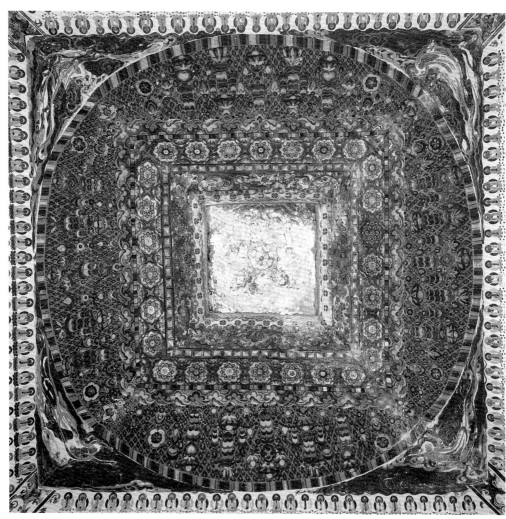

### 57　團花紋藻井

中心團花已殘，裝飾紋樣繪有羅網，為藻井紋樣中的一個特例。四角各繪一飛天，亦有新意。此為盛唐後期之作。

盛唐　莫172　窟頂

### 56　葉形團花紋藻井

方井內的團花花瓣，外層為八片多裂圓葉，內層由八個桃形瓣與內捲雲紋組成，中心為重瓣小蓮花，花形又呈現一種變化。邊飾中的多枝大葉捲草紋、龜甲紋、方勝紋、迴紋和垂幔中三角紋也特別引人注目。

盛唐　莫31　窟頂

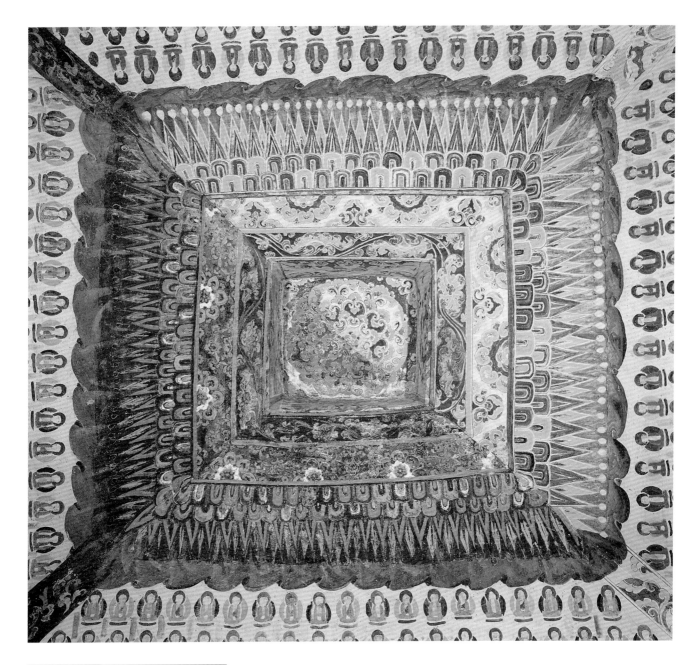

### 58 團花紋藻井

藻井顏色陰陽各半，變為黑褐色的一半
為盛唐所繪，中唐時依樣續繪了另一
半。兩種風格涇渭分明。

盛中唐　莫26　窟頂

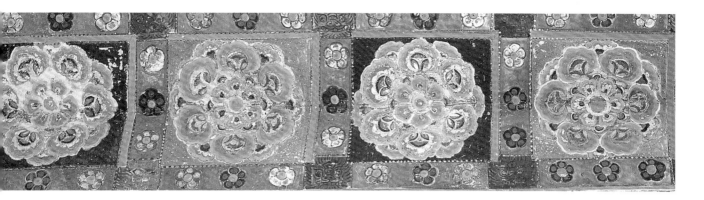

## 59 龕頂部團花紋

裝飾於龕頂的團花，以六片多裂圓葉組
成，每片圓葉內又畫一朵三葉小蓮花，
團花中心也畫一朵六葉小蓮花。可謂花
中有花，花花不盡。以青綠畫紋，黑紅
兩色相間襯地，鮮明穩重而又富有變
化。

盛唐 莫23 西龕內

## 60 團花紋平棊

龕頂平棊中的團花，由六片圓葉組成，圓
葉中畫有花絲。小小的一個變化，即有
新意。

盛唐 莫79 西龕頂

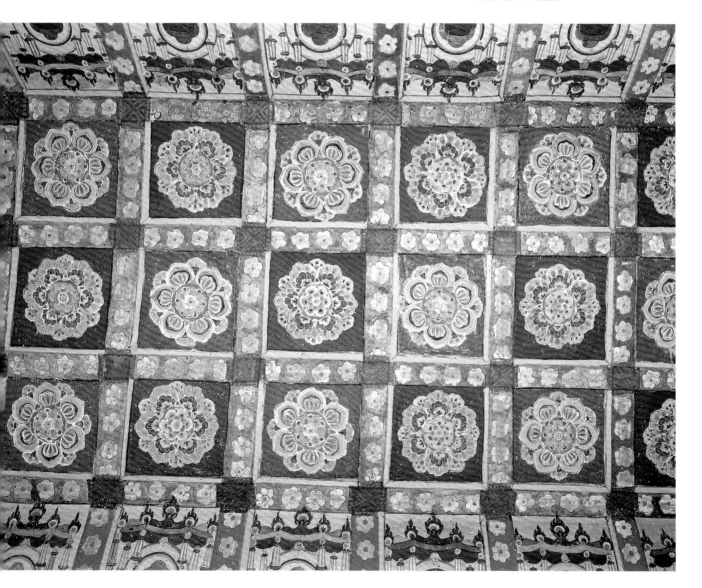

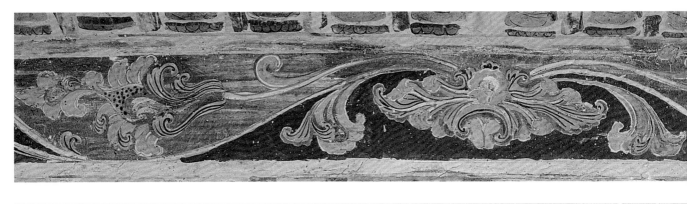

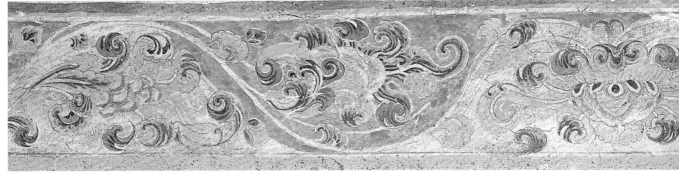

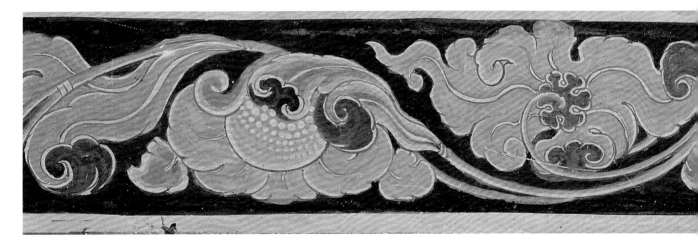

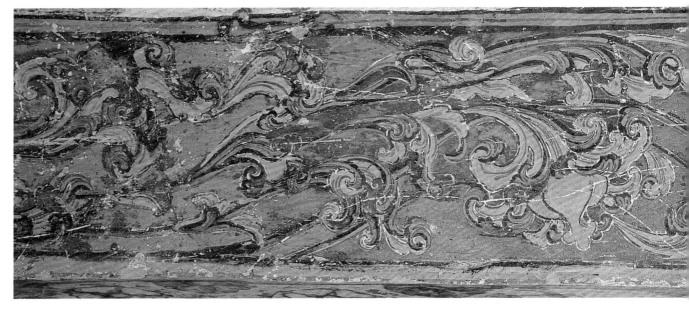

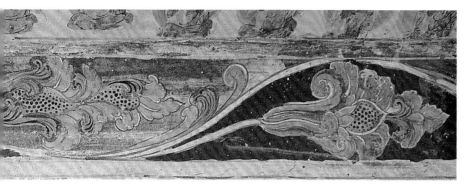

### 61 單枝石榴捲草紋邊飾

邊飾中繪一條波狀纏枝，每一波彎生出
一分枝，畫石榴捲草，同向排列，分佈
稀疏。石榴形如梨子，剖面露籽，外以
捲草葉片襯托包含。邊飾地色，隨波狀
起伏用深淺兩色相間塗飾，加強波狀流
動感。此邊飾是盛唐早期樣式。

盛唐 莫217 東壁

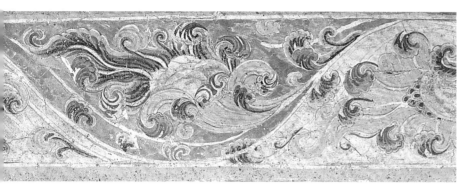

### 62 單枝石榴捲草紋邊飾

邊飾中石榴捲草葉片漸長，石榴形象多
樣，纏枝上附有小葉，葉紋分佈漸趨豐
滿。此邊飾是盛唐後期樣式。

盛唐 莫113 西龕內

### 63 單枝石榴捲草紋邊飾

石榴捲草葉片寬大，正反轉側多有變
化，石榴有較寫實的，也有呈卵形的。
此邊飾為盛唐末期之作。

盛唐 莫148 東壁

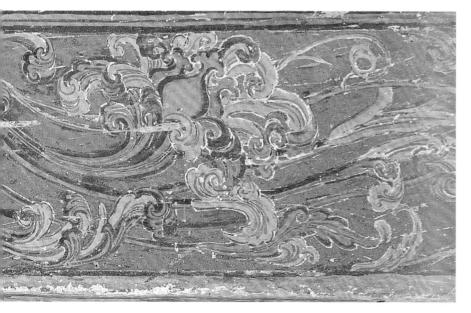

### 64 多枝石榴捲草紋邊飾

邊飾中繪有多條纏枝，呈波狀延伸。葉
片多捲曲，依枝自由伸展，大小疏密均
衡分佈，如溪流水花。色彩以青綠為
主，襯以赭紅色地，冷暖相映，華麗美
觀。

盛唐 莫444 西龕內

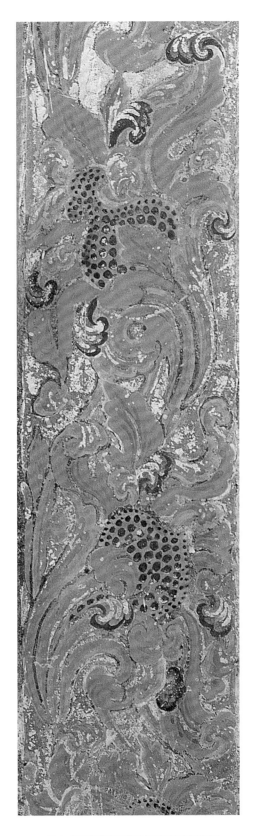 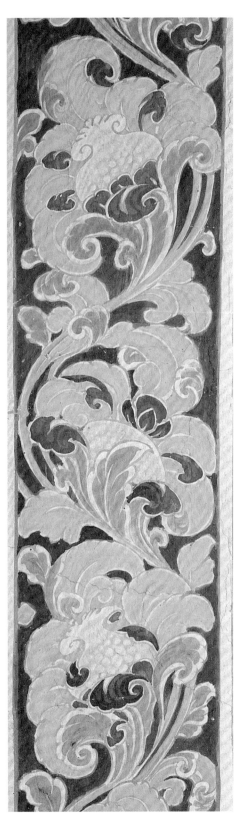

**65 多枝石榴捲草紋邊飾**

邊飾中纏枝較少，葉片較大，石榴有較
寫實的，有卵形。紋飾流動感不強，但
仍很華麗。此邊飾為盛唐後期之作。

盛唐 莫23 西龕內

**66 多枝石榴捲草紋邊飾**

邊飾為一條波狀幹枝，側旁生出多條小
分枝，分枝上畫石榴捲草，多附有小
葉。紋飾分佈密集而有序，形成一種平
穩緩慢的流動感。

盛唐 莫148 東壁

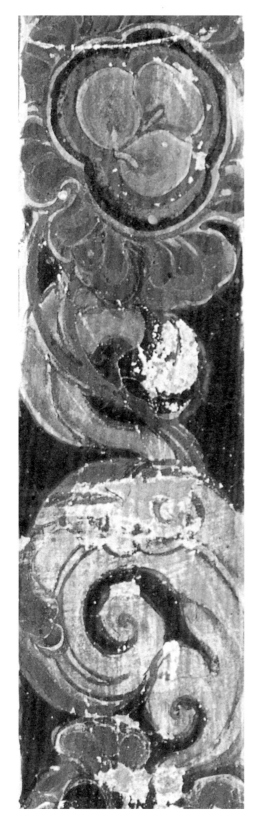

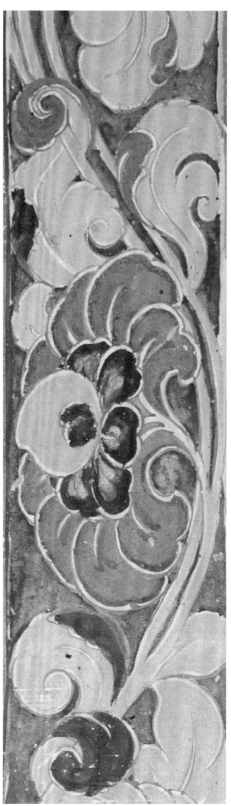

**67 茶花捲草紋邊飾**

邊飾中繪一片長葉，彎轉自由連續，隔
段夾畫石榴茶花紋。此紋樣在敦煌石窟
中繪飾不多，但很別致。

盛唐 莫172 北壁

**68 茶花捲草紋邊飾**

邊飾以茶花為主紋飾，茶花依捲草葉片
襯托，由波狀纏枝串聯。組構方法與單
枝石榴捲草相同。

盛唐 莫148 東壁

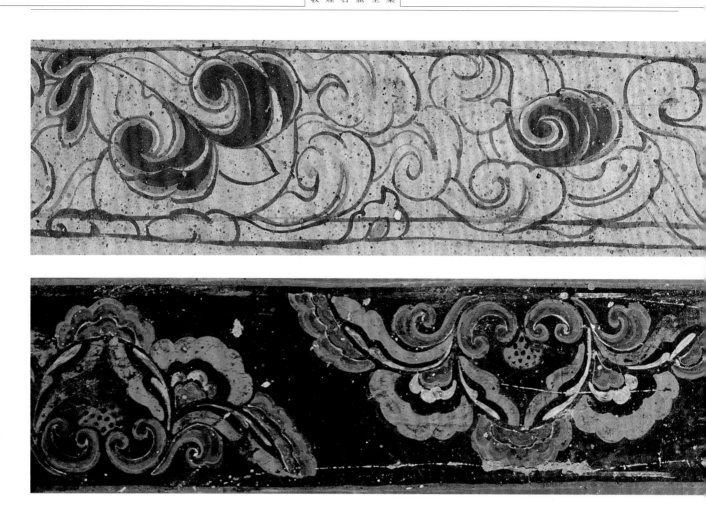

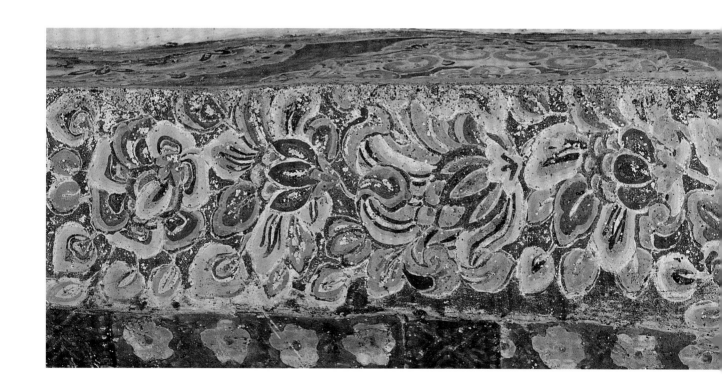

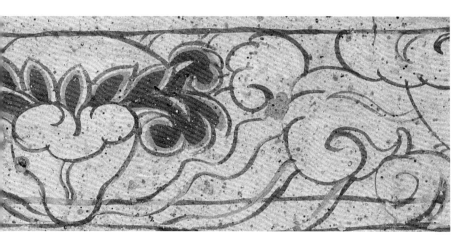

### 69 捲草 紋邊飾線稿

這是一條未畫完的捲草邊飾，用赭紅色線起稿，勾線流暢宛轉，疏密有致，是研究紋樣繪製方法的重要依據。

盛唐　莫116　西龕沿

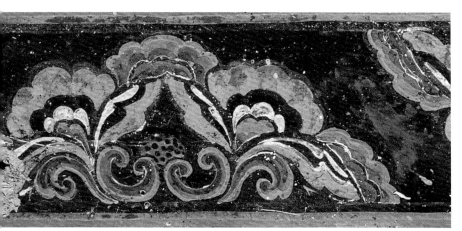

### 70 半團花紋邊飾

團花即外形呈團形的蓮花，花形組合所用母體紋完全相同。半團花即團花紋四分之一部，相對交錯排列，半團花紋邊飾多繪於四壁。

盛唐　莫217　北壁

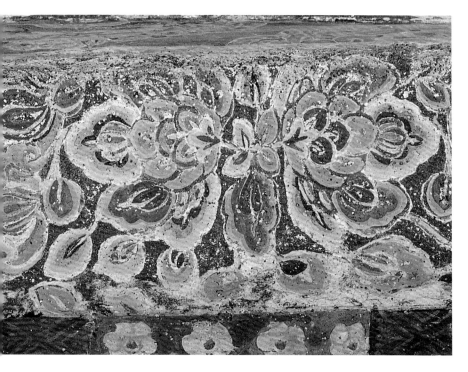

### 71 百花草紋邊飾

畫於佛龕上沿的花飾，由中央向兩側伸展，主花多是一朵形如松果的花飾，襯以多枚葉片，間有圓形花朵。花、葉佈局密集，層層相接，無固定規律，自由連續。

盛唐　莫79　西龕內

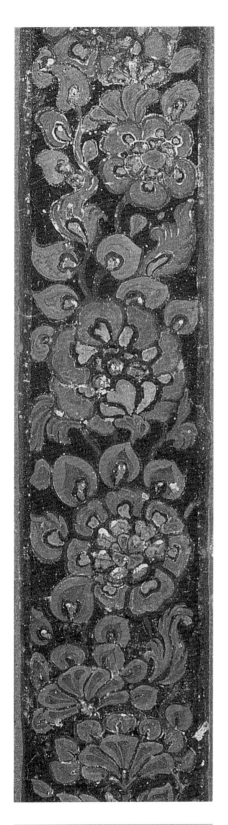

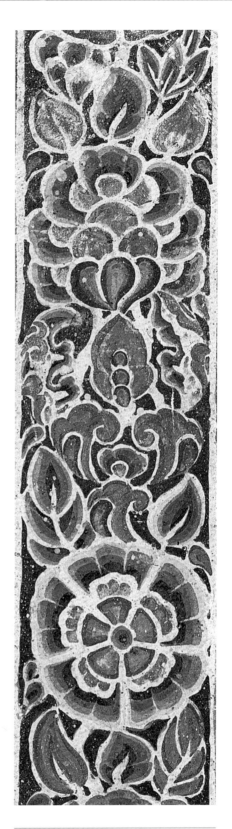

**72 百花草紋邊飾**

邊飾中花、葉瓣片平展,花朵有正有側
多變化。正視的花朵為圓形,花瓣多為
六片。側視的花朵如扇形,花瓣似鳥
冠。葉片肥短,紋樣組構無固定規律,
自由穿插連續。

盛唐 莫66 北壁

**73 百花草紋邊飾**

邊飾中以圓形花朵為主紋飾,等距佈
置,其間夾繪各種雜花、葉片。自由排
列連續。

盛唐 莫120 南壁

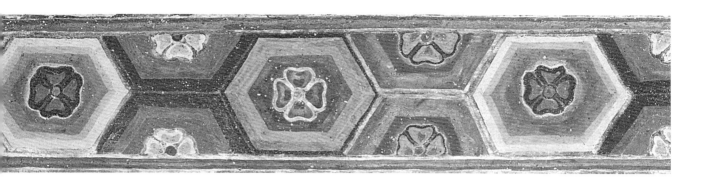

## 74　龜甲紋邊飾

邊飾由六角形甲片組構而成，甲片內均
畫一個四葉小花，顏色以青、綠、赭、
褐、黑多重疊暈。小花花形相同，統一
全局，用多種顏色交錯塗飾，形成節奏
變化。

盛唐　莫323　西龕內

## 75　斜方格紋邊飾

繪於佛龕上沿的邊飾，上條為四葉小花
連續紋，中條為斜方格連續紋，下方為
華蓋。直線條的方正形象夾在多種圓弧
線中間，特別引人注目。

盛唐　莫217　西龕內

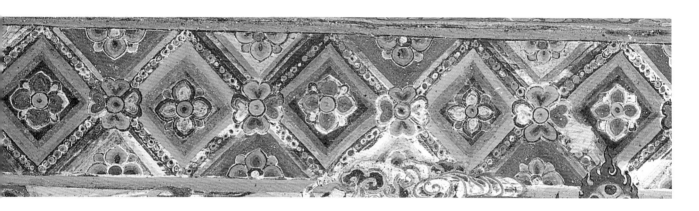

## 76　斜方格紋邊飾（局部）

斜方格紋色彩豔麗誘人，青、綠、朱、
赭皆純淨飽和，疊暈由淺而深達四五層
之多，斜方內的白色、赭紅四葉小花，
繪在墨綠、深藍色襯地上，其色彩之
美，如同錦繡。五色小聯珠紋又像是一
條彩鏈，把斜方格紋裝飾得非常富麗。

盛唐　莫217　西龕內

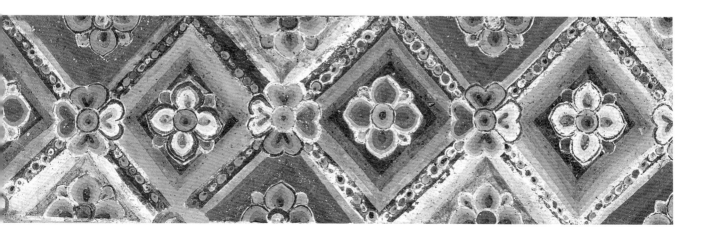

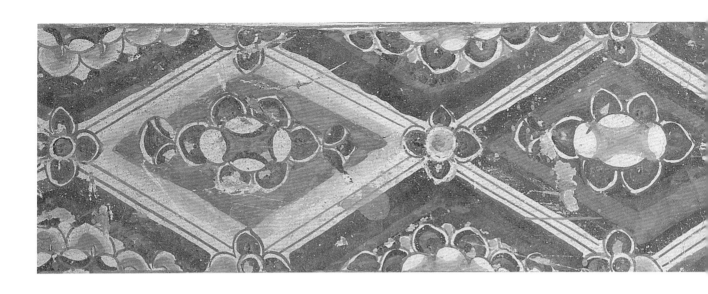

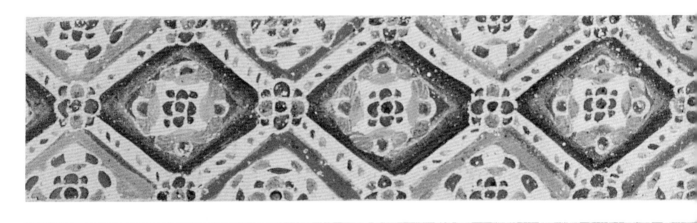

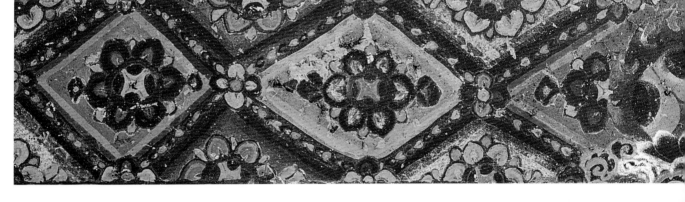

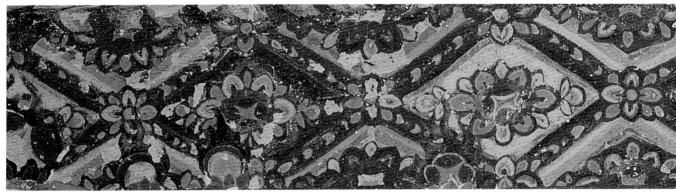

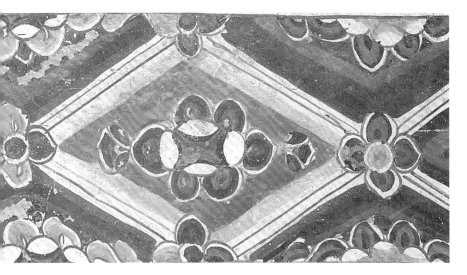

### 77 菱格紋邊飾

邊飾中的完整菱格皆塗青、綠色，兩邊
的半菱格皆塗赭褐色。青色疊暈內外皆
深，中間淺；綠色疊暈則內深外淺，依
次減退。不同的塗色方法，使菱格形象
增加了變化。

盛唐 莫387 西龕內

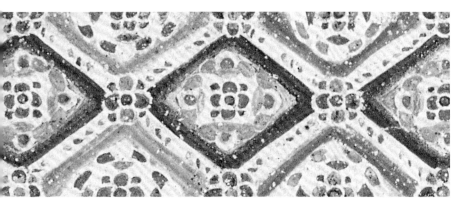

### 78 菱格紋邊飾

菱格內的花飾較為複雜，由四個三葉花
聯成方形，方形中又一個小花。赭褐色
居中，青綠色塗兩側，格內四邊塗深
色，中間留白地。紋飾繪製精細，色彩
鮮明。

盛唐 莫39 西龕內

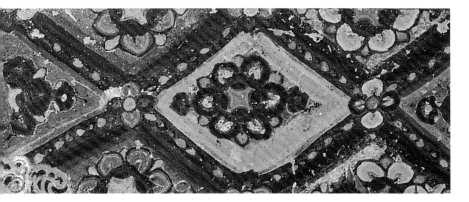

### 79 菱格紋邊飾

菱格內畫六葉團花，花中又一球璐紋
飾，並點綴各種小葉。着重格內花飾繪
製是其特色。

盛唐 莫172 西龕內

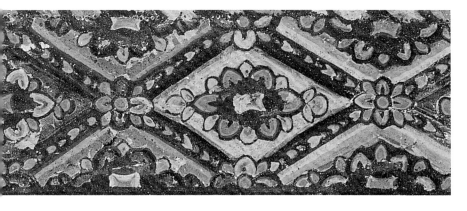

### 80 菱格紋邊飾

菱格紋組構方法與前圖（第172窟）相
同，格內畫大朵六葉團花，花外點綴六
小葉，左右各有兩葉一蕾。菱格四角均
有一朵八葉相疊的小花，花飾均為對稱
分佈。

盛唐 莫166 西龕內

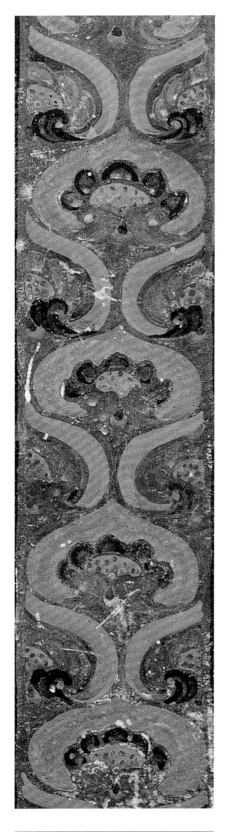

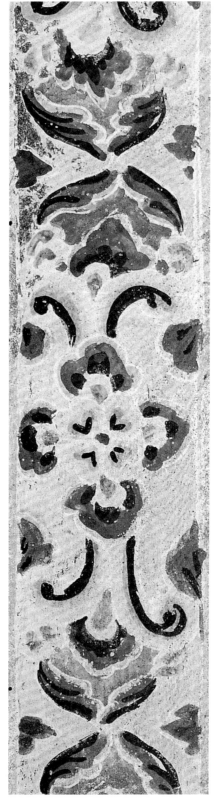

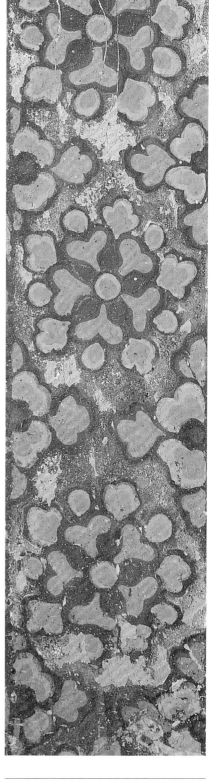

**81 蓮花紋邊飾**

花形如同一片蓮瓣，紋樣由內捲雲紋與
圓葉紋組合而成，中有五瓣蓮花。作一
整二半排列連續，呈現出兩條對波一開
一合流線動勢。

盛唐 莫320 南壁

**82 蓮花紋邊飾**

邊飾花形有人稱之為寶相花。中心為四
葉蓮花，兩端各一捲雲桃形蓮瓣，成長
方形單元，反復排列連續。

盛唐 莫46 北壁

**83 蓮花紋邊飾**

蓮花由細小葉片組成，蓮花各部小葉緊
密相依，形成團花形，花形別致，美
觀。由於顏色變化，花形呈現出葉紋零
散不整的現象。此紋樣邊飾始於初唐。

盛唐 莫166 西龕外

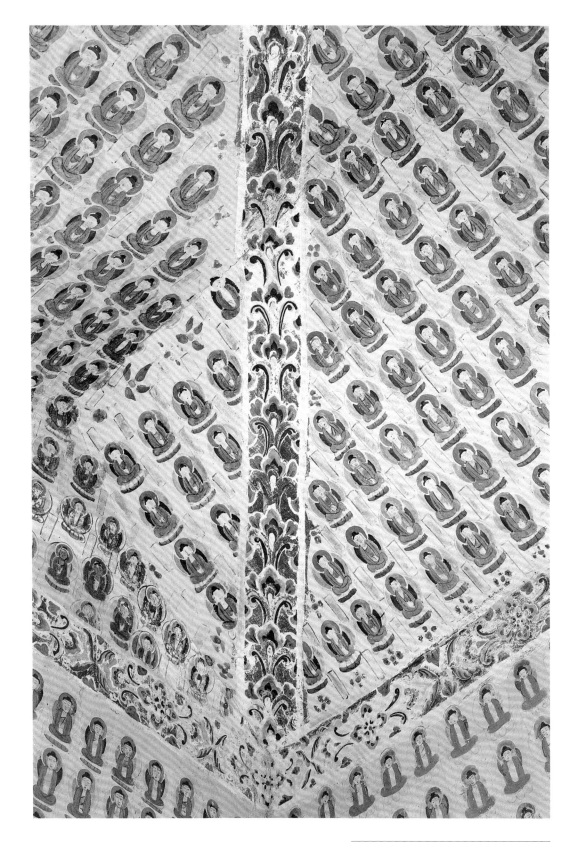

## 84　蓮花紋邊飾

邊飾的單體花形，是一個由雲頭捲葉紋
與小圓葉紋組合而成，層層疊疊，連續
成邊飾。此邊飾繪製的不多，雖可列為
蓮花體系，實際屬雜花類邊飾。

盛唐　莫46　窟頂

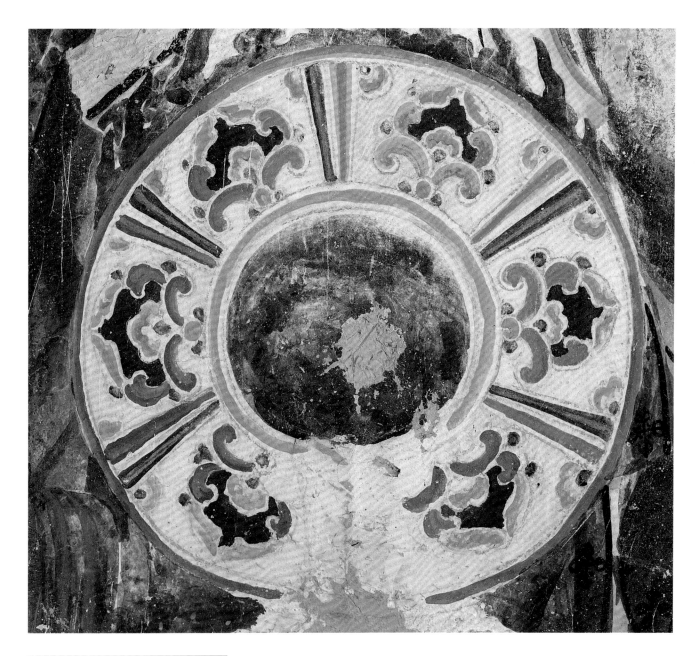

## 85 蓮花紋頭光

頭光為圓形，內分六格，格內各繪一捲
雲桃形蓮瓣，組構成一朵六瓣大蓮花，
中心繪四葉重瓣蓮花。紋樣簡潔明快。

盛唐 莫208 西龕內

## 86 團花紋佛背光

佛的背光、頭光均飾團花紋，背光的團
花由圓葉紋與捲雲紋組成，紋飾層次繁
多，形象富麗華貴。佛像為清代重塑。

盛唐 莫217 西龕內

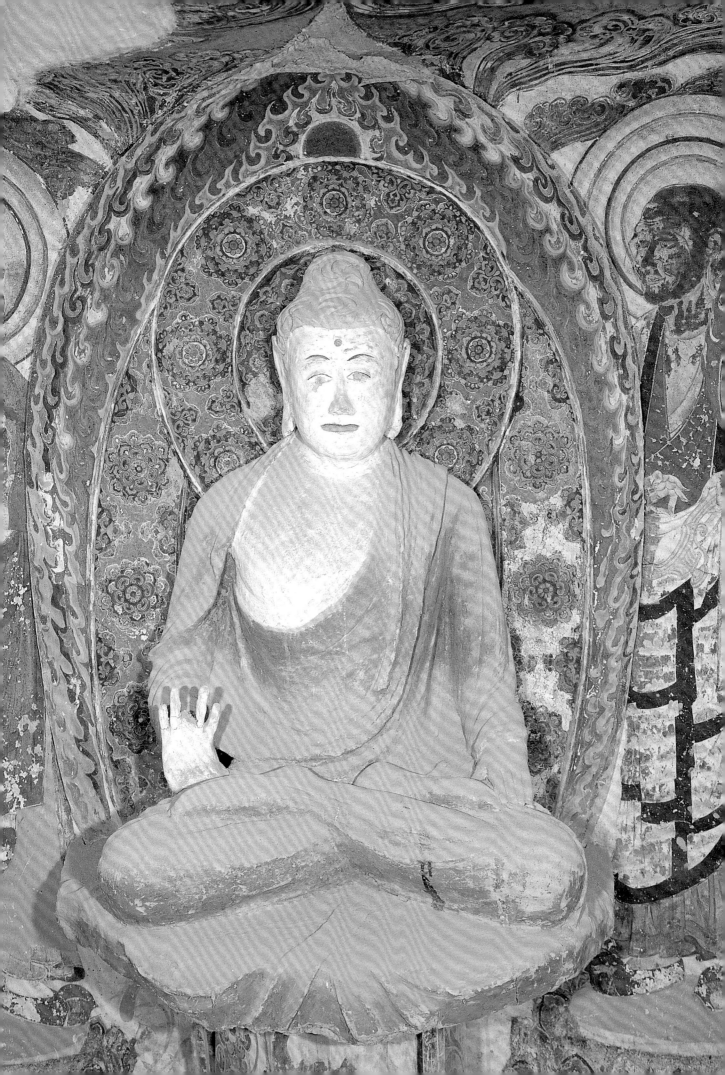

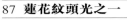

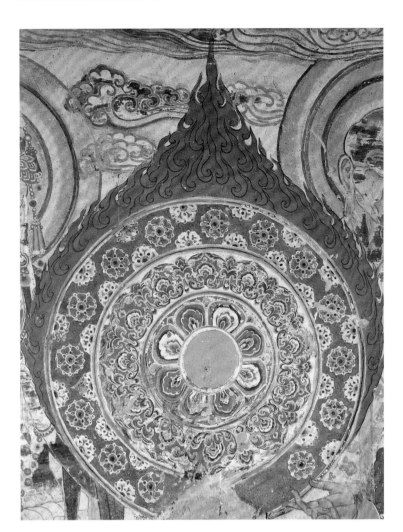

### 87 蓮花紋頭光之一

頭光中心為平瓣大蓮花。內環為桃形蓮瓣連續紋，紋飾極其華麗。外環是團花紋，作一整二半連續，環層一疏一密，一冷一暖，層次分明。

盛唐 莫217 西龕內

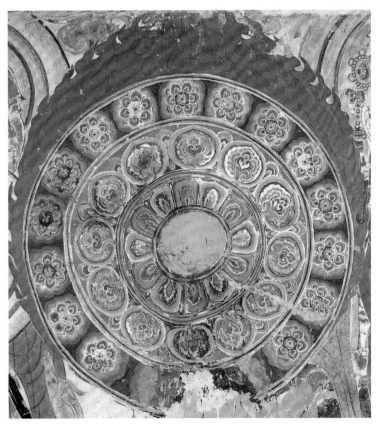

### 88 蓮花紋頭光之二

頭光紋飾全以葉紋組成。中心為平瓣大蓮花，瓣片多層疊暈。內環為圓葉蓮瓣連續紋，葉內又有花，亦葉亦花。外環為六葉瓣小蓮花，等距散點排列。

盛唐 莫217 西龕內

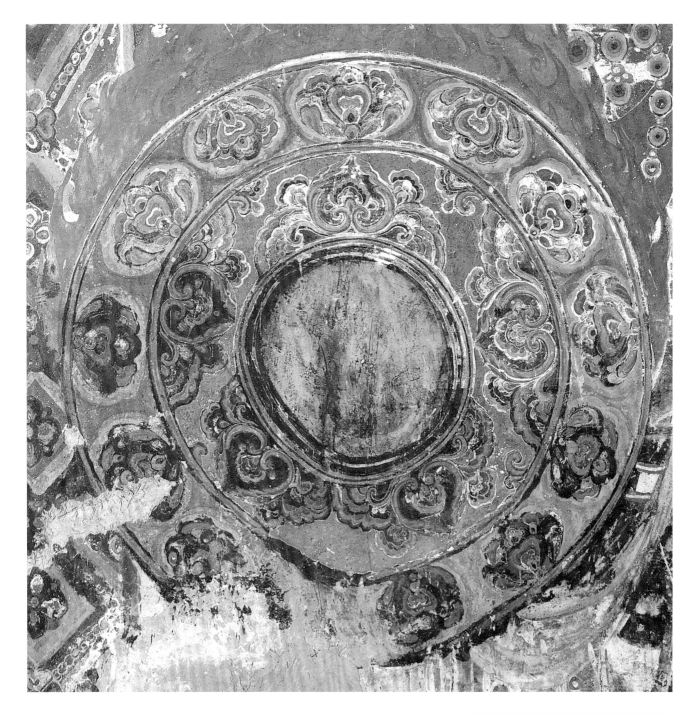

**89　蓮花紋頭光之三**

頭光內環為半對半桃形蓮瓣紋，花形中
間蓮瓣小，兩翼葉紋大。外環為半對半
葉形蓮瓣紋，葉端略寬凹弧狀，相錯疊
成花簇。

盛唐　莫217　西龕內

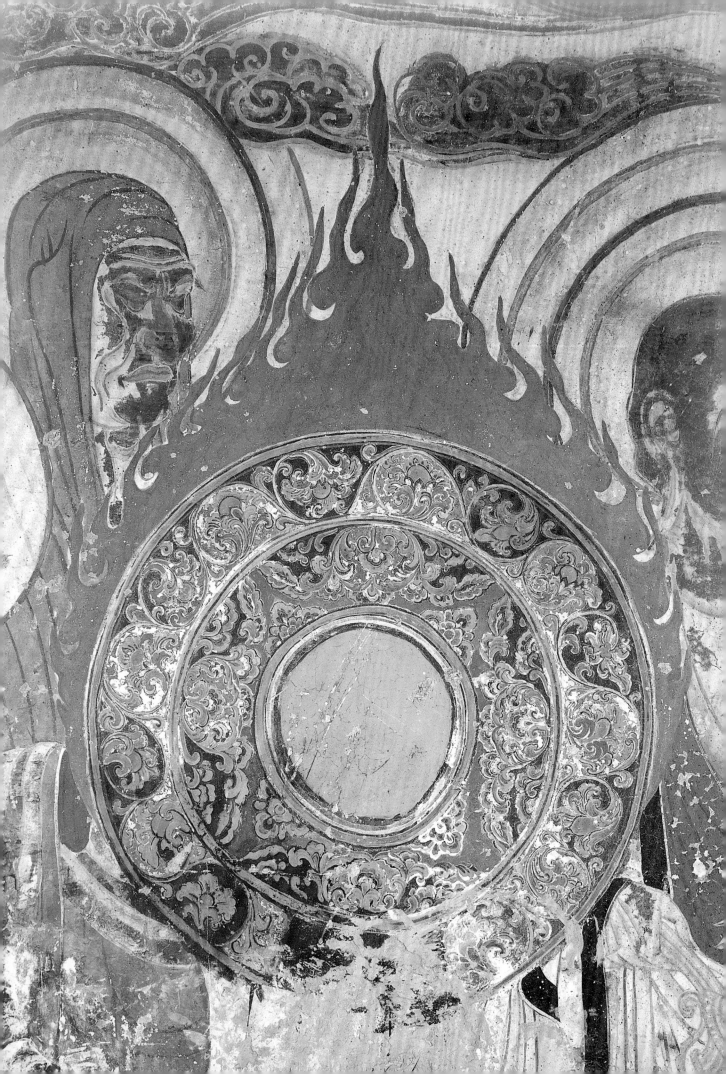

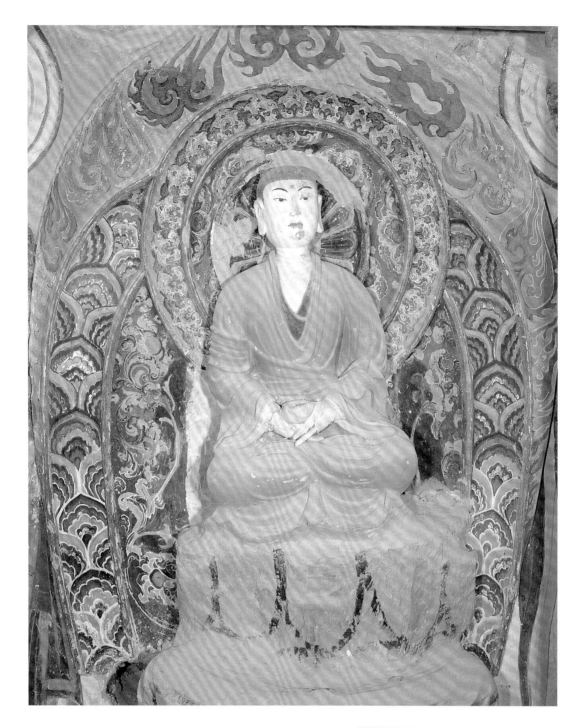

## 91 蓮花捲草紋佛背光

背光外沿為圓葉一整二半連續紋，形似鱗甲狀，內中繪纏枝捲草紋。頭光中心為平瓣大蓮花，內環是葉紋組合的半蓮花紋，外環是桃形蓮瓣橫列連續紋。顏色中的赭紅色多已變黑。佛像為清代重塑。

盛唐 莫444 西龕內

## 90 纏枝蓮花捲草紋頭光

頭光內環四面各繪一枚由三片桃形瓣組合的半蓮花，其形如蝙蝠，形成圓中之方陣。外環是纏枝蓮花捲草紋，花形千姿百態。紋飾華麗，堪稱頭光中之佳品。

盛唐 莫217 西龕內

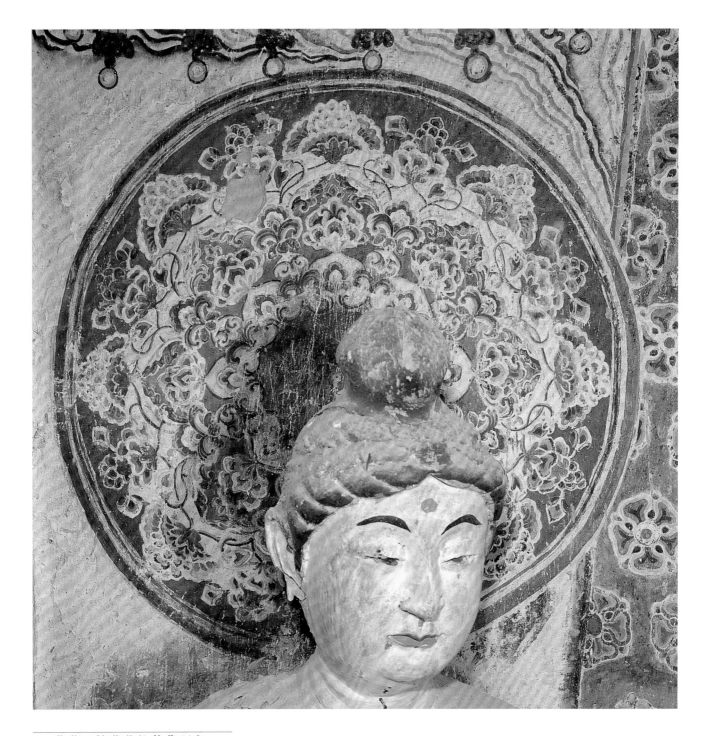

## 92 葡萄石榴蓮花紋菩薩頭光

菩薩頭光紋樣為三重組合，外層為纏枝
葡萄紋，中層的桃形蓮瓣紋與葡萄纏枝
相聯，內層捲雲石榴紋與中層桃形蓮瓣
相套，層層套聯，內外相疊。中層為赭
紅，內外層為青綠，色彩冷暖相間。紋
飾華麗，富於變化，是一個完整的圓形
單獨適合紋樣，堪稱上品。

**盛唐 莫444 西壁**

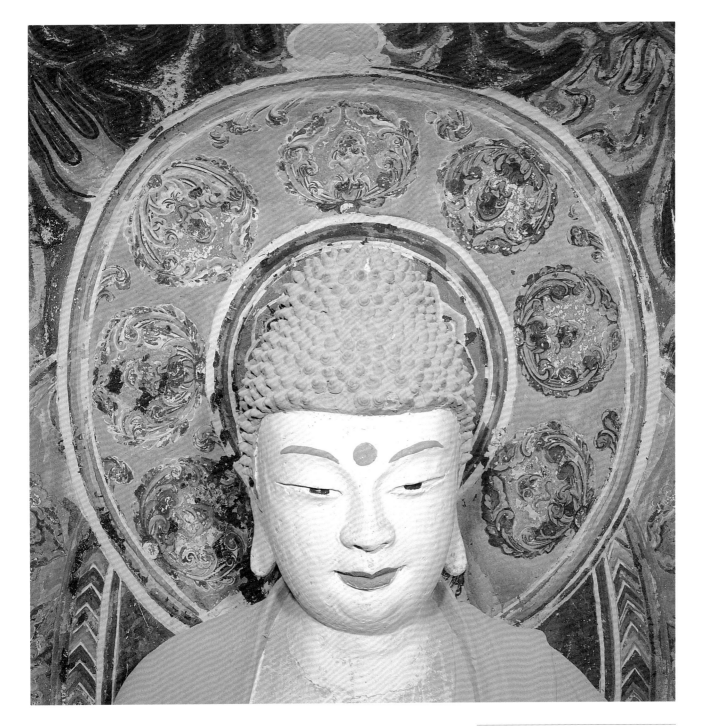

### 93 蓮花紋佛頭光

佛頭光上的蓮花為桃形蓮瓣，蓮瓣內的
大捲葉下邊附加了許多細長的捲葉，正
反相間排列。紋飾簡潔，卻有新意。佛
像為唐代所塑，清代重塗顏色。

盛唐 莫387 西龕內

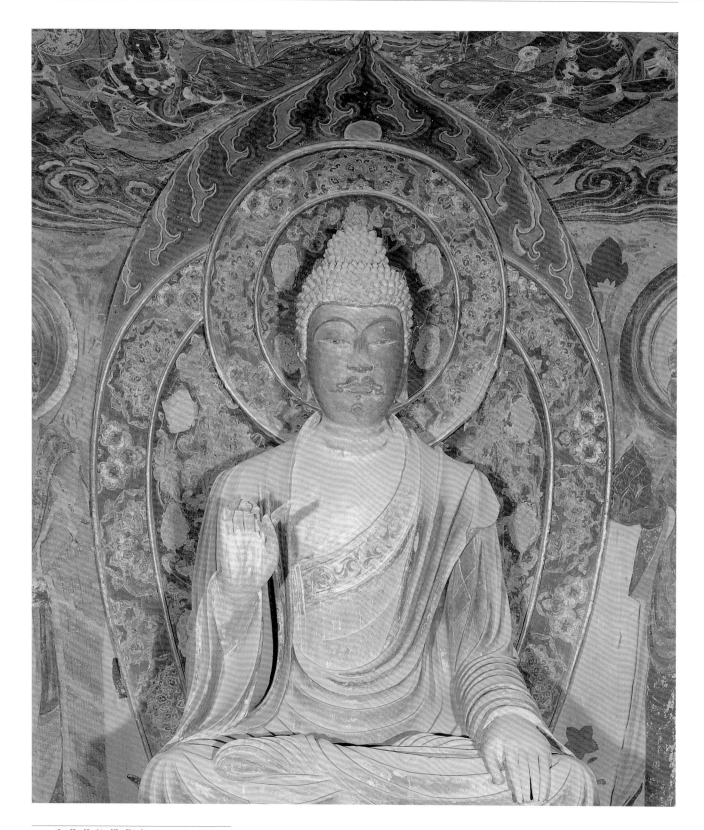

## 94 半蓮花紋佛背光

背光、頭光均繪桃形瓣半蓮花連續紋，
半蓮花為一大一小正反相間排列。背光
內中繪捲草紋。背光中的殘跡，原為七
個浮塑化佛像。佛像為唐代原塑，是繪
塑皆保存完整的佳品。

盛唐 莫328 西龕內

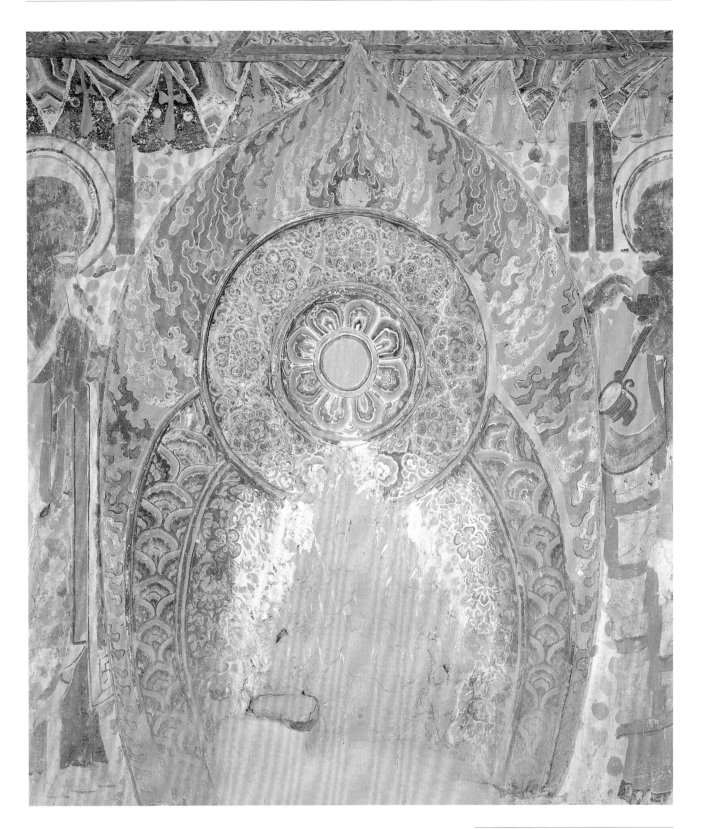

## 95 蓮花紋佛背光

佛背光外沿邊飾為鱗狀圓葉連續紋，是
盛唐背光裝飾常用紋樣之一，內中為百
花草紋。頭光繪八瓣蓮花，外環為團花
紋，花形與窟壁上團花邊飾相同。

盛唐 莫74 西龕內

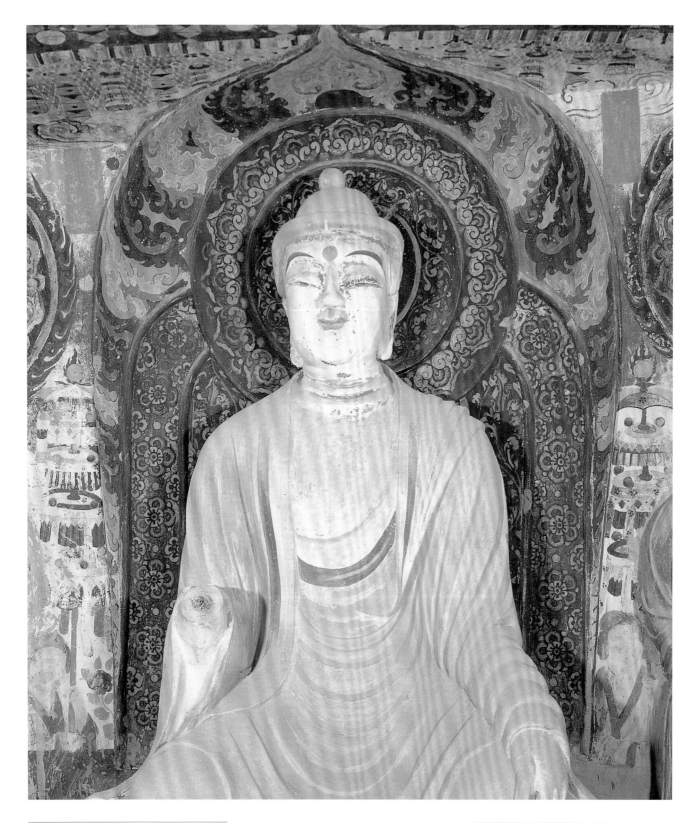

**96 蓮花紋佛背光**

佛背光外層邊飾為團花紋，內繪捲草
紋。頭光內繪單枝捲草紋，外環為桃形
瓣蓮花紋。黑褐色原為赭紅或淡紅色。

盛唐 莫180 西龕內

**97 百花草紋佛背光**

佛背光、頭光均飾百花草紋，花、葉均
以平面葉紋組合，無纏枝。主花飾有六
葉瓣圓形花、多葉瓣葵形花、松果形花
多種，葉子多裂。紋樣分佈為左右對稱
式。顏色完好如新。

盛唐 莫225 南龕內

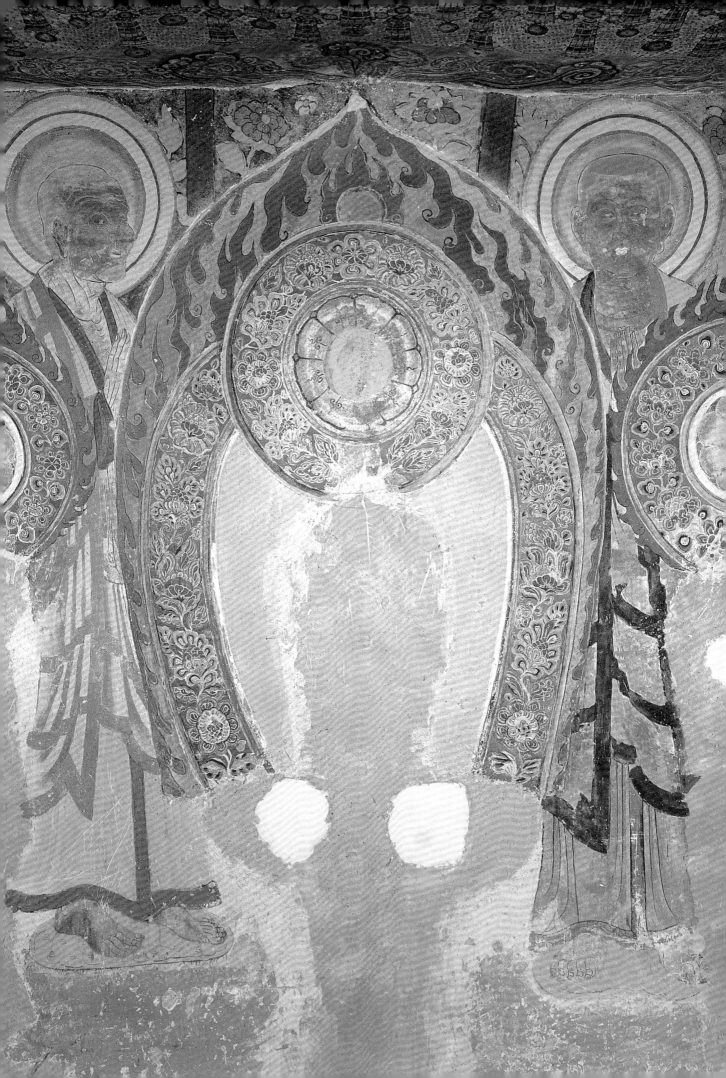

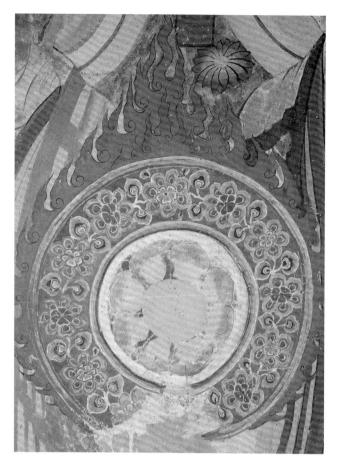

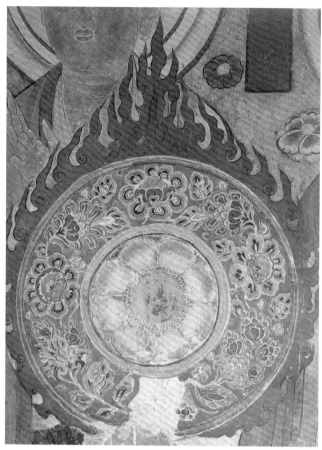

## 98 百花草紋頭光之一

頭光內繪八瓣大蓮花，外環纏枝花草
紋。頭光外繪火燄紋。色彩鮮明如新。

盛唐 莫225 南龕內

## 99 百花草紋頭光之二

頭光內繪八瓣大蓮花，綠色蓮蓬外繪一
周花蕊。蓮花外環百花草紋，中有多葉
瓣葵形花、松果形花多種。

盛唐 莫225 南龕內

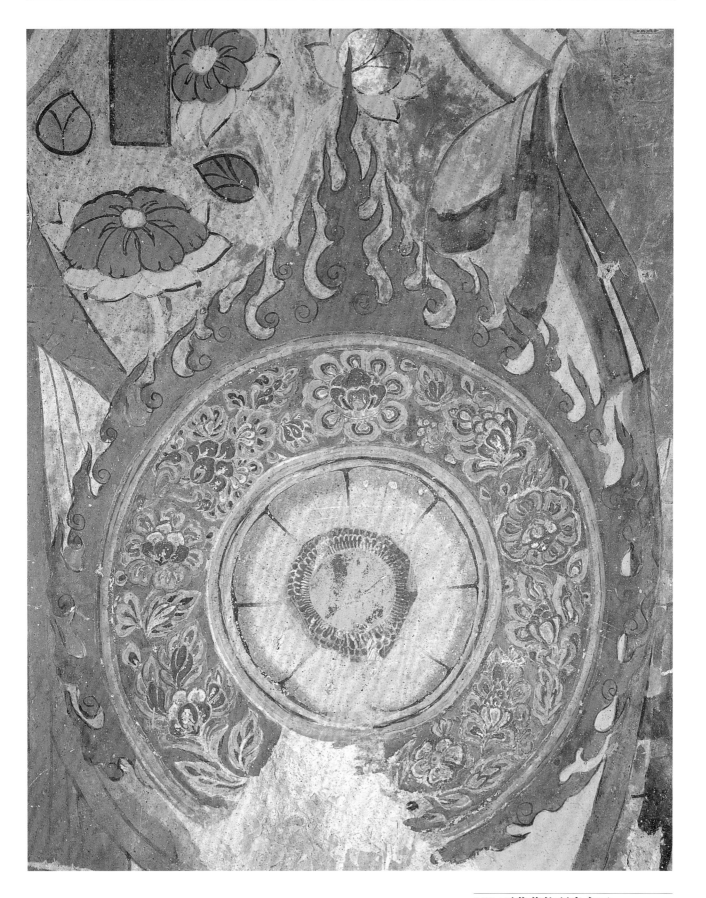

**100　百花草紋頭光之三**

頭光內繪八瓣大蓮花，外環百花草紋。

盛唐　莫225　南龕內

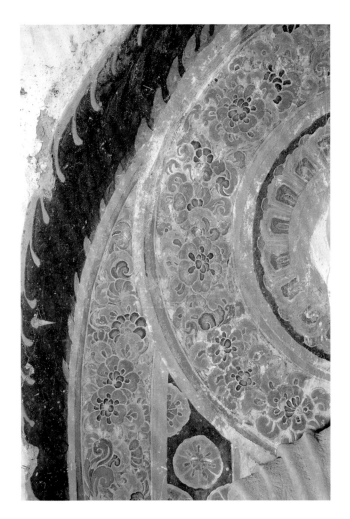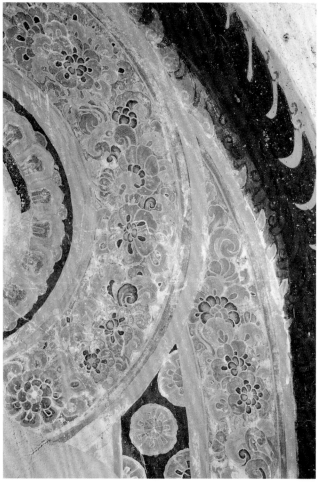

## 101 茶花紋佛背光之一

佛背光、頭光均繪茶花紋，花形多為六
瓣或七瓣，兩朵相依自成一組，散點自
由分佈，左右對稱。茶花均塗青色，中
心點以赭紅，襯以綠葉。以青色為主的
青綠色調是其特色。

盛唐　莫182　西龕內

## 102 茶花紋佛背光之二

此茶花紋佛背光與前圖相對稱，為其右
側。

盛唐　莫182　西龕內

## 103 茶花紋佛背光

佛背光、頭光均為茶花紋，大花兩重，
紅心綠邊，小花青色紅心。花形同類，
彩色形象各有特色。佛像為唐塑，清代
重修繪彩。

盛唐　莫169　西龕內

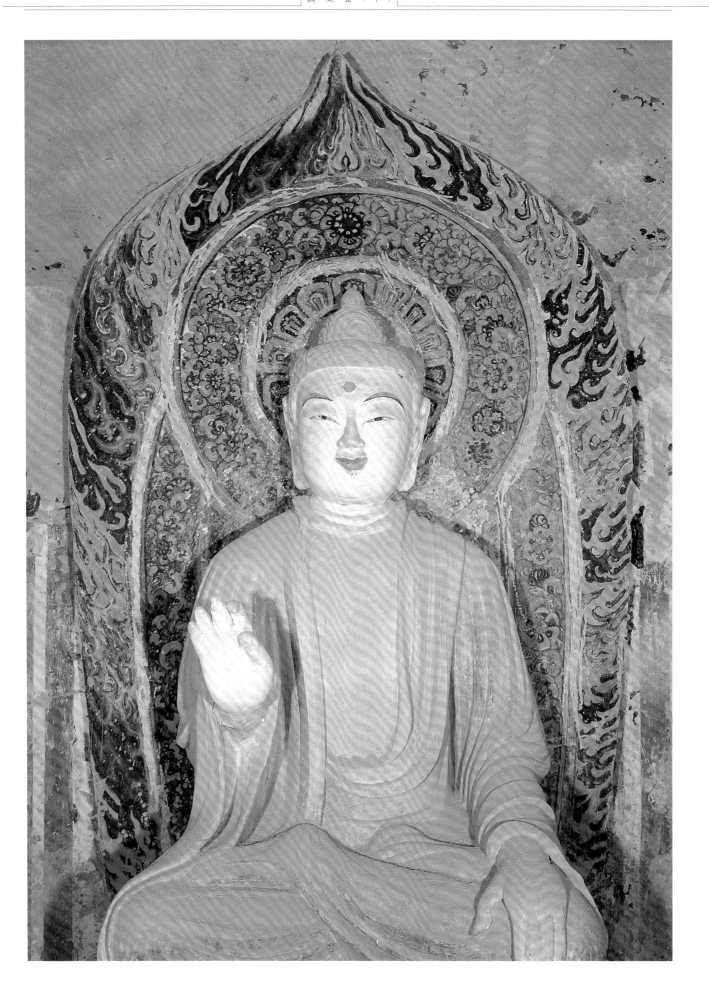

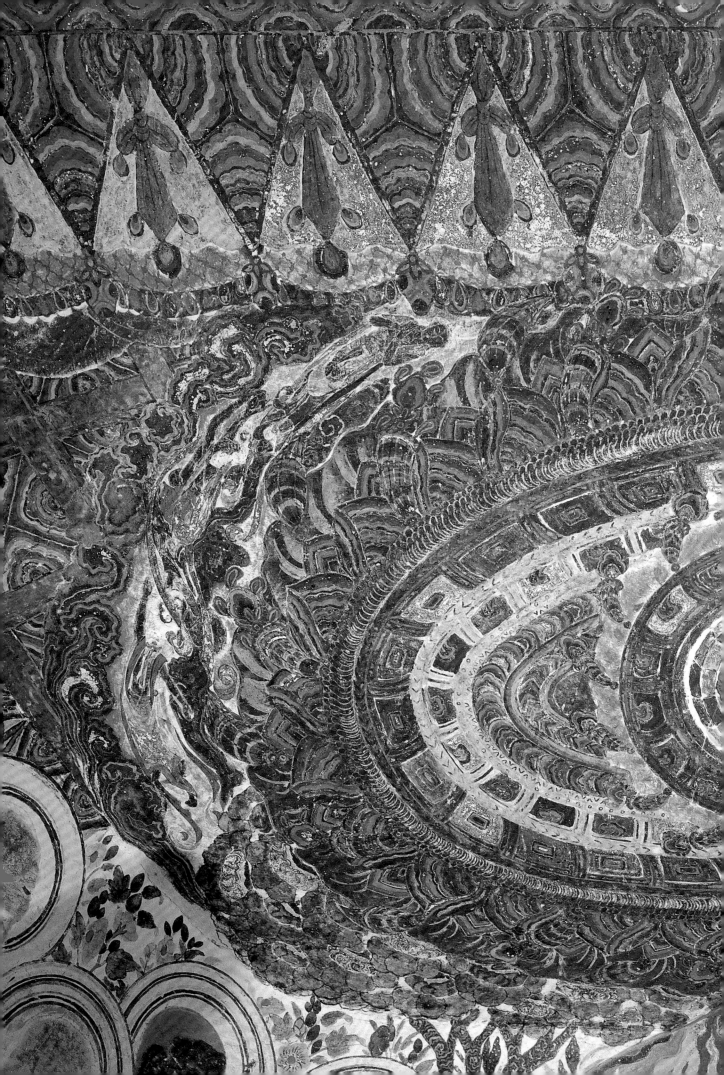

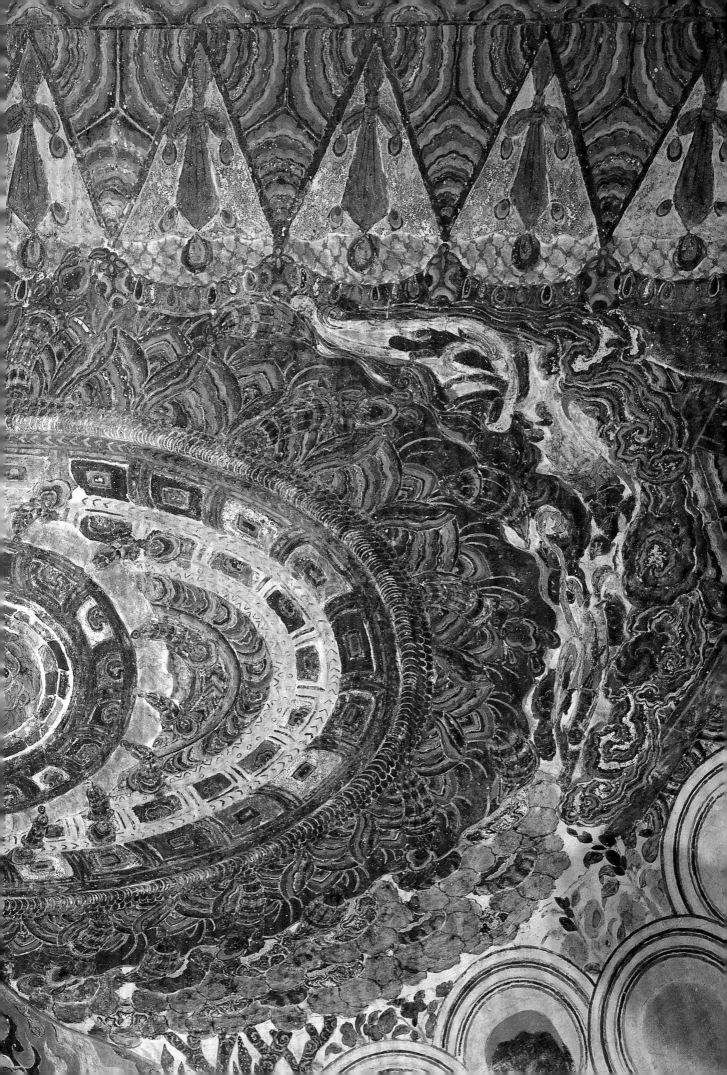

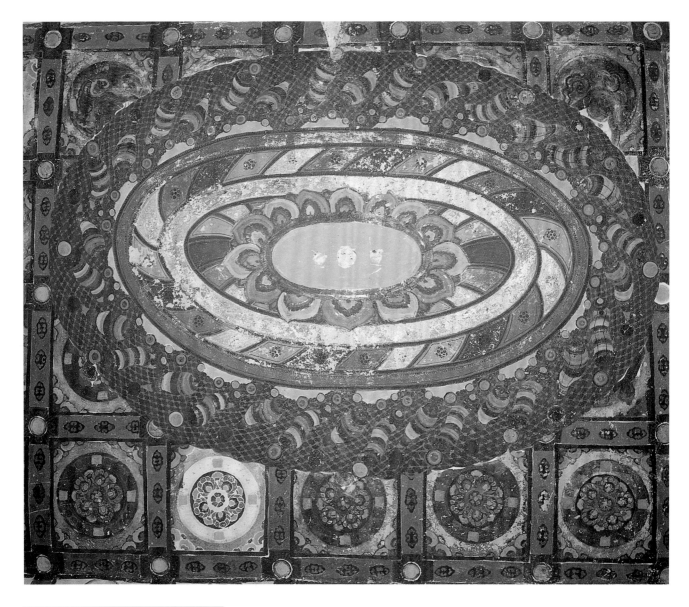

## 105  蓮花垂幔紋華蓋

華蓋為橢圓形，中心繪大蓮花，蓮花外
繪一周同向菱格紋，形成旋轉的飛動
狀。外沿垂幔有羅網紋，紋飾簡潔。華
蓋外周畫方格平棊紋飾，表明華蓋懸在
龕頂平棊之下。想像周全，設計完美。

盛唐　莫171　西龕內

## 104  蓮花紋華蓋　　　◀見上頁

畫於佛龕頂部的華蓋呈橢圓形，中心為
圓形，繪六瓣旋狀蓮花，環繞長方格
紋、捲雲方格紋以及瓔珞、彩鈴垂幔
紋。外重橢圓形，由內向外是葉形疊壓
紋、捲雲方格紋、方壁紋和桃形蓮瓣、
瓔珞、彩鈴垂幔紋。紋飾皆為旋轉飄動
狀。華蓋周圍有飛天散花，氣氛熱烈莊
嚴。

盛唐　莫66　西龕內

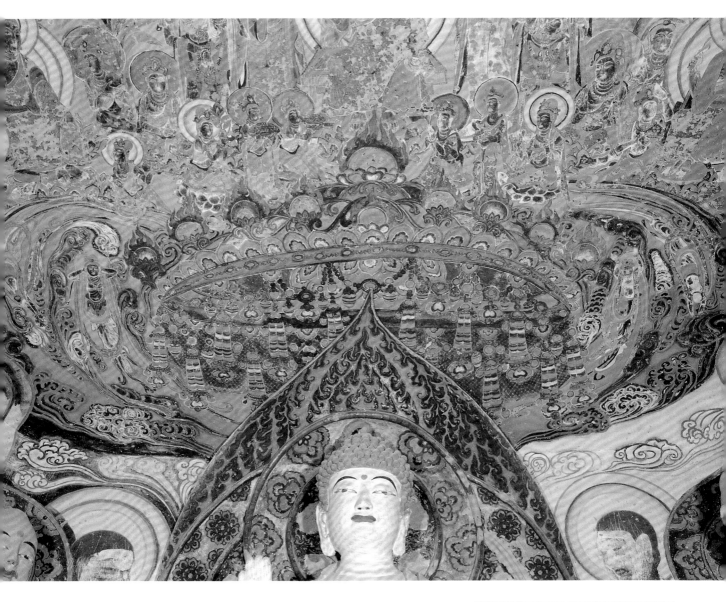

**106　蓮花寶珠紋華蓋**

華蓋用透視法表現，為側視仰角。華蓋
頂上飾摩尼寶珠，葉形蓮瓣上翻，蓋內
倒懸的葉瓣蓮花，蓋沿下的珠寶鈴璫羅
網垂幔，交代清楚，令人一覽無餘。

盛唐　莫172　西龕內

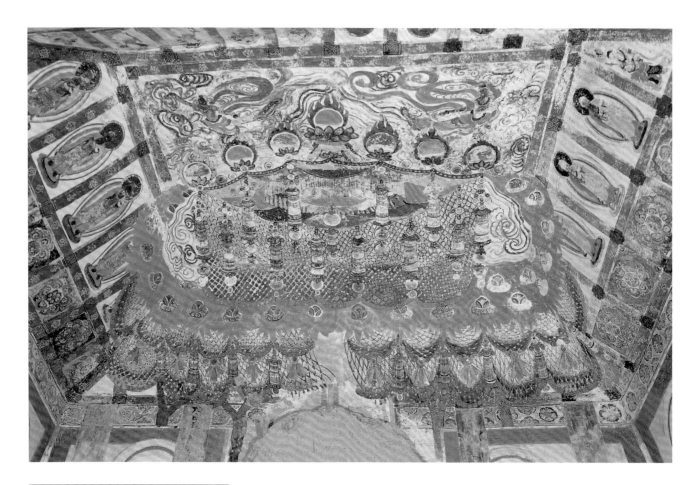

## 107 蓮花寶珠紋華蓋

華蓋為側視，微仰角，頗有立體感。多
邊形蓋內懸蓮花，頂及邊角有摩尼寶
珠，沿下懸長圓彩幡鈴璫外罩羅網。華
蓋襯以綠色菩提寶樹，飛天環繞，亦很
別致。

盛唐　莫129　西龕內

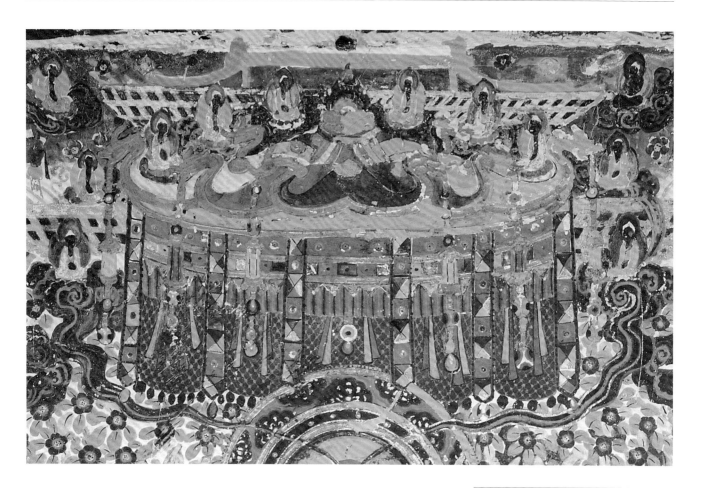

### 108 金龍唧珠紋華蓋

華蓋，俯視側面，蓋頂摩尼寶珠、小坐
佛像、金龍口唧玉寶珠串。蓋下內張羅
網，外掛短幡長幡。

盛唐　莫171　北壁

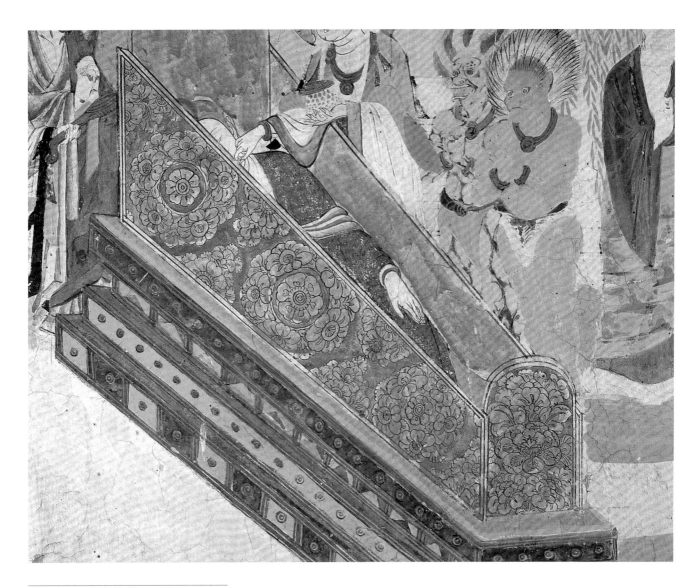

### 109 茶花團花紋樣

繪在涅槃經變中金棺上的茶花紋，中心
繪一朵茶花，環周以五朵茶花聯成花
環，形成一個大團花。此紋樣始於盛唐
末年，盛行於中唐，成為中唐時期代表
性紋樣。

盛唐 莫148 西壁

## 第三節　　中唐圖案

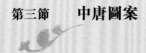

　　中唐（即吐蕃時期）敦煌石窟裝飾圖案與盛唐相比，風格上有顯著的差異，呈現出棄繁從簡、變濃豔為雅致秀麗的新面貌。第180窟藻井裝飾是説明兩個不同時期圖案風格的最好例證。此窟始建於盛唐沙州陷蕃前夕，窟頂藻井及千佛壁畫繪了一半即因戰爭而停工，吐番佔據局勢平穩之後又續繪了另一半。後者補繪時，對未繪完的部分紋樣仍依照前樣，而風格迥然有別，表明此時的審美情趣已發生了變化。中唐石窟裝飾主要是窟頂藻井、佛龕頂部平棊、邊飾、佛菩薩背光、頭光。中唐小型石窟較多，又多殘損，一些石窟又為後世重繪，故圖案資料不及盛唐的多。

　　藻井裝飾，依中心方井紋樣可分為茶花紋藻井、平瓣蓮花紋藻井、捲瓣蓮花紋藻井、團花紋藻井四種。四種藻井中的邊飾層和垂幔紋樣大致相同，邊飾一般為三五層，紋樣以捲草紋為主，團花紋已經減少，退居次位。幾何紋中出現了迴紋，成為僅次於捲草紋的重要邊飾紋樣，是區別中、盛唐藻井邊飾組合一重要特徵。菱格紋、方勝紋作為小邊飾繼續使用。垂幔裝飾紋樣已經簡化，盛唐時的彩鈴、圓葉花飾為密集短小的齒狀三角紋所取代。垂幔裝飾紋樣的變化在盛唐晚期的第166窟藻井上已顯露出來，是對隋及初唐藻井垂幔中的大三角紋的恢復和異化。

　　茶花紋藻井，是前所未有的新樣式。茶花單體花形有正視，有側視。正視花形為六瓣，側視花形為七瓣或八瓣，瓣片頂端有裂。藻井中心方井茶花由六朵或八朵單體茶花組成，以纏枝串聯成一個大花環，花環中央繪一小蓮花，纏枝茶花空隙處佈飾小葉。有的茶花中畫有石榴。茶花紋樣在中唐石窟裝飾中應用非常廣泛，除裝飾於藻井外，四壁邊飾、佛龕頂部平棊、佛背光中也有繪飾。並西傳新疆焉耆七格星明屋石窟、庫車克孜尕哈石窟。

　　從敦煌石窟裝飾紋樣發展來看，茶花紋樣脱胎於盛唐百花草紋樣，在茶花捲草紋中已現雛形，至盛唐末大曆四年（公元769年）第148窟涅槃經變中金棺上的茶花紋樣完成了演變的全程，成為獨立體系的茶花紋。茶花紋樣是盛唐末到中唐流行的紋樣，具有鮮明的時代特徵，如內蒙喀喇沁旗哈達溝門出土的唐宣州刺史劉贊進奉的臥鹿茶花紋六曲銀盤、蹲獅茶花紋六曲銀盤、雙摩羯魚茶花紋六曲銀盤、陝西西安出土的唐代黃鸝折枝花紋銀盤、江蘇鎮江出土的大和三年（公元829年）李德裕埋舍利函石刻以及新疆吐魯番阿斯塔那出土的大曆年間（公元766～779年）的飛鳥茶花紋織錦。這些皇親顯貴享用的高級物品上的茶花紋，與敦煌石窟裝飾中的茶花紋樣完全相同，其製作所依樣稿也應是相同的。

捲瓣蓮花紋藻井，唐代以前敦煌石窟僅有西魏第285窟一例，但中唐的捲瓣蓮花與之並無直接承襲關係。中唐捲瓣蓮花外圍為正圓形，瓣片有八瓣、十瓣不等，瓣片回捲呈包合狀，如同一朵欲綻的花蕾，花中或有獅子、三兔、團龍、伽陵頻迦鳥等禽獸紋。是藻井紋樣中繪飾最多的一種（如第 359、358、360、231、237、369、200、150窟），並為晚唐、五代所承襲。藻井中繪祥禽瑞獸蓮花紋樣，應是受到當時流行的金銀器物上的蟠龍、鳳鳥、雙魚、臥鹿、蹲獅這類紋樣的影響。捲瓣蓮花紋也可能受到來自中原的同類紋樣的影響。

平瓣蓮花紋藻井，藻井中心蓮花花形簡潔，花瓣平展，單層，無裂。早先流行於隋、初唐，盛唐時僅裝飾於塑像頭光中。至中唐，花形又經變化，瓣片頂端變為方頭微尖，多色疊暈塗飾。瓣片雖為單層平鋪，卻亦感覺豐富，裝飾感強。蓮花中心繪蓮蓬，或金剛杵法物（如第 197、361 窟）。以後成為五代、宋窟頂四坡平棊裝飾一種主要紋樣。

團花紋藻井，藻井中心團花組合構架與茶花紋藻井中心花形基本相同，即以六個或八個單體花朵聯成一個大花環，環內繪一平瓣蓮花。團花花環的單體花形為一橢圓多裂葉片，葉片蒂部為內捲雲頭狀。花形整體成團狀。這種以內捲雲頭紋和多裂圓葉紋組合的單獨適合紋樣在盛唐已經出現，中唐發展成為藻井中央主花飾。

中唐團花紋藻井繪飾不多，從中可以看到上述幾種藻井裝飾紋樣相互影響關係。

佛龕裝飾。佛龕形制北朝時為圓拱形龕，隋迄盛唐為敞口平頂龕，中唐以後均為橫長方口盝頂帳形龕。不同龕形有不同的裝飾。盝頂帳形龕始於盛唐後期，中唐形成定式。龕內三壁均繪屏風式故事畫，除正壁中央仍繪有佛背光外，左右壁上的菩薩頭光裝飾從此即行消失。龕頂中部為橫長方平頂，繪團花紋平棊，四面斜坡繪方格團花或長方格佛像，斜坡下邊繪飾如同藻井中的垂幔紋飾。

龕頂繪團花紋平棊是中唐至五代佛龕裝飾的主要樣式，平棊的棋格以窄小邊飾組構而成，每一方格內畫一團花。團花有二種：一是由六朵茶花聯成一個花環，中心繪一平瓣小花，與藻井中茶花結構相同。另一種是由六個橢圓形葉或三弧方頭葉片聯成花環，中心繪一小花。有的團花中繪雁啣花串聯珠紋。禽獸聯珠紋是當時吐蕃統轄地區流行的西域風格紋樣，如青海都蘭吐蕃墓葬、同期的新疆吐魯番墓葬出土的大量絲織物上即織有鴨、雞、鷥鳥、獅、熊禽獸聯珠紋。佛龕龕口上沿是帳額裝飾，繪一重或二重方格團花邊飾（有的格內畫坐佛像），上邊再畫出一層透視斜面方格邊飾，示意向外伸出。有的在最上一層再畫些散點狀的花枝、團花、圭狀花葉、寶珠插花紋樣，稱之為"山花蕉葉"。有的帳額兩端畫有龍頭。這種龕形及其裝飾是對神帳樣式的模仿，但都圖案化了。

中唐時，石窟內經變畫增多，加之佛龕裝飾的發展，邊飾繪飾數量也明顯增多。由於邊飾裝飾部位不同，其寬窄大小，紋樣繁簡也有差別。邊飾紋樣基本是盛唐的延續，有纏枝捲草紋、纏枝茶花蓮荷紋、團花紋、幾何紋。

纏枝捲草紋，仍是邊飾紋樣的主流，然而比之盛唐那種繁麗多變，氣勢磅礡的流動感則有所減弱。單元花形的捲葉不再那麼長鋪翻捲，捲草中的石榴紋減少，茶花紋增多，紋樣顯得比較平穩而寧靜。依其連續結構的差異分為二種：一種是纏枝為主幹，蜿蜒伸展，依莖枝佈飾花葉，單元花飾多為茶花，留有較多的盛唐遺風。主要繪於中唐前期諸窟（如第188、197窟）。另一種是纏枝在捲草連續中時隱時現，花大葉寬，每組花飾捲葉呈現收合狀，花中多為石榴紋或間有茶花紋，有的繪有靈鳥紋。它標誌着唐代捲草紋進入了重要的轉變時期，主要繪於中唐後期諸窟（如第158、159、231、237窟）。

纏枝茶花紋是一種全新的邊飾紋樣，茶花形如上所述盛唐末期已經成熟，然而纏枝茶花並非由之而來，應是另有新的樣稿傳入。纏枝每一波彎畫一朵茶花，茶花兩側配飾葉紋。邊飾亦有少數花形為蓮荷形。花瓣有圓有尖，或繪一種，或兩種相間排列。有的茶花中畫有石榴或松果狀花飾。葉紋均為平面鋪展，或兩片大葉作對稱狀，或數種小葉同向隨意伸展，紋樣在連續中呈現着流動感。形色清淡雅致，花枝比較自由活潑，是中唐特有的邊飾紋樣（如第180、199、202、360、361窟）。

團花紋，中唐由於窟內裝飾總體佈局的變化，盛唐時的大團花以它那莊重、平穩的形象主要以四方連續裝飾於佛龕平棊和龕沿帳額，而用作二方連續邊飾已經很少。代之是一種小團花紋邊飾。邊飾較窄，花形簡潔，類似茶花。而一整二半連續方法與大團花紋邊飾相同，是由大團花紋與茶花紋派生的一種新的團花紋邊飾。主要繪於四壁經變畫之間，龕頂平棊下部垂幔邊飾層；有的藻井也用於邊飾層。在石窟裝飾佈局中起着補充、協調的作用。

幾何紋，在邊飾中有迴紋、菱格紋、方勝紋。迴紋主要繪於藻井邊飾中。菱格紋最多，是佛龕頂部平棊四周邊飾層中不可缺少的紋樣，也是界隔四壁經變畫的主要邊飾，菱格的色彩疊暈比之盛唐已經簡化，但它那直線斜向交

叉形成的棱角鮮明、規矩的形象與佛龕
建築形式、經變畫邊框非常協調，又易
繪製，因此得以長久延續至五代及宋。
方勝紋繪飾不多，主要繪在四壁經變畫
下方，如同建築壁帶。藻井中也偶有繪
飾。

　　佛菩薩背光、頭光裝飾紋樣。背
光、頭光裝飾包括塑像背光、頭光和壁
畫背光、頭光兩部分。盛唐偏重龕內塑
像背光、頭光裝飾，壁畫中的背光、頭
光裝飾比較簡略，或只畫一光環。中唐
佛龕屏條故事畫佔去了壁面，只有佛背
光，沒有菩薩、弟子頭光。背光、頭光
裝飾重點轉向了壁畫。背光、頭光裝飾
紋樣除上述捲草紋、茶花紋之外，同時
還繪出了迴紋和前所未有過的波折紋、
弧形折帶紋、齒形三角紋、連續勾雲
紋。這些紋樣在盛唐末期的第148窟已經
出現，中唐發展成為背光、頭光裝飾的

專用紋樣，並影響到晚唐和五代。

　　波折紋、弧形折帶紋從其形態以及
興起於同一時期的藻井中捲瓣蓮花禽獸
紋整體來考察，自然聯想到著名的西亞
水波紋銀器工藝對中國的影響。孫機先
生在他的《凸瓣紋銀器與水波紋銀器》研
究中列舉有大量出土文物圖像，如河北
贊皇東魏（公元534～550年）李希宗墓
出土的銀碗，碗壁弧曲形體與排列有致
的凸起棱線，在陽光折射下自然閃爍出
多彩波光。又如陝西西安何家村出土的
唐代窖藏金銀器中，一件海獸雲瓣紋銀
碗，碗的口沿為弧曲形，碗壁有水波弧
曲線。遼寧建昌龜山1號遼墓出土有兩件
銀碗，碗壁為弧曲狀，錘鍱出凸棱線。
這些西亞風格銀碗在俯視之下均出現有
水波紋線，它形成的視覺美感與背光、
頭光中的色彩疊暈水波紋、折帶紋是一
致的。

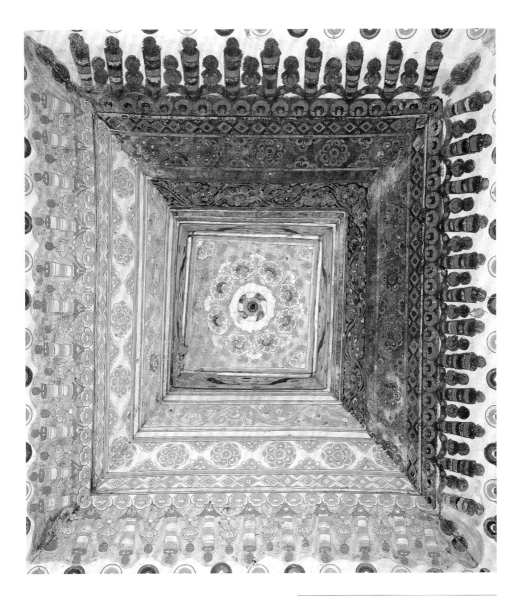

## 110 茶花紋藻井

方井中心以纏枝茶花聯成花環，花環中心是一朵捲瓣小蓮花。方井四周邊飾為石榴捲草和纏枝茶花紋、六葉團花紋、菱格紋、彩幡鈴璫垂幔紋。顏色變為黑褐色的一半為盛唐所繪，未完因故停工。顏色清淡的一半為中唐時補繪，兩種風格一目了然。

**盛中唐 莫180 窟頂**

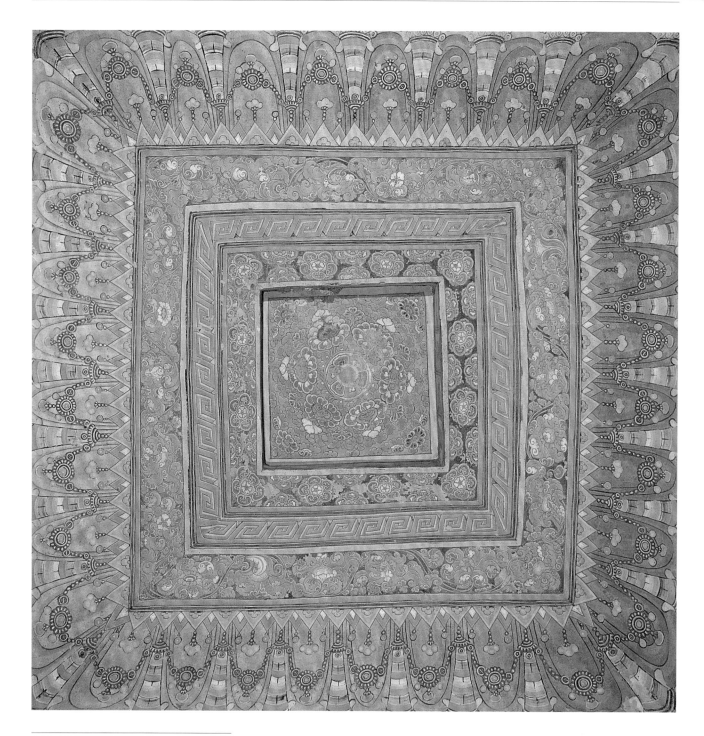

## 111 石榴茶花紋藻井

方井內紋飾由纏枝茶花串聯而成，每朵
茶花中有一石榴，石榴形象為捲雲紋所
成，嘴部出一小花，纏枝葉紋稠密，紋
樣組合頗有新意。方井四周邊飾為五葉
團花紋、迴紋、纏枝石榴捲草紋和垂
幔。迴紋是流行於中唐的新紋樣。此藻
井為中唐時期的代表性佳作。
中唐 莫201 窟頂

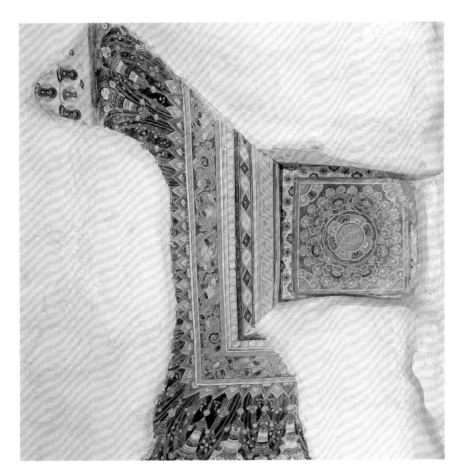

### 112 蓮花茶花紋藻井

方井中心繪大朵平瓣蓮花，周環纏枝茶花紋，紋飾及色彩均保存完好，周邊邊飾層僅存一小部分。平瓣蓮花花瓣的樣式對後世產生深遠的影響。

中唐 莫159 窟頂

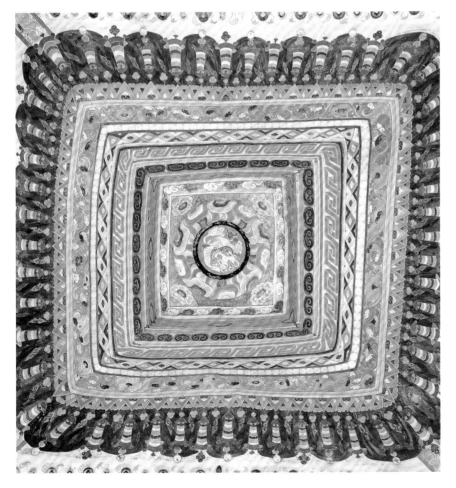

### 113 靈鳥捲瓣蓮花紋藻井

方井內繪捲瓣蓮花，蓮花中心有靈鳥伽陵頻迦，人首鳥身，彈奏琵琶。在蓮花中襯一黑環綠地，顯得特別突出。方井四周邊飾為雲紋、迴紋、白珠紋、菱格紋、石榴紋、捲草紋和垂幔。色調清淡雅致。

中唐 莫360 窟頂

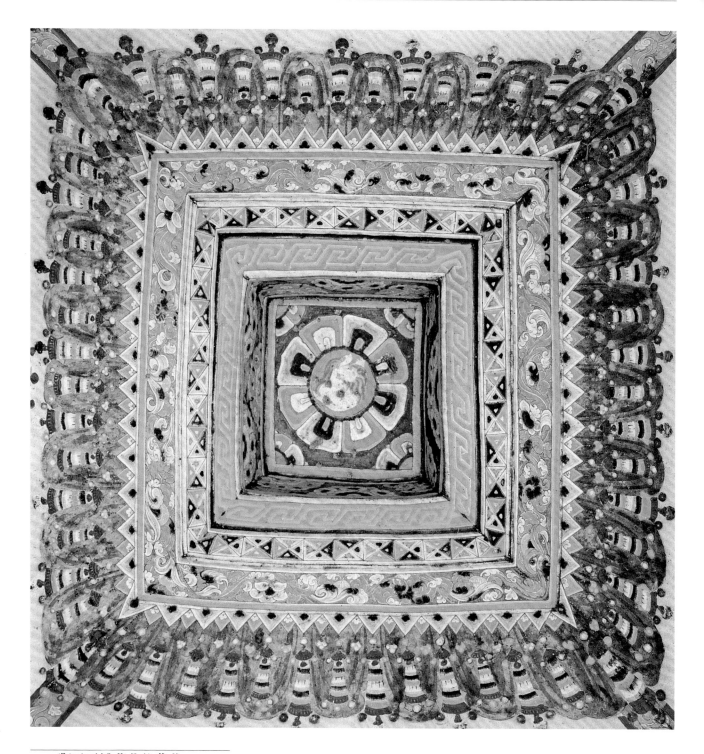

## 114 獅子平瓣蓮花紋藻井

方井內的蓮花紋樣已極大簡化，蓮瓣平
展。花中畫一臥獅，是中唐紋樣一特
色。邊飾中的方勝紋仿自盛唐，石榴捲
草紋邊飾與四壁上的同類紋樣相比也已
簡化。

中唐 莫359 窟頂

### 115 獅子捲瓣蓮花紋藻井

捲瓣蓮花中心繪一臥獅，四周邊飾以石
榴捲草、迴紋為主紋飾，四邊捲草紋中
各有一伽陵頻迦鳥演奏音樂。

中唐 莫231 窟頂

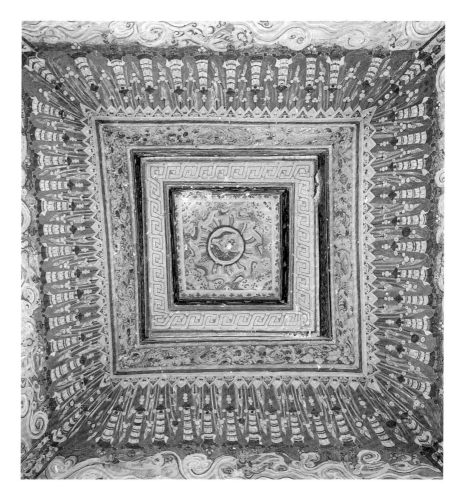

### 116 蓮花紋藻井

方井中心蓮花為平瓣，紋樣已經簡化，
方井四角茶花紋略顯瑣碎，邊飾中的方
勝紋、捲草紋又有些盛唐遺風，紋飾組
合呈現出缺乏新紋樣的傾向。

中唐 莫197 窟頂

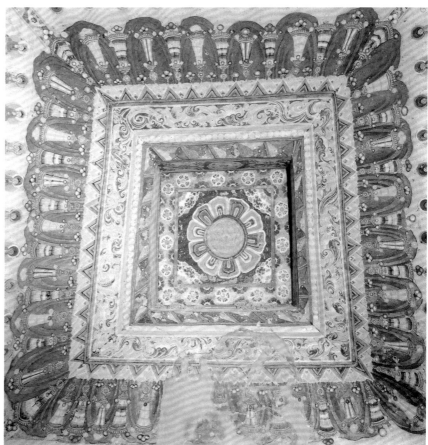

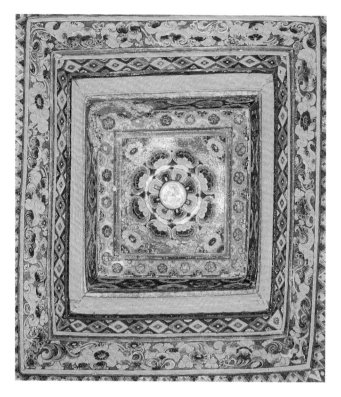

## 117 三兔蓮花紋藻井

方井內蓮花為兩重，中心畫平瓣蓮花，
花中有三兔首尾相接，旋轉追逐。外一
重為捲雲葉形蓮瓣，花形簡潔少變化。
三兔紋仿自隋代紋樣。

中唐 莫144 窟頂

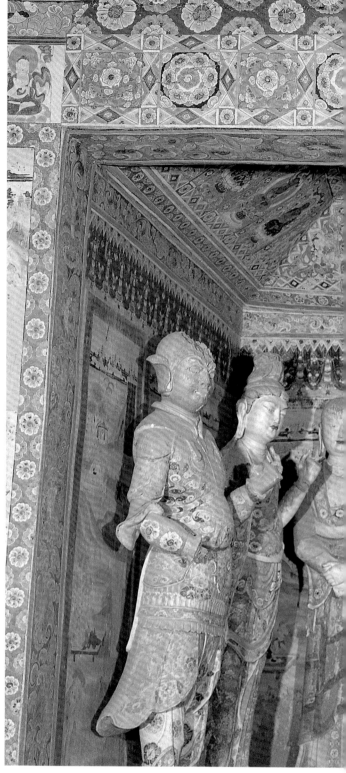

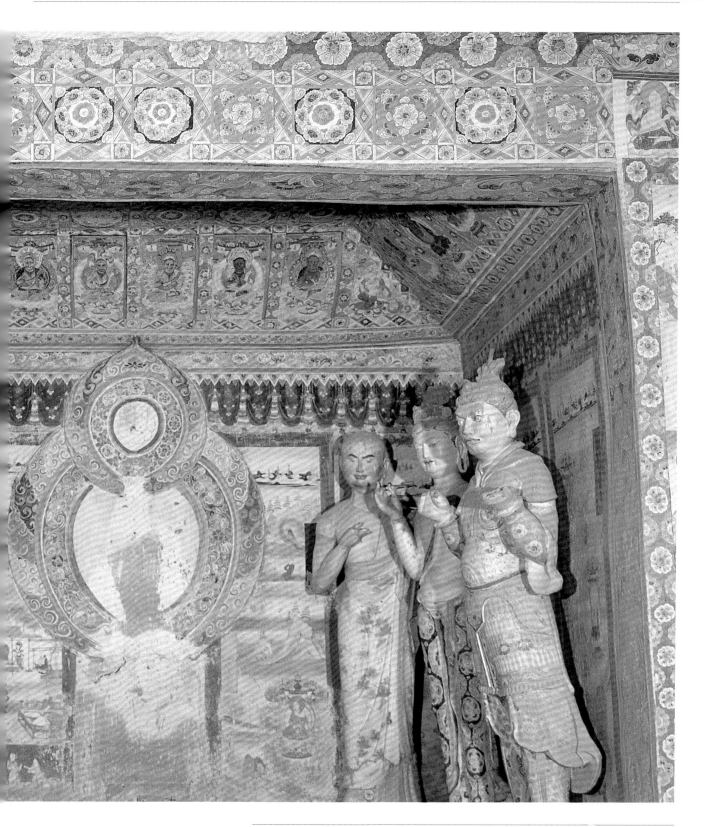

**118 佛龕裝飾**

佛龕為方口盝頂，如同一座中國漢式神帳。中唐佛龕裝飾的標準樣式為龕內三壁均繪屏式故事畫，除正壁繪佛背光外，不再繪飾菩薩、弟子頭光。龕頂中部繪棋格形平棊，四斜坡繪佛像，下部繪邊飾及垂幔。龕上沿外壁繪帳額裝飾。塑像為唐代原作。

中唐 莫159 西壁

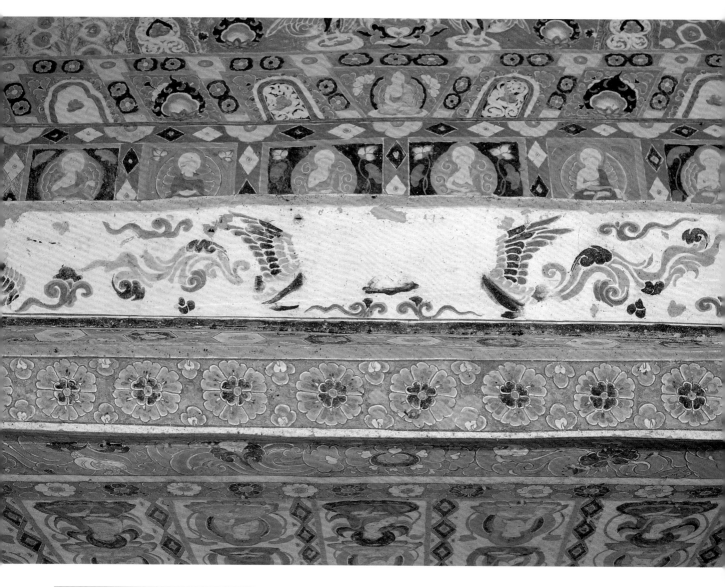

### 119 靈鳥團花紋帳額

佛龕龕口上部內沿分別繪茶花團花紋、
龜甲紋和靈鳥紋邊飾,外壁帳額繪兩層
方格千佛裝飾和山花蕉葉裝飾。其形式
及紋樣均仿神帳樣式。

中唐 莫361 西壁

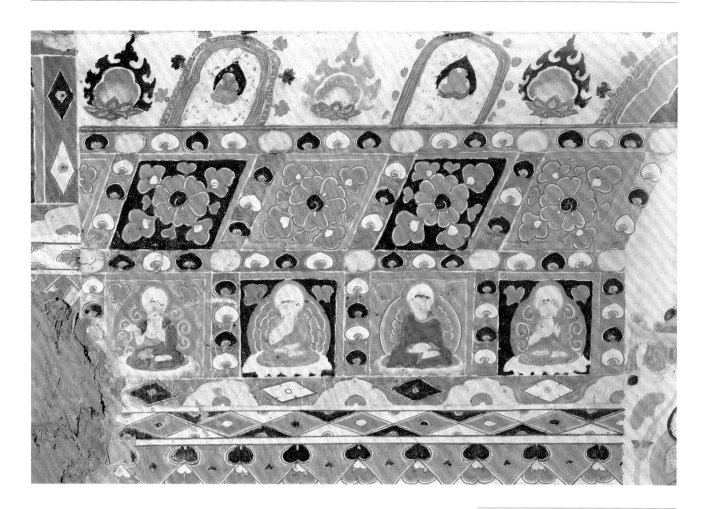

### 120　千佛團花紋帳額

佛龕帳額上裝飾山花蕉葉和摩尼寶珠，
中間繪團花紋和千佛，下繪半團花紋、
菱形紋。色彩鮮明。
中唐　莫361　西龕內

### 121　龕頂裝飾紋樣　見下頁▶

龕內頂部斜坡面裝飾。上半為菱形紋邊
框方格構架，格內繪坐佛像。下半繪雲
紋、茶花捲草紋邊飾及垂幔鈴璫。裝飾
繁縟而富有層次感。
中唐　莫360　西龕內

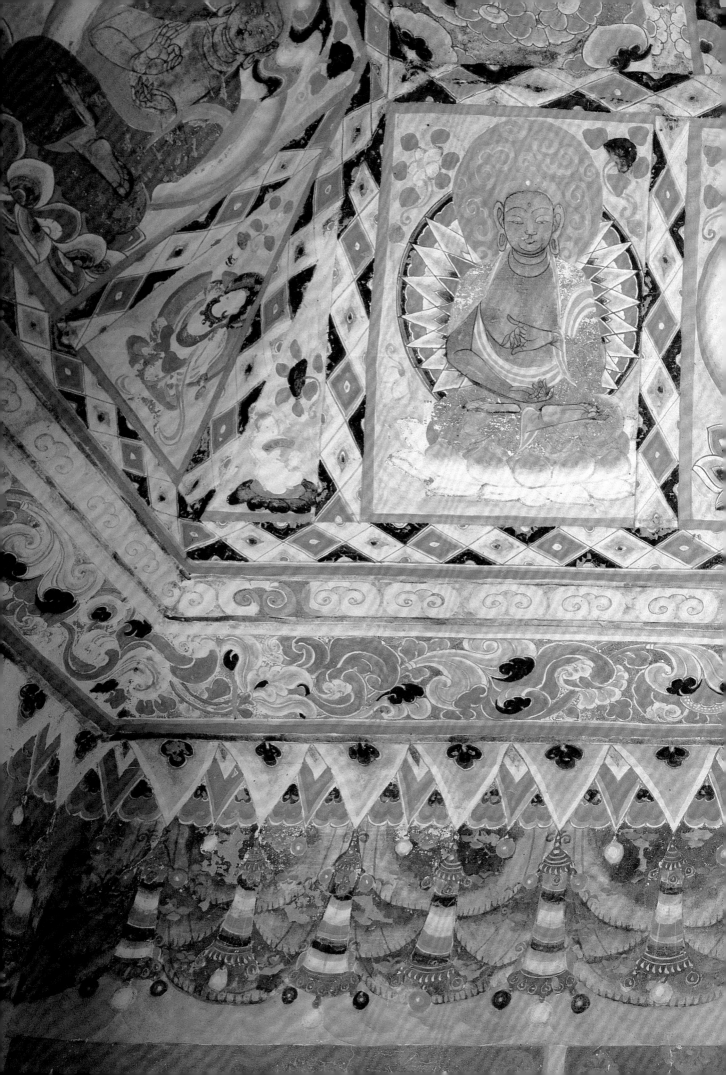

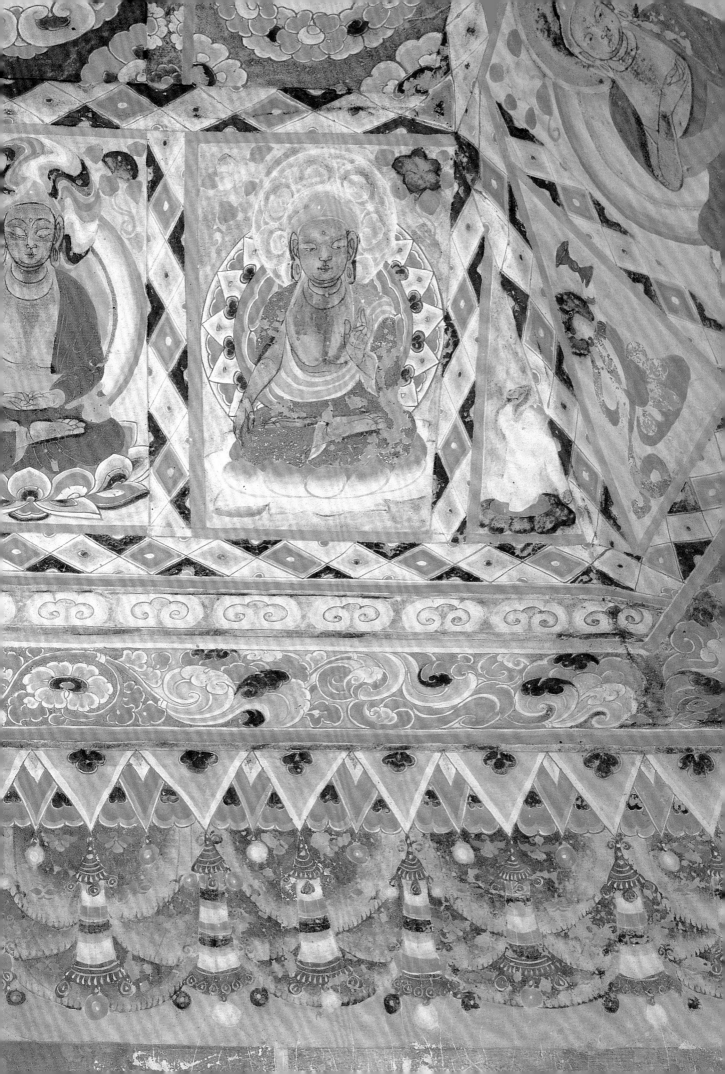

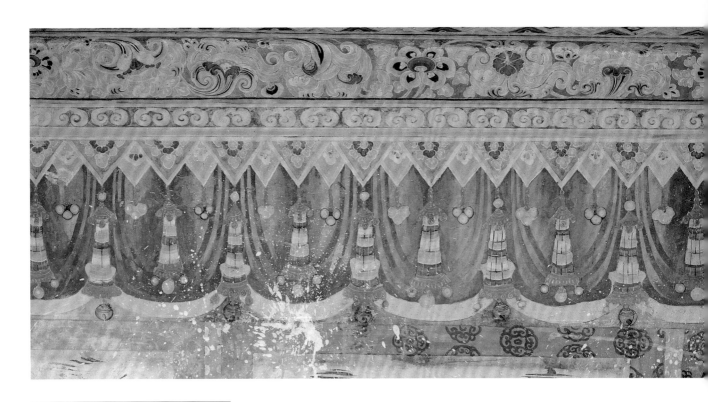

### 122 龕頂裝飾

龕內頂部裝飾的垂幔部分。佛像下是菱
格紋、捲草紋、捲雲紋、三角長幡鈴璫
垂幔。

中唐 莫231 西龕內

### 123 雁啣珠串團花紋平棊

龕頂平棊方格內各畫一團花。團花為平
瓣，內為環形聯珠紋，環內畫雁啣串珠
紋。禽鳥聯珠紋是當時吐蕃轄區內流行
紋樣之一，具有鮮明的時代特徵。

中唐 莫361 西龕內

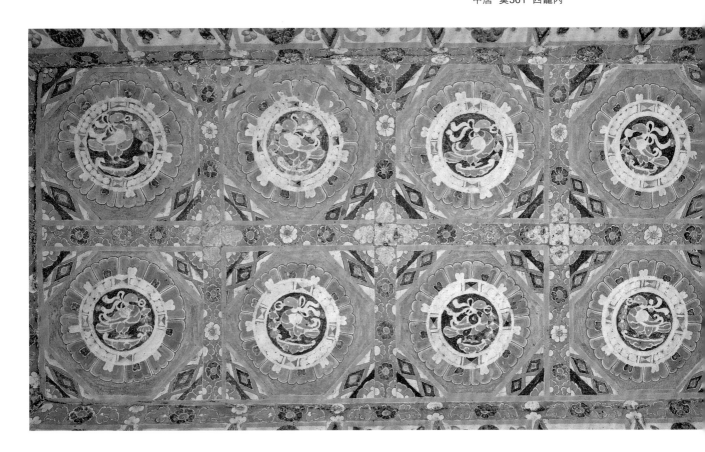

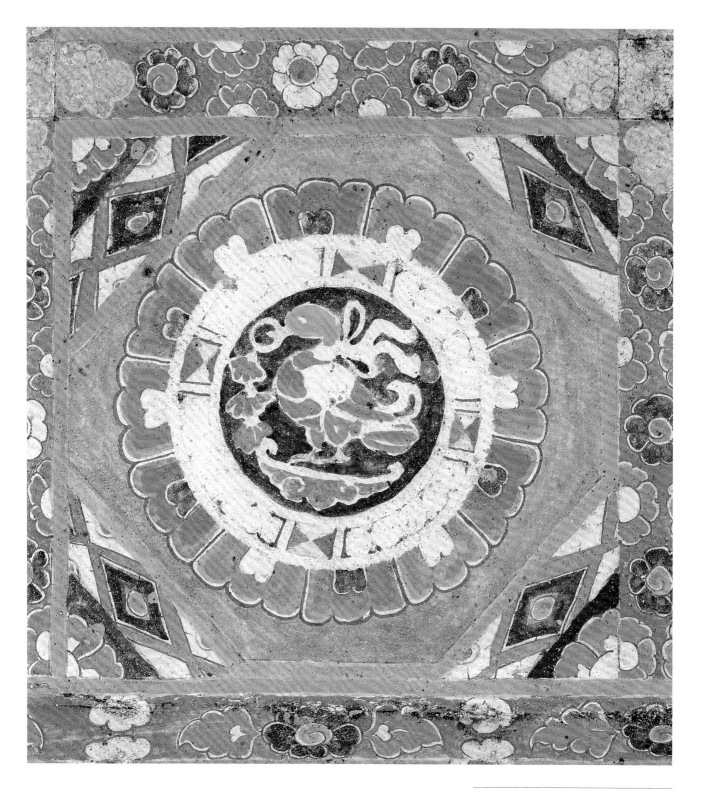

**124 雁啣珠串團花紋平棊**

此圖是前圖的局部。紋樣規整雅致，寓意吉祥。

中唐 莫361 西龕內

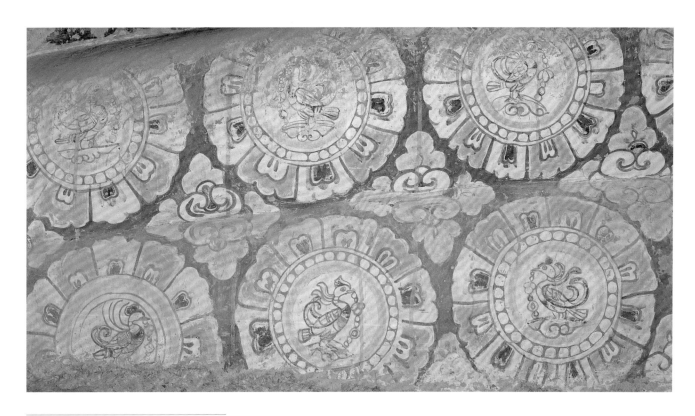

### 125 雁啣珠串團花紋

畫在佛涅槃塑像枕頭上的紋飾,團花內
繪聯珠紋和雁啣珠串。是仿自絲織物上
的紋樣。

中唐 莫158 西壁

### 126 團花紋平棊

平棊格內繪團花,花形有兩種,其一是茶
花形團花,其二是內捲雲紋團花,分別
塗青、綠兩色,以赭、褐兩色襯地,交
錯佈飾,裝飾感極強。

中唐 莫360 西龕內

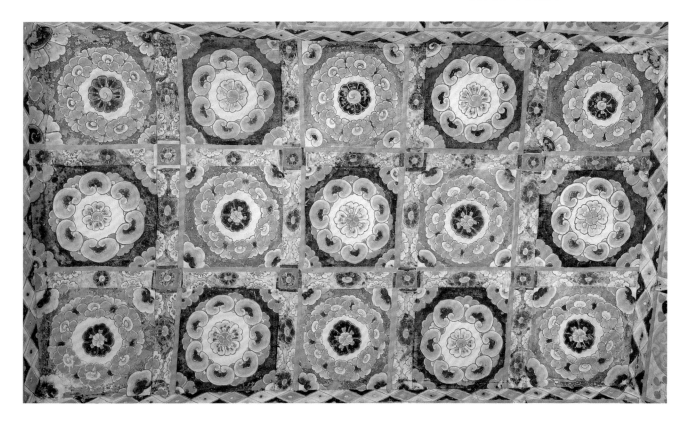

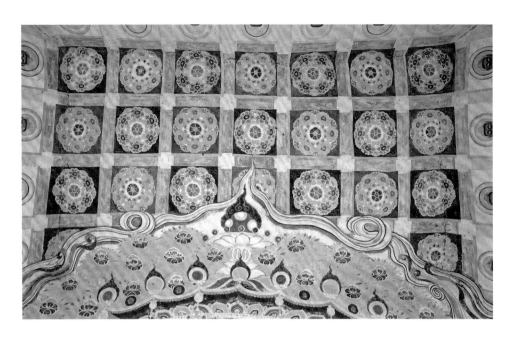

### 127　茶花團花紋平棊

龕內頂部繪茶花團花紋平棊，一種花形，
兩種顏色，或綠花藍葉，或藍花綠葉，
襯以赭褐色地，濃淡相宜，清爽美觀。
中唐　莫188　西龕內

### 128　團花紋平棊

平棊內繪兩種花形，兩種顏色，兩種地
色，相間繪製，四方紋樣皆成對稱圖
形。構架的方框上亦滿繪團花，顯得繁
華富麗。
中唐　莫237　西龕內

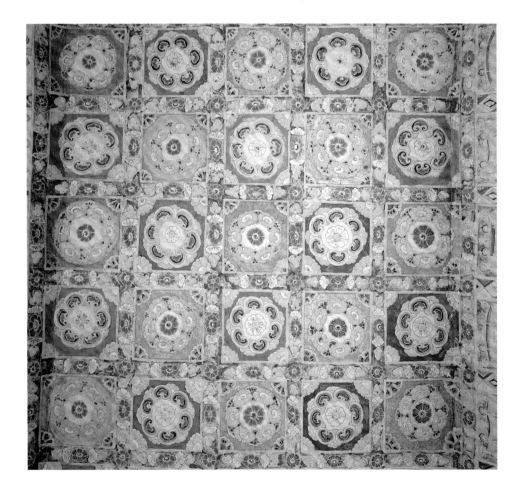

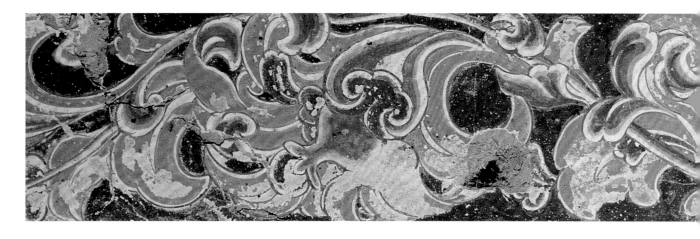

## 129 纏枝茶花捲草紋邊飾

邊飾以波狀纏枝串聯，分枝各生出一捲
葉花朵，花中有茶花或石榴。青綠為
紋，黑褐為地，色調明朗。

中唐 莫197 西龕外沿

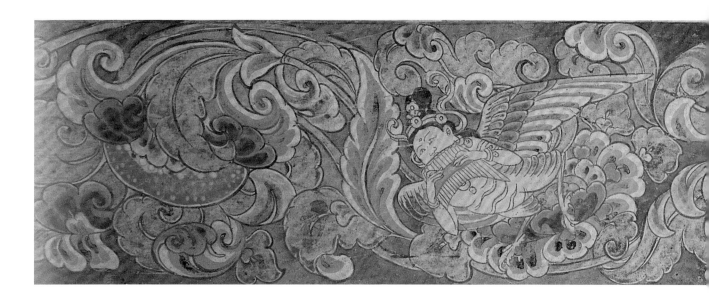

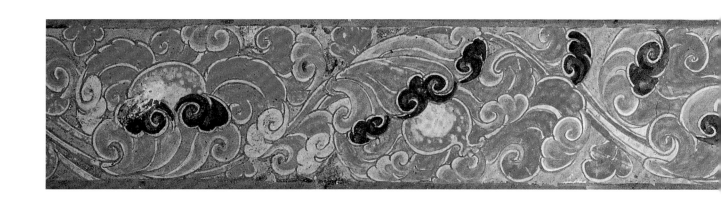

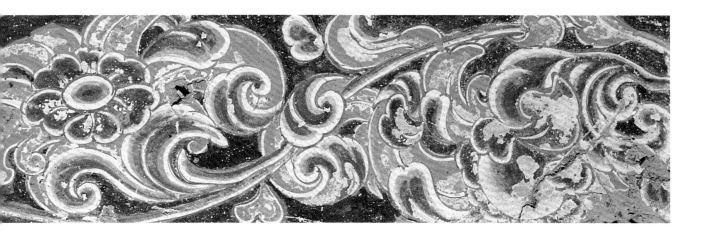

### 130　靈鳥石榴捲草紋邊飾

捲草紋中夾畫有靈鳥、石榴，靈鳥伽陵
頻迦人首鳥身，彈奏樂器，鳥尾呈捲葉
狀，花、鳥一體，非常之美。
中唐　莫159　西龕內沿

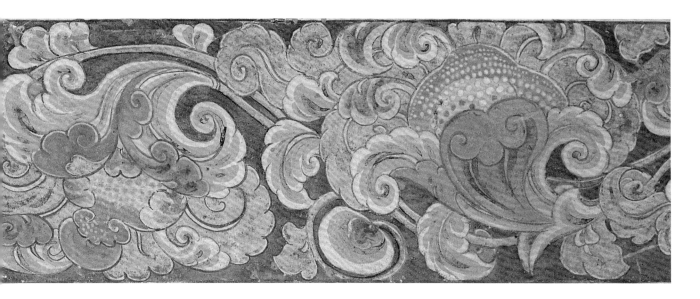

### 131　石榴茶花捲草紋邊飾

邊飾的捲草紋滿地鋪展，石榴捲草中夾
有茶花紋，纏枝時隱時現，色調清淡。
為中唐末期繪飾。
中唐　莫237　南壁

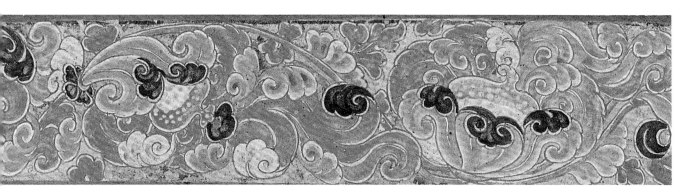

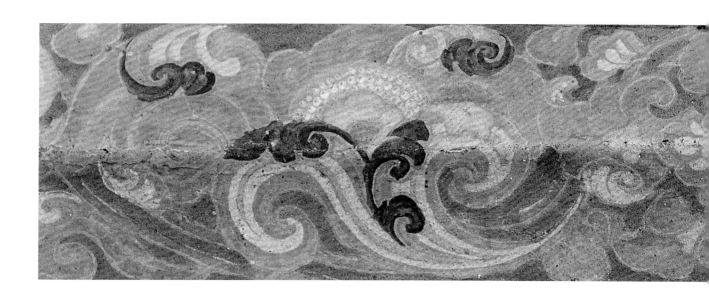

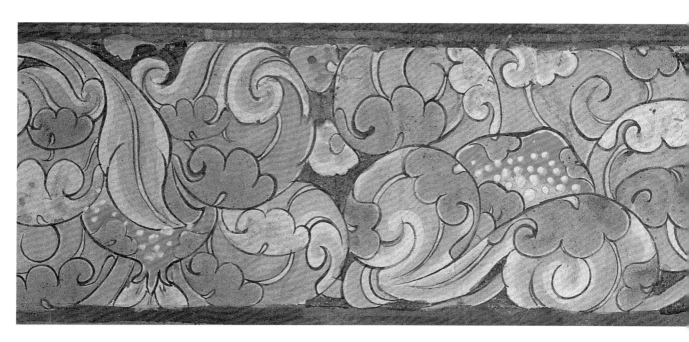

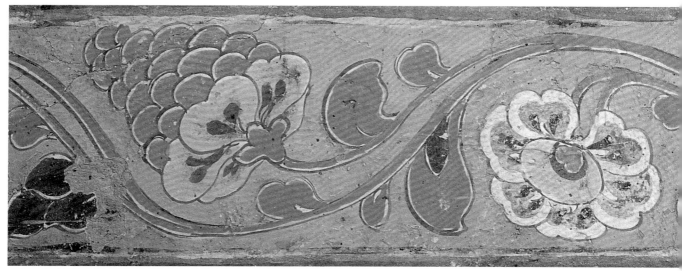

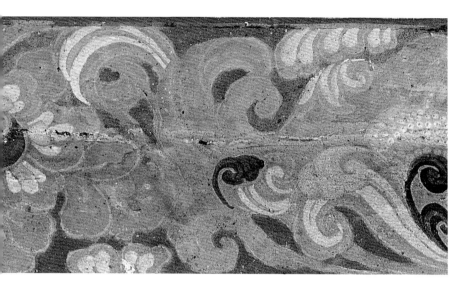

### 132 石榴茶花捲草紋邊飾

邊飾畫於窟頂兩坡之間，捲葉寬大，每一捲葉中畫一石榴，相隔畫有茶花，纏枝隱於捲葉之中，以捲葉相接連續。

中唐 莫237 窟頂

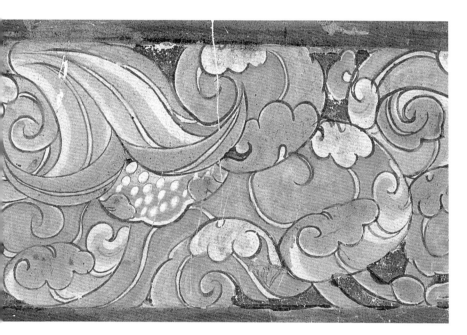

### 133 石榴捲草紋邊飾

邊飾中捲草葉紋寬大，滿地鋪展，單元花形之間聯接緊密，節奏動感不明顯。皆是畫工信手畫去，沒有嚴密的規律。

中唐 莫158 東壁

### 134 纏枝茶花石榴紋邊飾

纏枝上花、葉分佈稀疏，一波折彎繪一茶花，間有石榴、雜花。變為紫灰色的茶花，綠葉，在淺赭地色上，也顯得輕鬆明快。

中唐 莫180 南壁

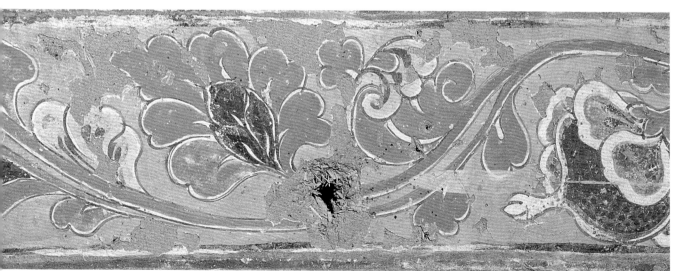

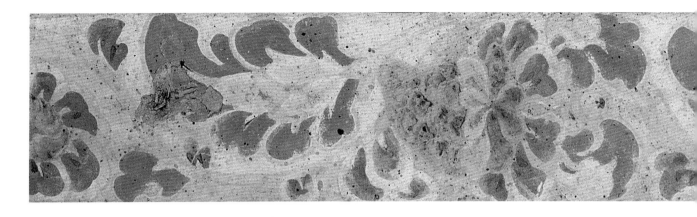

### 135 纏枝茶花紋邊飾

邊飾的花形統一規範，依纏枝佈飾，分
佈間距遠近疏密不等，基本是一花一葉
依次排列，繪製比較隨意。

中晚　莫199　北壁

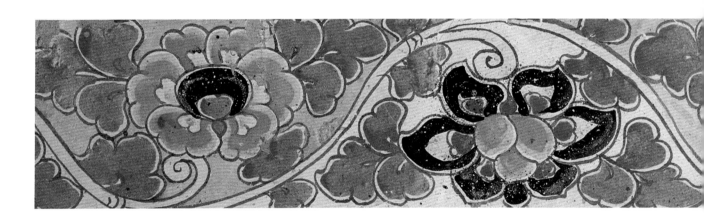

### 136 纏枝茶花紋邊飾

邊飾中的花形有兩種，一種花瓣瓣端方
圓有裂，塗藍色；一種花瓣瓣端為尖
形，塗白色和淡紅色，淡紅色已變為褐
色。一花兩葉對稱，呈三角狀。交錯佈
飾，以纏枝串聯，節奏鮮明。

中唐　莫361　北壁

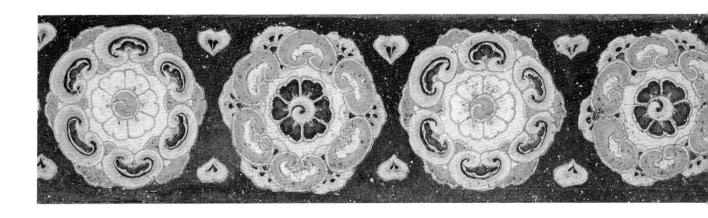

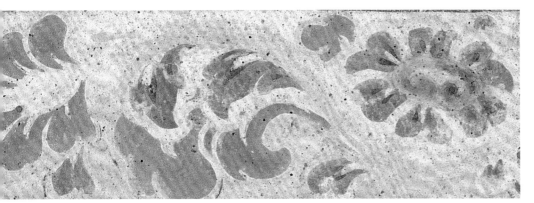

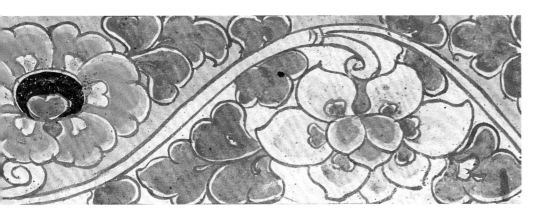

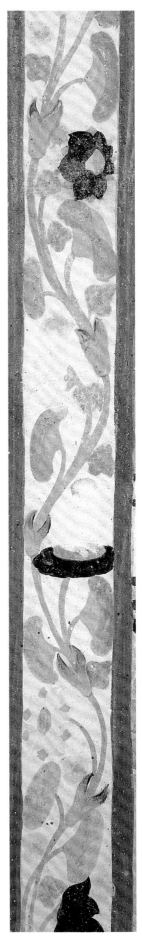

### 137 團花紋邊飾

邊飾上的團花花形簡潔，花瓣為橢圓內捲雲紋，是中唐團花兩大花形之一。同一花形，兩種顏色，交錯塗飾，紋飾統一規整，亦有節奏變化。

中唐 莫237 西龕內沿

### 138 纏枝蓮荷童子邊飾

纏枝扶搖直上，沿枝等距佈飾荷葉、蓮花童子，佛教含義明確，形式活潑新穎。

中唐 莫361 北壁

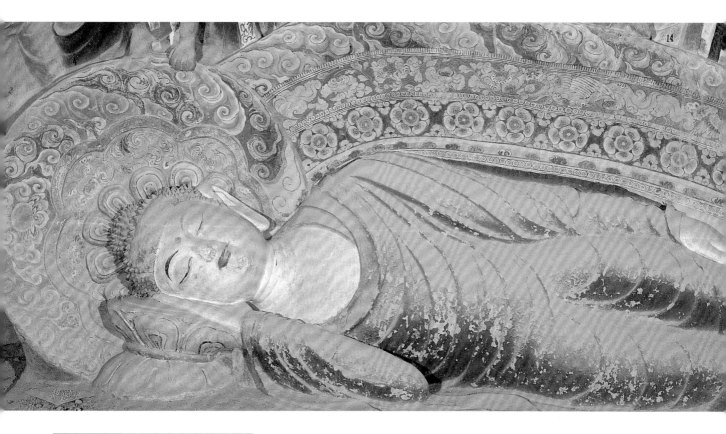

14

## 139 團花紋背光邊飾

畫在佛涅槃塑像背光上的團花紋邊飾，
呈弧形，其上邊是靈鳥捲草邊飾。涅槃
像後邊的弟子像為清代重塑。

中唐　莫225　北龕內

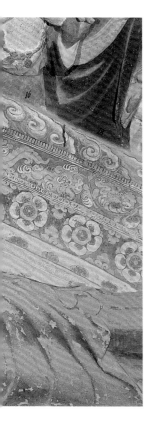

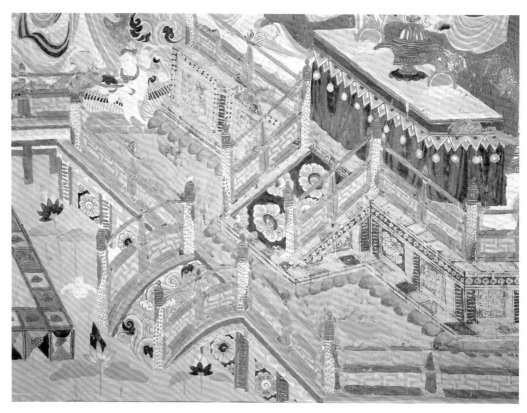

## 140 團花紋建築紋樣

團花紋當時被廣泛採用，從經變的建築
畫上可以看到殿堂的台階上也裝飾有團
花紋。

中唐 莫158 東壁

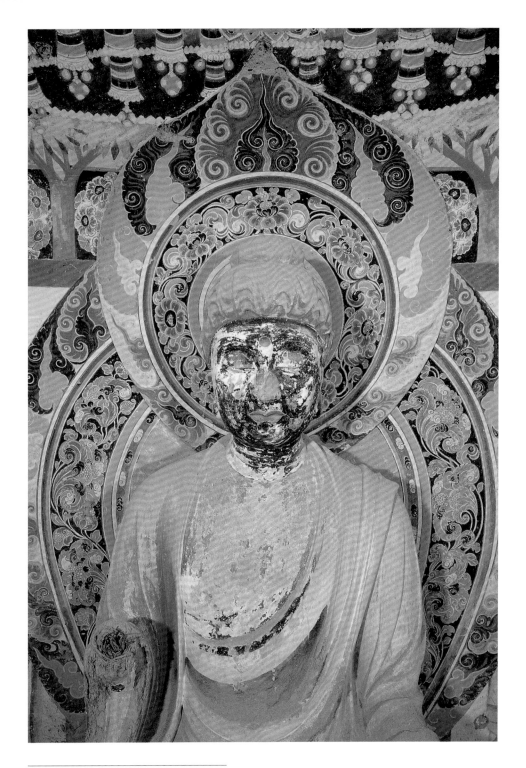

### 141 捲草紋背光邊飾

佛頭光是纏枝茶花捲草紋，背光是纏枝
石榴捲草紋。單元花形皆短小捲曲狀。
中唐 莫188 西龕內

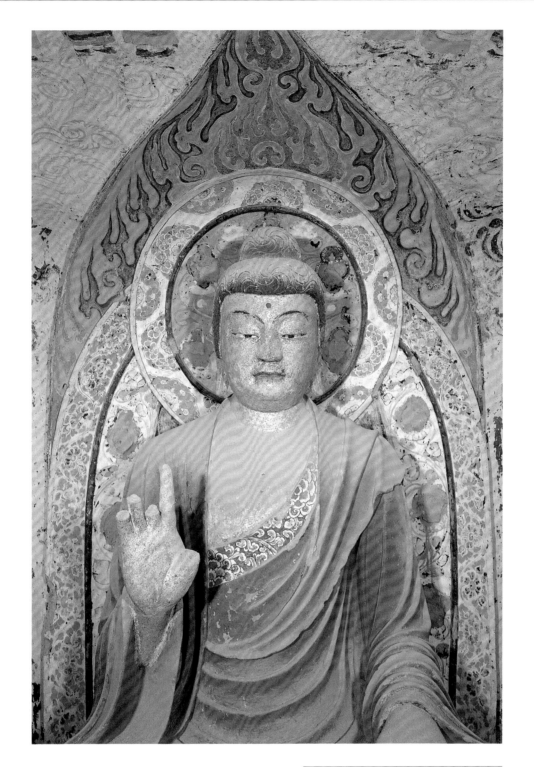

## 142 纏枝茶花紋背光邊飾

佛背光上的茶花邊飾，隨纏枝蜿蜒伸
展，規律整齊。內層為纏枝蓮荷紋，殘
跡處原應貼有模印泥塑小坐佛像或童子
像。

中唐 莫202 西龕內

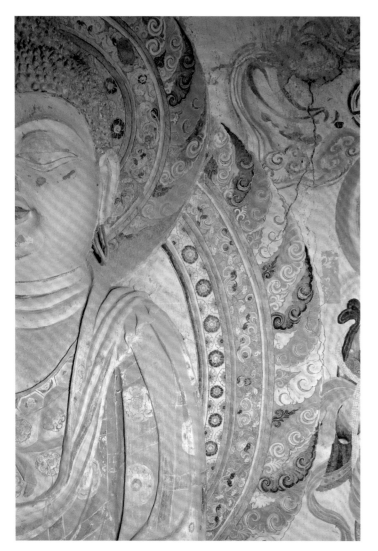

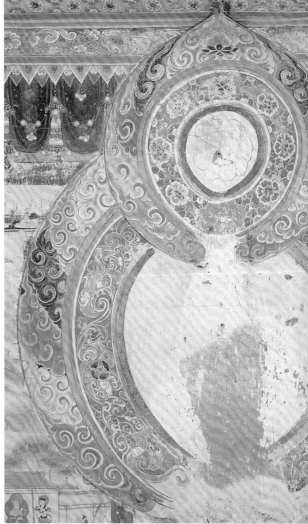

### 143 團花捲草紋背光邊飾

佛背光內層繪團花紋邊飾，外層繪石榴
捲草紋。外沿火燄紋繪製亦整齊規矩，
有規律的顏色分佈，形成鮮明的節奏
感。

中唐 莫158 北壁

### 144 石榴捲草紋佛背光

佛背光繪石榴捲草紋與火燄紋，頭光繪
團花與火燄紋，紋樣結構清晰，顏色完
好如新，繪技工整，是中唐為數不多、
保存完好的佛塑像背光，為背光裝飾的
代表作之一。

中唐 莫159 西龕內

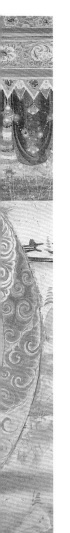

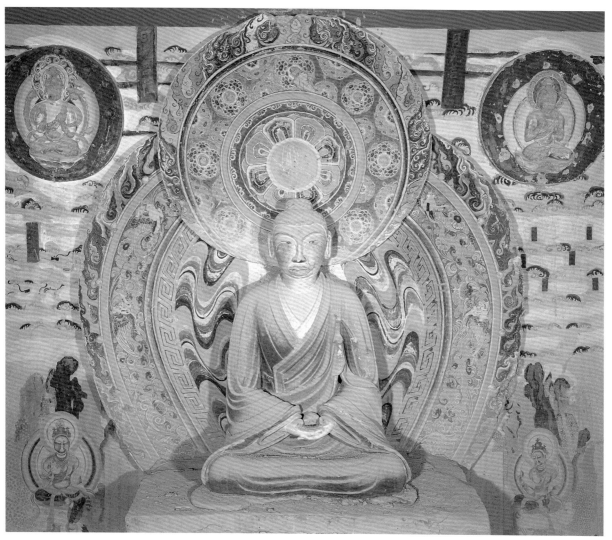

### 145 水波折紋佛背光

背光外環為靈鳥纏枝石榴紋，中環迴
紋，內中畫水波折紋。頭光外環團花
紋，中心畫平瓣蓮花紋。佛像為清代重
塑。

盛唐末 莫148 南龕內

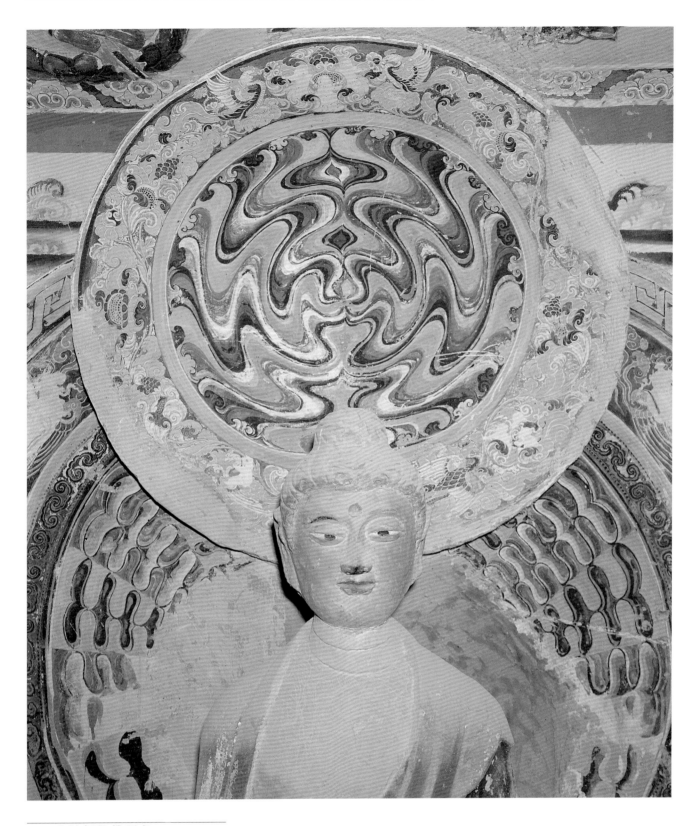

### 146 水波折紋佛頭光

頭光外環繪鳳鳥、石榴捲草紋，內中水
波折紋，具有異域風韻。

盛唐末 莫148 南龕內

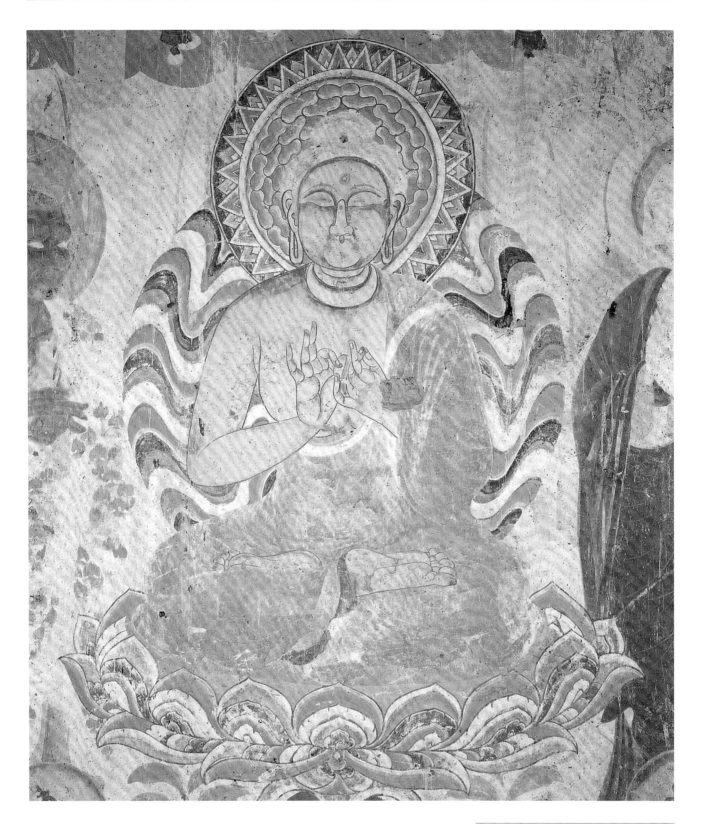

### 147 水波折紋佛背光

經變畫中的佛背光繪水波折紋，不分環層。頭光外層繪齒形三角紋，內中為折帶紋，亦是一變化。背光中的新紋樣始於盛唐末，流行於中晚唐。

中唐 莫202 北壁

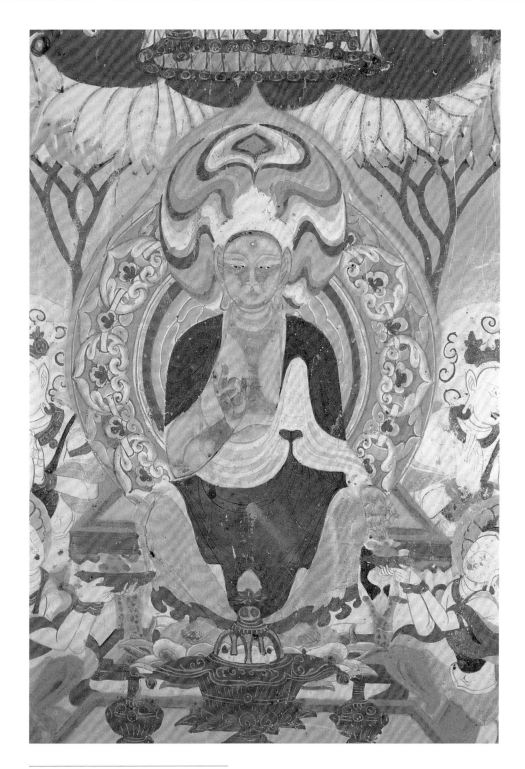

### 148 水波折紋佛頭光

佛畫像背光的主紋飾為桃形蓮瓣套聯
紋,頭光為水波折紋。水波折紋與桃形
蓮瓣色彩形象統一協調。此紋飾組合頗
有特色。

中唐 莫192 南壁

### 149 菩薩背光

不空絹索觀音的背光外環以五彩花串,
即觀音于中的"絹索",意為觀音菩薩
度脫眾生如絹索捕獵,不空一人。背光
與頭光紋飾環有三角紋、捲雲紋、折帶
紋。絹索與背光結合,想像得非常美
妙。

中唐 莫192 東壁

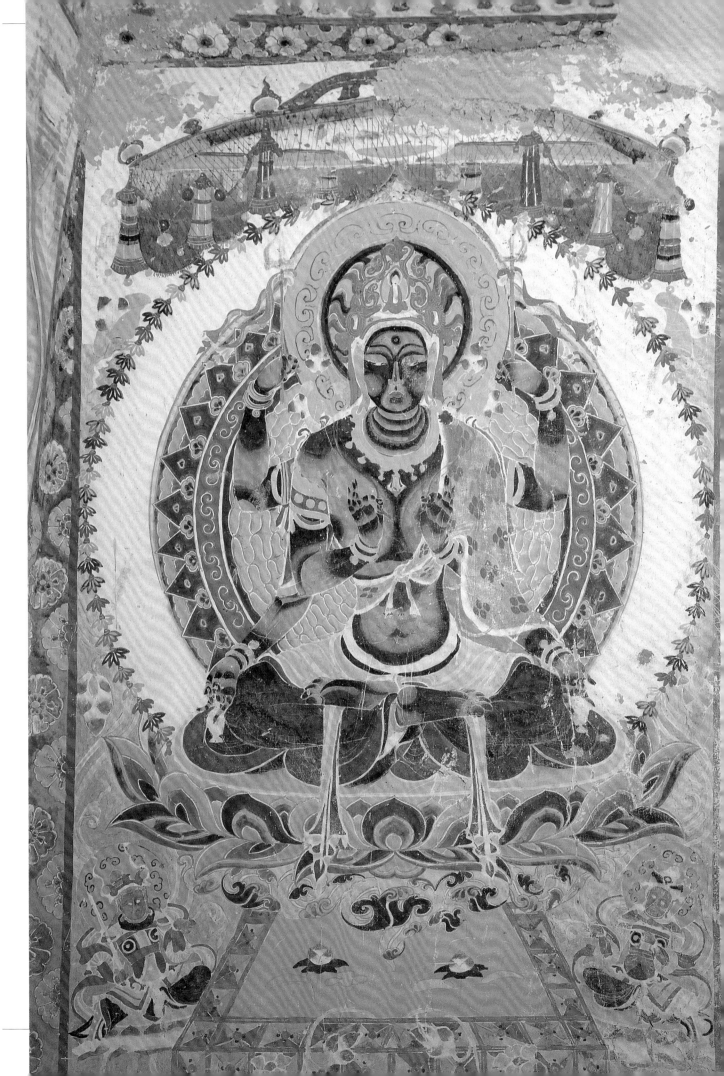

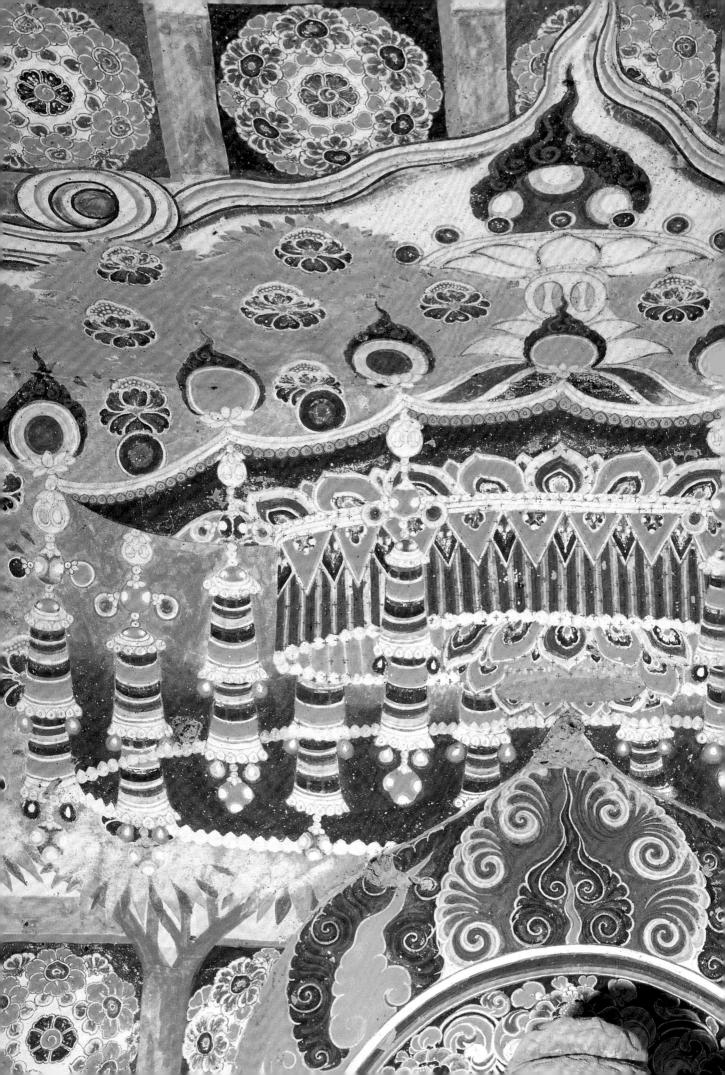

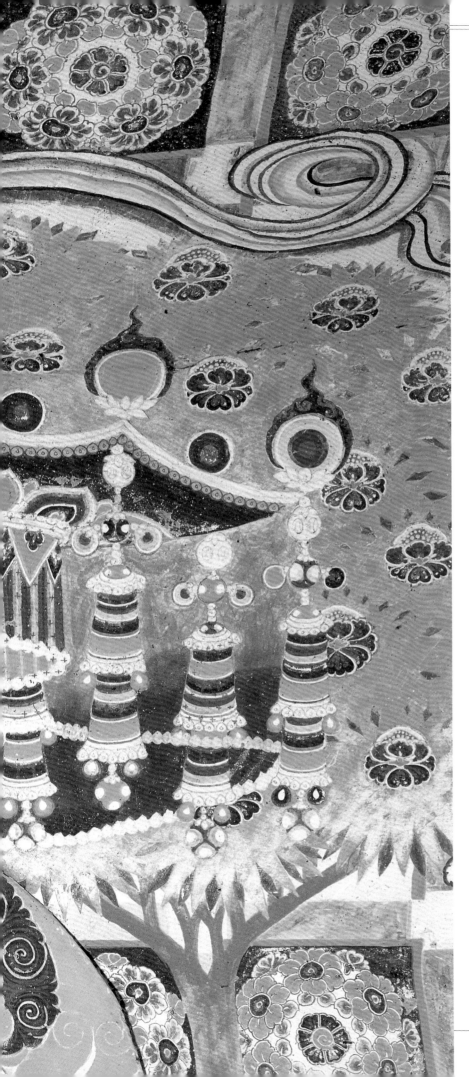

### 150 龕內裝飾

龕內頂部是茶花團花紋平棊,中部繪摩尼
寶珠華蓋,華蓋下懸蓮花,華蓋後方是
菩提雙樹,下部是佛頭光。整體裝飾豐
滿而華麗。

中唐 莫188 西龕內

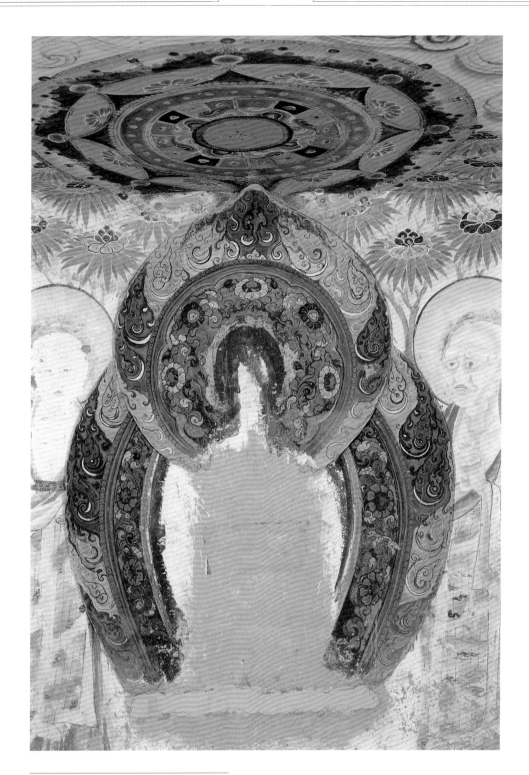

## 151 龕內裝飾

佛背光繪茶花紋，紋飾對稱分佈，花形
統一規正，在同類花形中具有鮮明裝飾
性。背光上方的龕頂繪圓形華蓋，以仰
視角繪出華蓋的內面。

中唐 莫201 西龕內

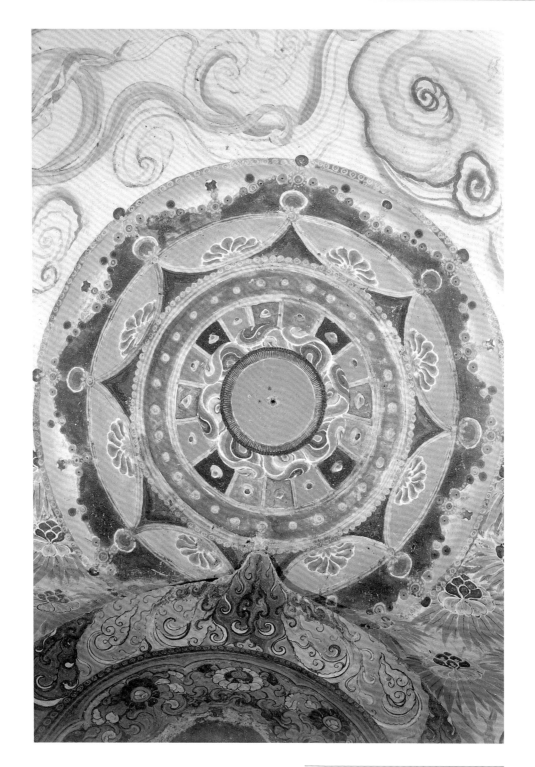

### 152　捲瓣大蓮花紋華蓋裝飾

華蓋為仰視，呈圓形，紋飾簡潔，中心
為捲瓣大蓮花，環繞方格紋、小珠紋。
再外一層是八角形蓋頂邊沿，八角各飾
摩尼寶珠。最外兩環是垂帳。蓋頂邊
沿、垂帳均因仰視而被平面化，構思非
常之妙。

中唐　莫201　西龕內

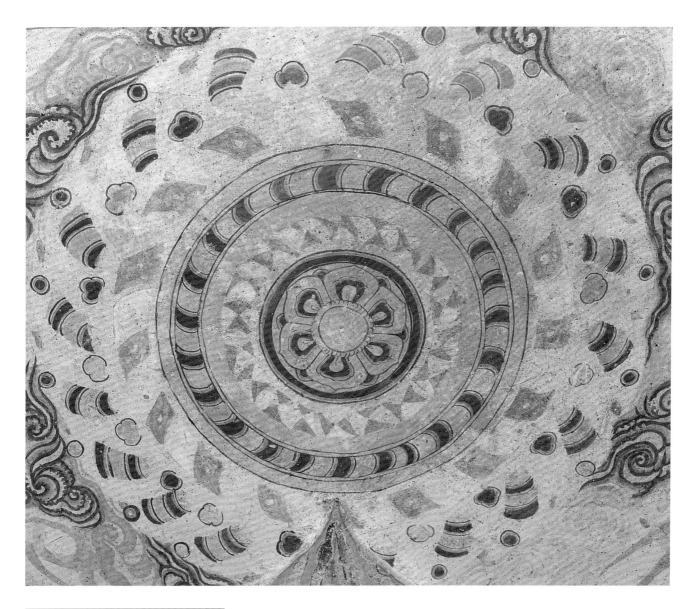

### 153 蓮花紋華蓋

佛頂所繪華蓋為仰視，中心畫平瓣大蓮
花，外環垂幔鈴璫，略呈偏心圓形，似
隨風飄動。此華蓋的着色尚未完工。

中唐 莫116 西龕內

## 第四節　　晚唐圖案

晚唐，即張議潮歸義軍時期。政權的變更，對建造石窟佛事活動並無任何影響，因為張議潮歸義軍政權統治者，也就是吐蕃統治時期協助吐蕃統治者統治沙州的漢人大地主集團。應該說敦煌石窟的施主還是那些施主，畫工還是那些畫工，如果不是以吐蕃服裝人物畫像為標誌，對中唐晚期與晚唐早期石窟壁畫真是難分先後了。

晚唐石窟裝飾圖案是中唐的延續，在承襲中唐裝飾的同時，因窟形及其裝飾分佈的變化也有些差異。晚唐出現了一種特大型窟，中心設佛壇，壇後樹背屏（如第16、94、138窟），背屏成為窟內佛塑像裝飾的主要壁面。與此同時還出現了一種特小型“耳窟”，窟小僅能曲蹲一人，多鑿於前代石窟門之兩側，窟數較多，約佔三分之一，窟內多無龕，窟頂藻井裝飾簡單，多是只畫一朵蓮花。中型石窟仍如中唐，窟數最多，是晚唐石窟主流。此時石窟裝飾由於難以得到新的紋樣來補充，只能延襲舊紋樣，紋樣日漸程式化、簡易化。只有歸義軍衙府官員、豪門大姓建造的佛窟中，那些女供養人羣體畫像的服飾紋樣，成為晚唐圖案一亮點。

藻井裝飾。由於一些重要石窟多為後世重修，晚唐藻井完好者已所存不多。依中心方井紋樣劃分，有蓮花紋藻井、佛像藻井兩類。

蓮花紋藻井仍延襲中唐舊樣，中心方井蓮花有捲瓣，有平瓣。蓮花中有獅子、三兔、靈鳥禽獸紋。方井四周邊飾層次多，紋樣以捲草紋、迴紋、小團花紋為主，以及菱格、方勝、白珠紋等。幾乎囊括了盛唐以來藻井中所有的邊飾紋樣。垂幔紋樣亦保持齒形三角，長桶形多彩垂鈴的中唐樣式。有的仿效初唐藻井在外圍四周畫伎樂飛天行列，明顯地表現出缺乏新紋樣、重複前代舊紋樣的傾向。

佛像藻井是以佛、菩薩說法圖為主題，為適應說法圖繪製，窟頂覆斗坡面比較平緩，中心方井不向上凸起，藻井邊飾層也只畫一兩道。如第161窟藻井中心方井成為平面，畫千手千眼觀世音菩薩坐像，四周畫捲草、迴紋邊飾與垂幔，藻井外圍環繞伎樂飛天。第14窟藻井壁面平緩，中心方井很小，畫十字交杵紋，四面畫東、南、西、北四方佛說法圖，四周畫一道捲草紋邊飾與垂幔。兩窟壁畫都是專一供奉觀世音菩薩的石窟。藻井繪飾佛、菩薩說法圖是從屬於窟內壁畫內容的需要，裝飾圖案處於次要位置。

背屏佛背光裝飾。晚唐石窟佛龕裝飾除去龕頂平棊、龕口上沿帳額延襲中唐樣式外，龕內壁面全畫屏風式故事畫，不再有佛背光裝飾，背屏佛背光裝飾即為之代表。背屏裝飾包括佛像頭頂寶蓋、身後背光、座後菩提樹三部分，是背屏大窟特有的裝飾，其佈局形式與壁畫中佛像背後、頭頂裝飾相同。背屏特別高大，一般都有三四米之高，繪飾比較細緻，上部是寶蓋，繪飾摩尼寶珠、五彩垂鈴、紅色帷帳羅網，紋彩華麗。寶蓋後面背襯菩提樹，樹冠是一簇簇放射狀長葉組成的花朵，花朵中心是一蓮花，青、綠兩色兩間塗飾。中、下部是佛頭光和背光，繪鳳鳥捲草紋與火燄紋，是背屏裝飾的主要部分。寶蓋、菩提樹、背光佈局層次分明，紋樣繁簡相錯，色彩冷暖相映，整體統一諧調，壇上佛像被襯映的更顯宏偉莊嚴。遺憾的是，保存完好者僅存第196窟一壁。

邊飾紋樣基本是中唐的延續，並日漸呈現出程式化、簡易化的傾向，而少生氣。在諸種邊飾中，捲草紋邊飾仍是一時期之代表，數量最多，窟內四壁上下、窟頂四坡、佛龕口沿、佛像背光這些重要部位仍為其佔有。捲草邊飾有鳳鳥捲草紋、石榴茶花捲草紋、簡易捲草紋、雙枝對波捲草紋。

鳳鳥捲草紋邊飾，纏枝捲草中尤以畫有鳳鳥啣枝、伽陵頻迦鳥奏樂紋樣最為華麗。此紋樣始繪於中唐，盛行於晚唐，主要繪飾於佛壇背屏、佛龕口沿、藻井邊飾層等重要部位，是晚唐捲草紋邊飾中的佳品，並影響於五代。

石榴茶花捲草紋邊飾，單元花飾中心畫有石榴、茶花，花形規整，排列整齊，較之中唐已經簡化。多繪於窟內四壁上端、龕內三壁上端。有的藻井中、龕口沿上也有繪飾。

簡易捲草紋邊飾，全以捲葉連續成邊飾，紋樣中沒有枝莖與花實。此紋樣始於中唐，但當時沒有廣泛流行，到晚唐繪飾較多，多繪於四壁經變畫下邊、龕內三壁上端，也有繪於窟頂四坡之間的。

雙枝對波捲草紋邊飾，其構架為兩條相對的波狀枝莖，作一開一合相繼連續，內中畫有葉紋、茶花、坐佛。此紋樣始於中唐晚期，在晚唐諸捲草紋邊飾中顯得非常別致，以第85、161窟所繪為最美。

除去捲草紋邊飾之外，繪飾最多的是菱格紋邊飾，邊飾亦如中唐，比較窄小，主要繪於四壁經變畫之間，藻井、龕內壁上部邊飾層中也有繪飾。小團花邊飾繼續流行，在裝飾中多與菱格紋邊飾交替繪飾。盛行於中唐的茶花紋邊飾不再繪飾，只有在捲草紋中、壁畫和塑像服飾、建築和器物裝飾中才可看到它的單體花形。

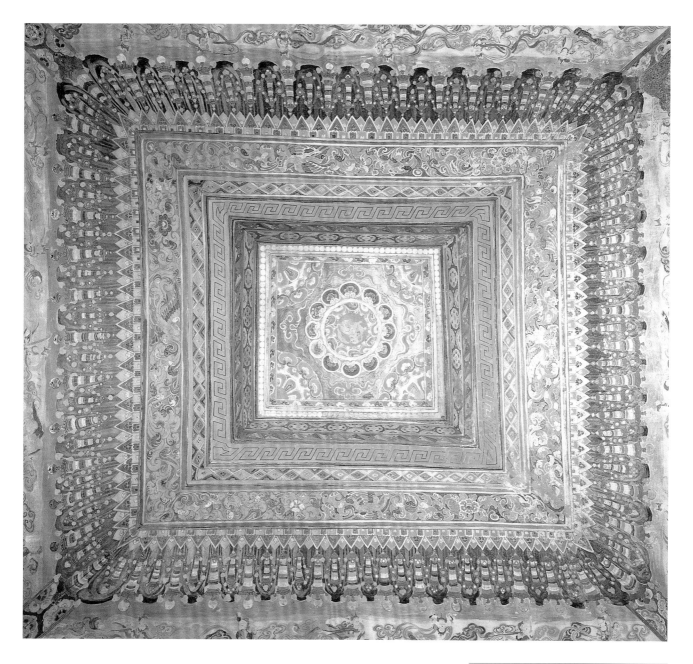

**154 獅子捲瓣蓮花紋藻井**

藻井還保留着中唐的樣式，方井內繪獅
子蓮花紋。蓮花捲瓣，外周環繞橢圓形
捲雲紋。蓮花四邊繪流雲，方井四角蓮
花如扇形。方井四周邊飾層次多，由內
向外是雲頭紋、白珠紋、團花紋、方勝
紋、迴紋、菱格紋、纏枝鳳鳥石榴捲草
紋和三角、五彩長幡鈴璫垂幔。幾乎包
括了盛、中唐藻井中所有的紋樣，是晚
唐藻井的代表作。

晚唐 莫85 窟頂

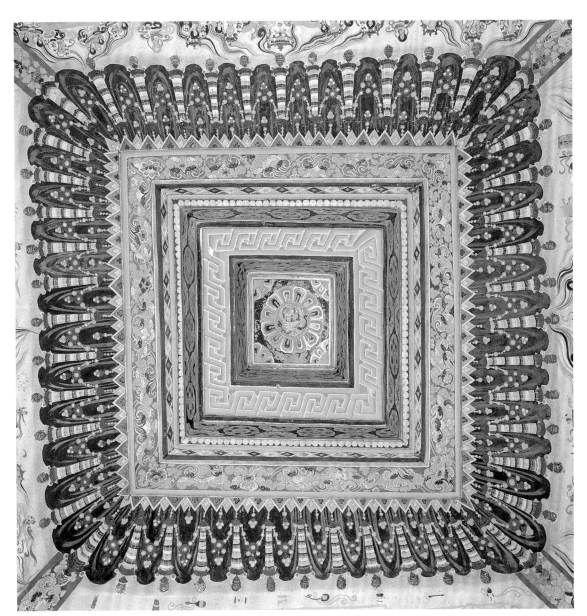
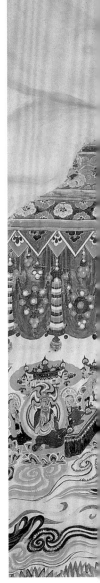

## 155 靈鳥平瓣蓮花紋藻井

藻井中心方井為兩重凸起，中心繪靈鳥
平瓣蓮花紋，靈鳥伽陵頻迦手彈琵琶。
方井凸起立面繪團花，四邊平面繪迴
紋、菱格紋、纏枝石榴捲草紋和垂幔。
藻井紋飾組構已呈現程式化趨勢。

晚唐 莫9 窟頂

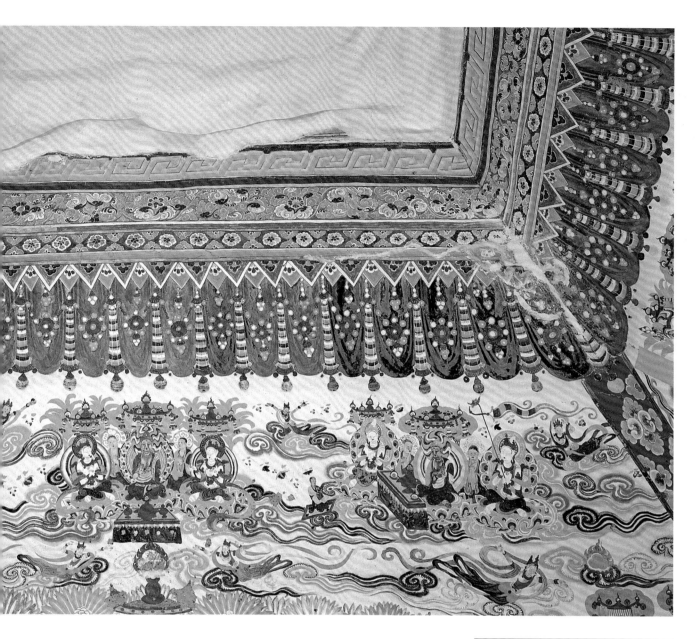

### 156 藻井邊飾之局部

藻井大部已毀，殘存邊飾部分有捲草
紋、迴紋、小團花紋和垂幔。顏色保存
完好，繪工細緻。

晚唐 莫196 窟頂

### 157 鳳鳥捲草紋藻井邊飾 見下頁▶

方井四周邊飾以靈鳥石榴捲草紋為最
佳，捲草紋中有鳳鳥啣花、伽陵頻迦鳥
奏樂。藻井外圍畫伎樂飛天演奏樂器。
飛天上部虛空有不鼓自鳴的排簫、橫
笛、笙。鳳鳥捲草紋與伎樂飛天是此藻
井裝飾的一大特色。

晚唐 莫12 窟頂

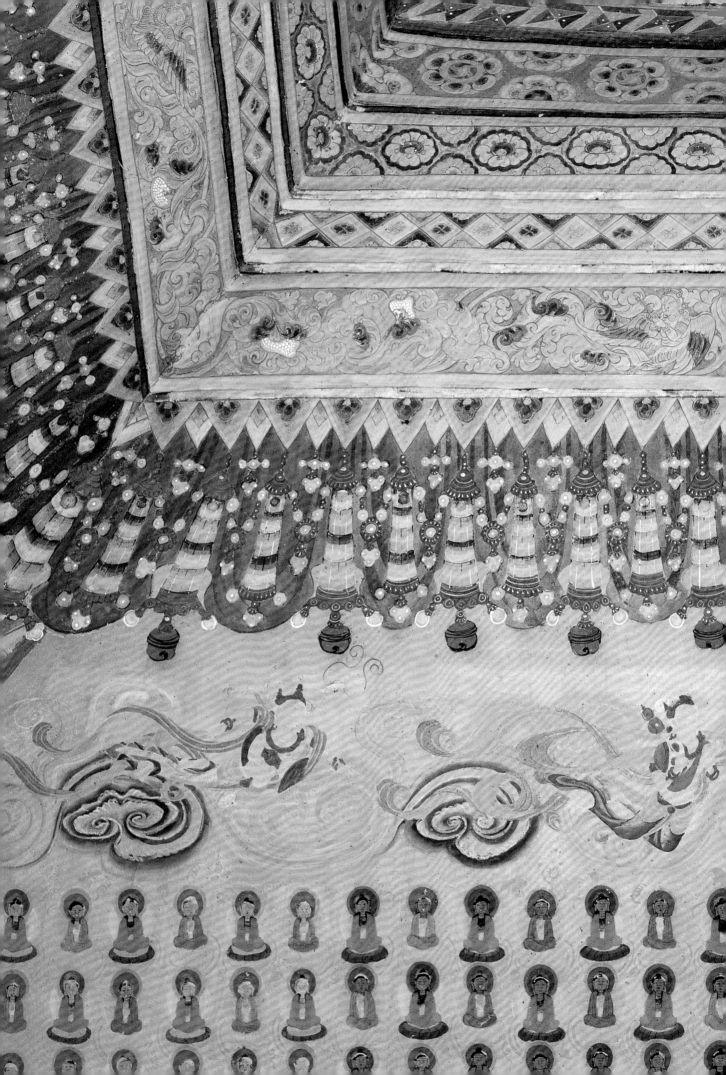

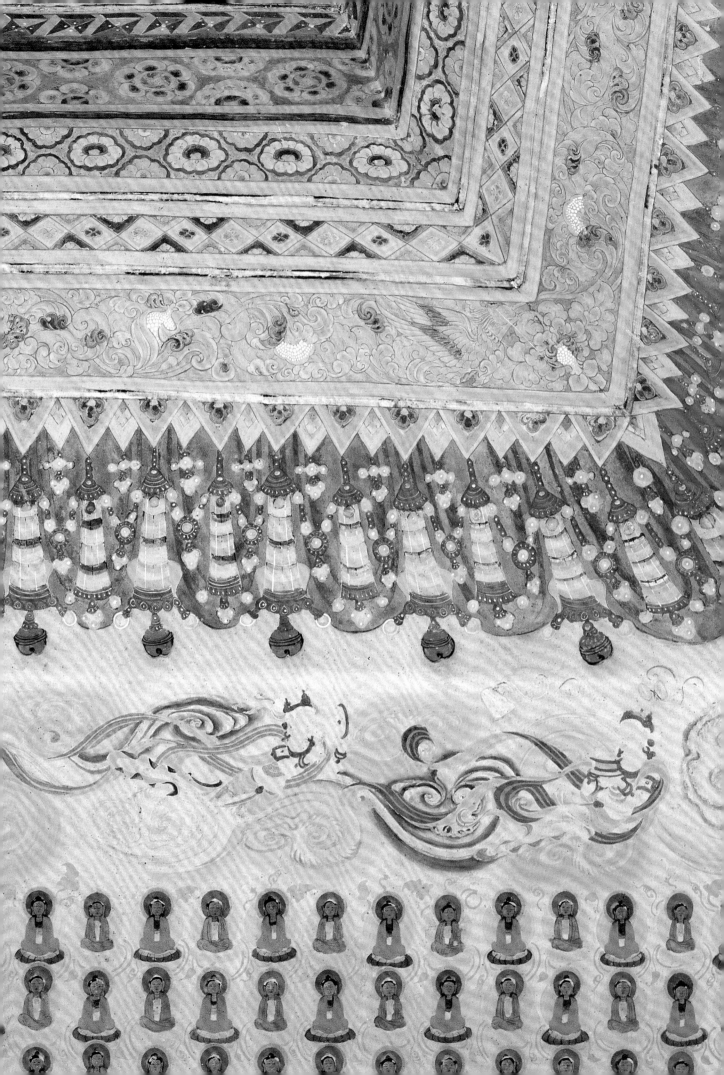

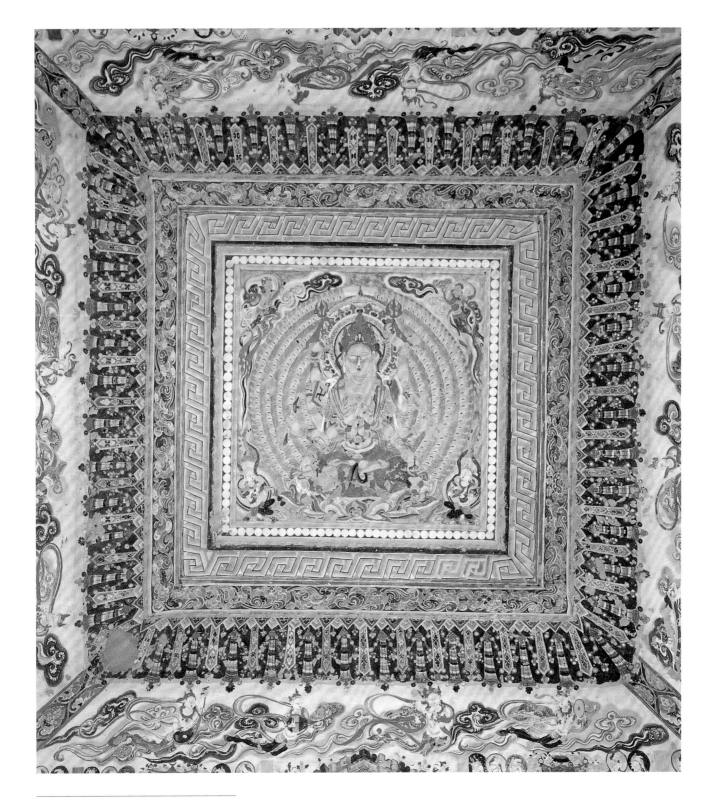

## 158 觀音像藻井

方井寬大，內繪千手千眼觀世音菩薩
像，菩薩手執法器，結跏趺坐於蓮花座
上。四角繪童子飛天和供養童子。方井
邊飾為白珠紋、迴紋、捲草紋和垂幔。
邊飾層由簡而繁，色彩由淡而濃，如同
一幅畫框把觀音像裝飾得更為美觀。

**晚唐 莫161 窟頂**

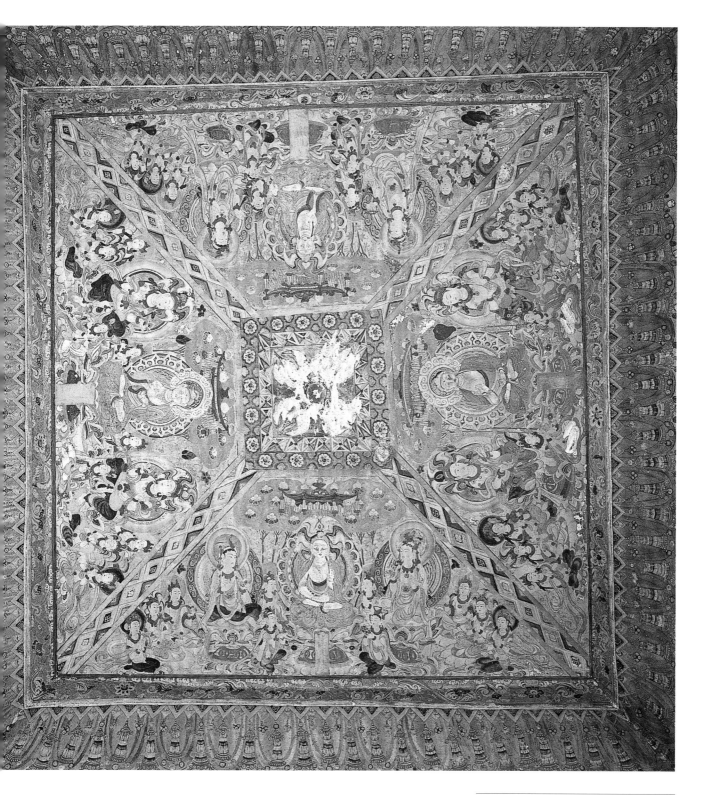

### 159 四方佛像藻井

藻井裝飾以佛說法圖像為主要內容。中心方井兩重，中心小方井以方勝紋、團花為邊框，內繪敷金金剛杵十字紋。大方井四面繪東、西、南、北四方佛說法圖像。周邊繪捲草紋和垂幔紋。此為一特殊的藻井樣式。

晚唐 莫14 窟頂

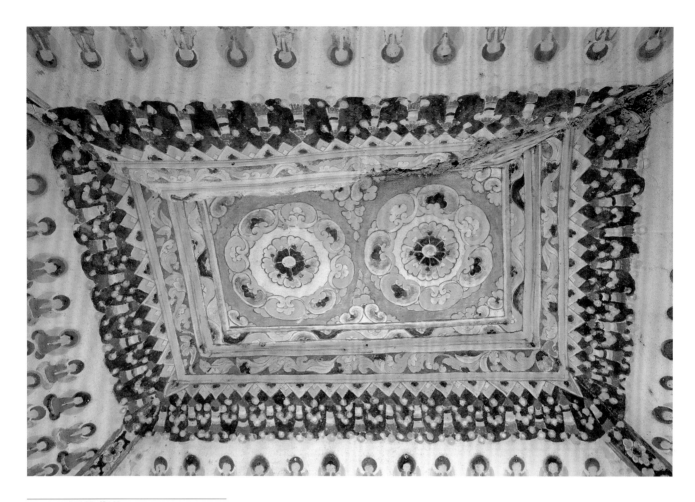

### 160 二團花藻井

藻井繪於一種稱為"耳窟"的小型窟
內，窟小只能容身，壁畫、裝飾圖案也
都簡單。

晚唐 莫167 窟頂

### 161 佛壇背屏裝飾

背屏裝飾包括佛背光、頭光和頂上華蓋
菩提樹，裝飾分佈與經變畫中佛像裝飾
相同。背光和頭光均繪纏枝鳳鳥捲草
紋，非常華麗，是晚唐捲草紋之代表
作。佛像為唐代原塑。

晚唐 莫196 佛壇

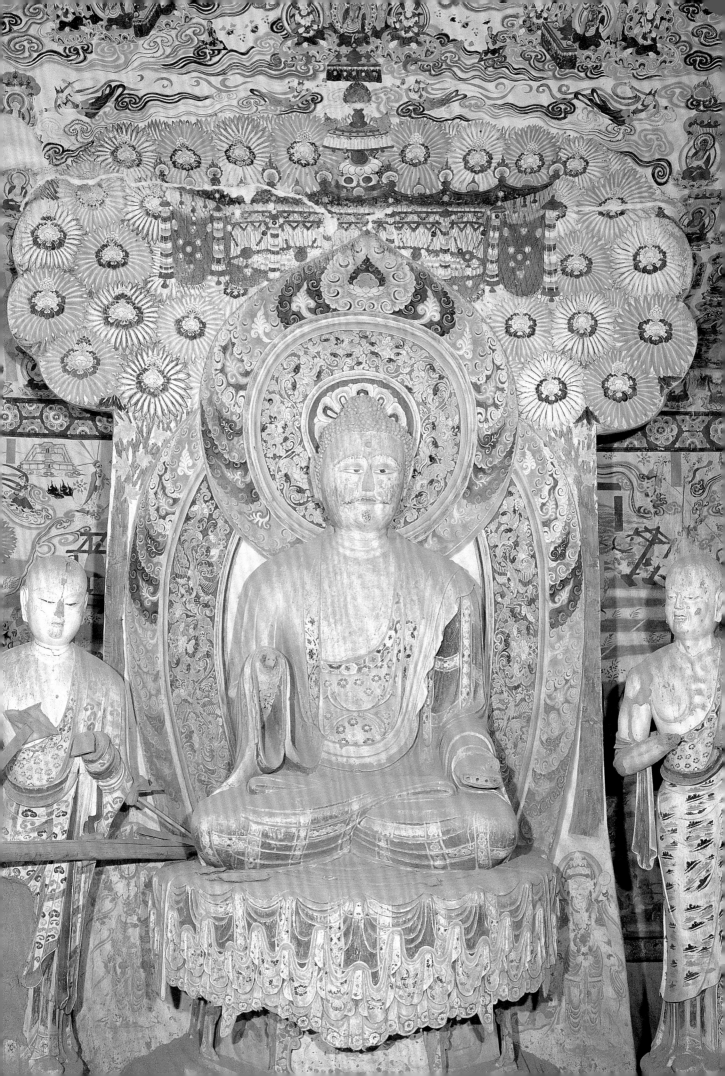

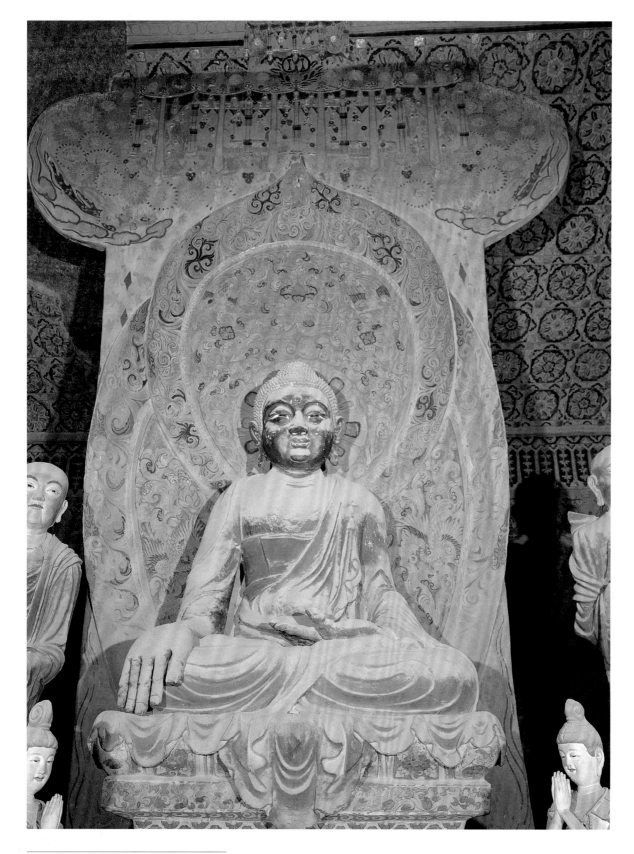

**162 佛壇背屏裝飾**

佛背屏紋樣顏色為宋代重繪，鳳鳥捲草
紋、火燄紋基本還保留着唐代稿樣。

晚唐 莫16 佛壇

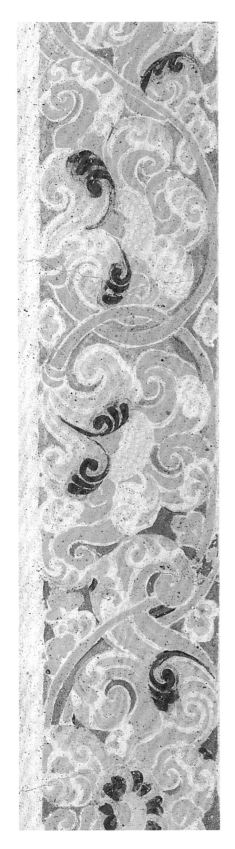

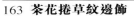

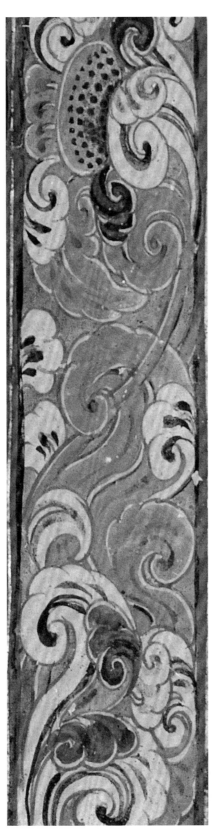

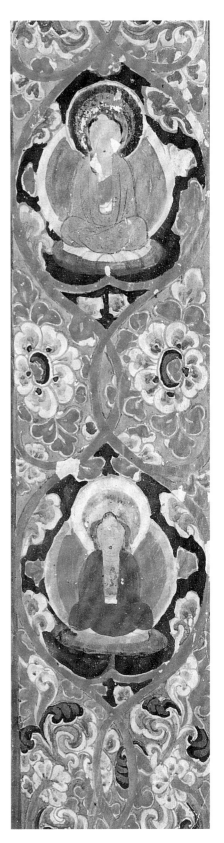

**163 茶花捲草紋邊飾**

邊飾捲葉短闊，滿地鋪展，纏枝隱於捲葉之中，花中或有茶花、石榴和鳳鳥。這是晚唐捲草紋樣的代表作之一。

晚唐 莫12 西龕內沿

**164 石榴茶花捲草紋邊飾**

邊飾中每組花飾正、反、俯、仰各有變化，花實有圓石榴、尖石榴、圓茶花、側面茶花，信手畫來，各具姿態。

晚唐 莫14 北壁

**165 纏枝千佛紋邊飾**

邊飾中兩條纏枝作一開一合纏繞，內中畫小坐佛像，兩側畫捲葉石榴、茶花。紋樣新穎別致，始於中唐晚期。

晚唐 莫85 北壁

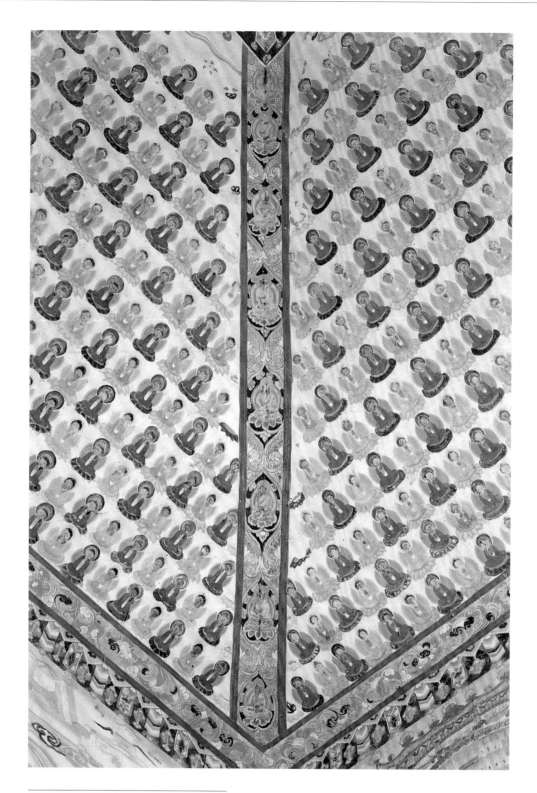

## 166 纏枝千佛紋邊飾

邊飾紋樣組構方法與前圖（第85窟）相
同，內畫千佛，與兩坡千佛相呼應。紋
樣主要繪於中晚唐之際，但繪飾不多。
中唐 莫361 窟頂

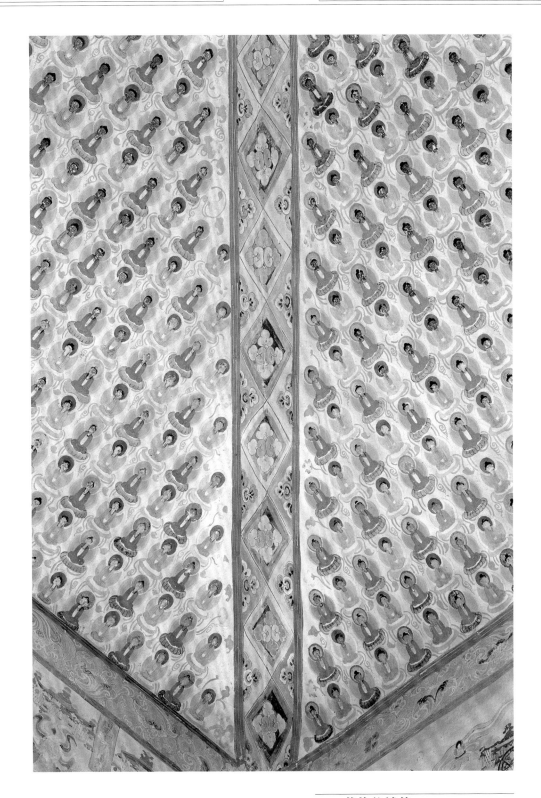

### 167 菱格紋邊飾

邊飾為菱格連續紋，內繪四葉小花，小
花由兩個相對的捲雲紋構成，這是一個
重要的小變化。色彩疊暈層次減少，是
與盛唐同類紋樣的重要區別。

晚唐 莫12 窟頂

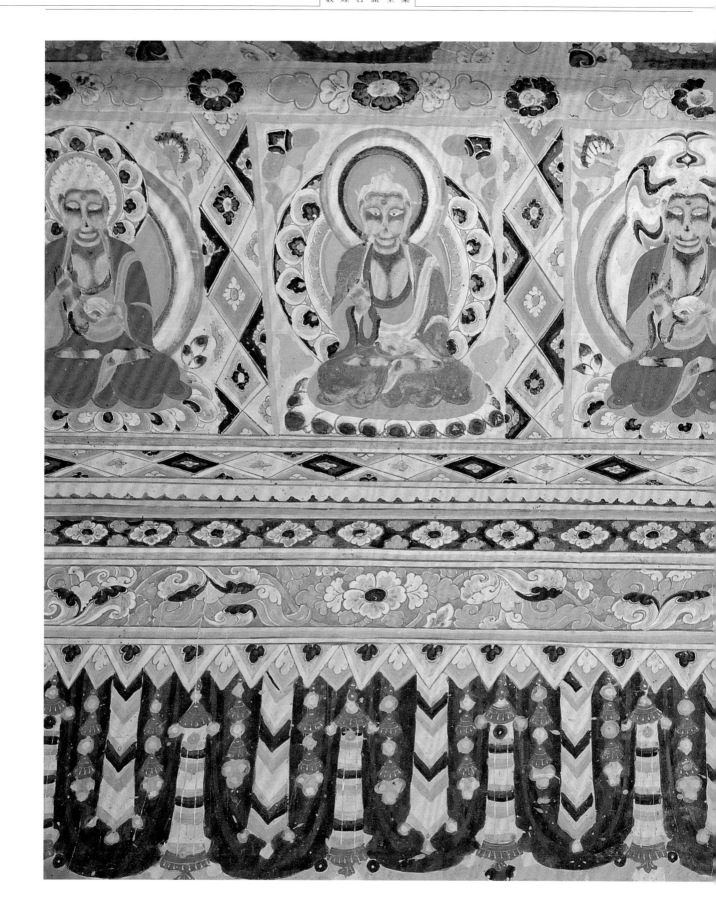

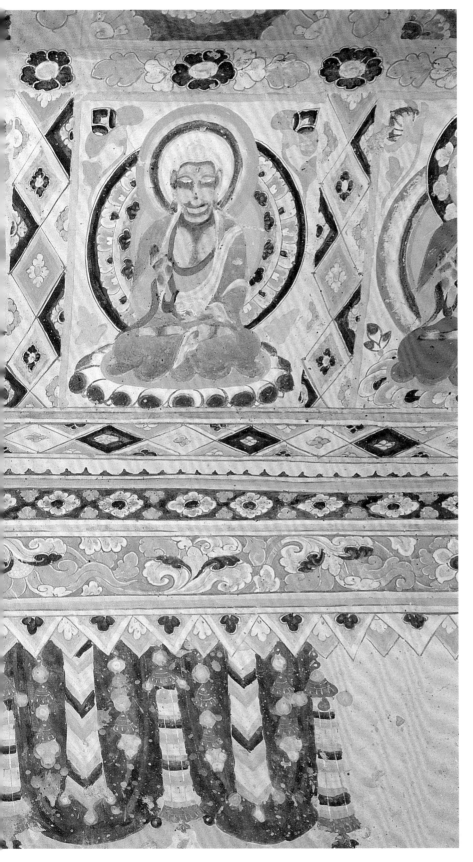

### 168 龕內裝飾

龕頂為團花平棊，下接龕頂斜坡面，在
方格內畫坐佛像，壁面上方為茶花捲草
紋邊飾，邊飾下是垂幔鈴璫。

晚唐 莫9 西龕內

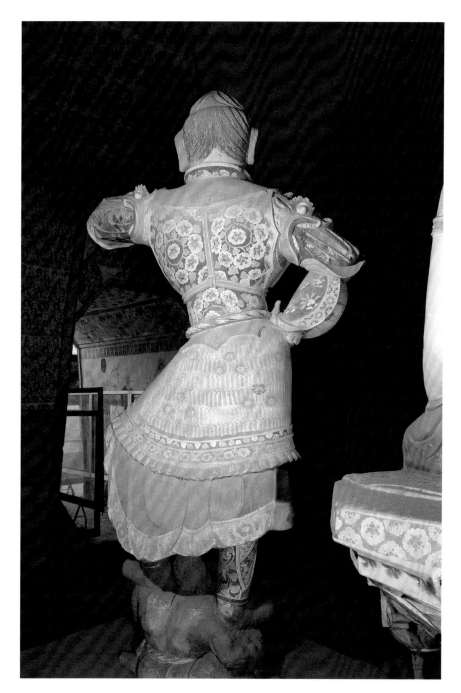
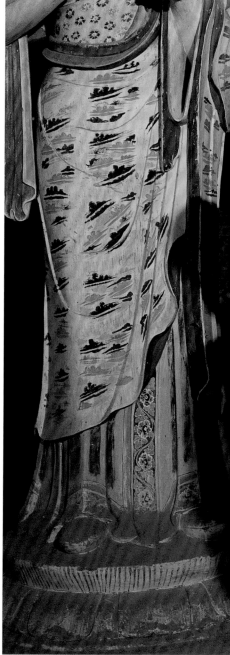

## 169 團花甲衣紋樣

天王塑像的甲衣上畫團花紋，紋樣由纏
枝茶花環繞而成。此紋樣在當時應是繡
在戰袍上的。

晚唐 莫196

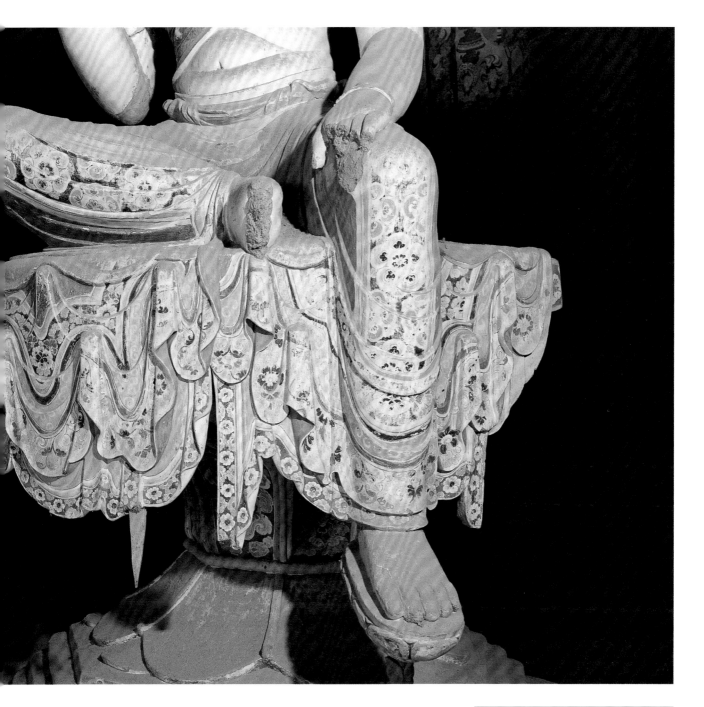

### 170　團花服飾紋樣

菩薩塑像的長裙上畫有團花紋，此類紋
樣在當時的織物上可能被廣泛採用。
晚唐　莫196

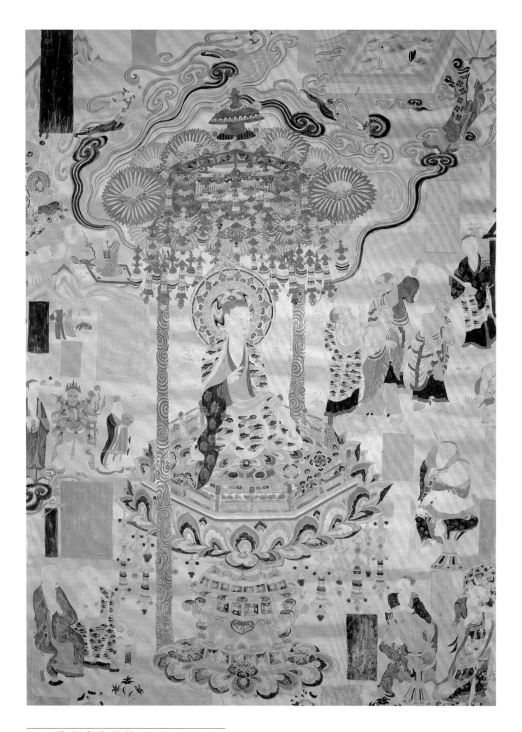

### 171 華蓋寶座裝飾

壁畫上佛弟子舍利弗的華蓋、蓮花寶
座，均裝飾得異常華麗。

晚唐 莫9 南壁

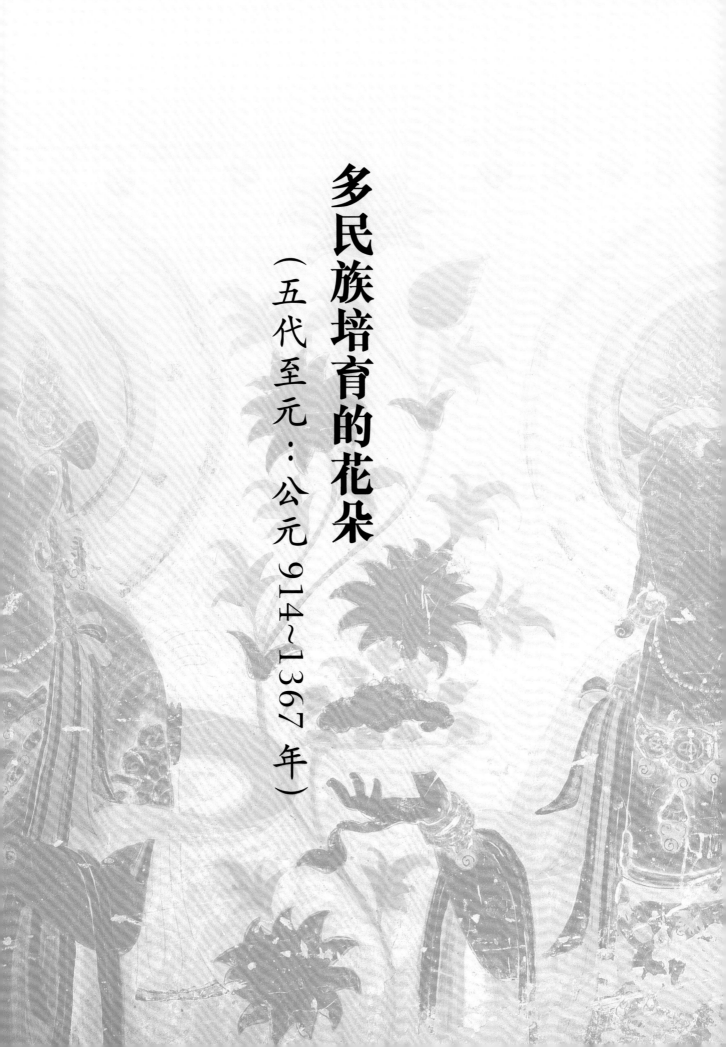

# 多民族培育的花朵

（五代至元：公元 914~1367 年）

　　自曹議金掌管瓜、沙二州政權，至元代滅亡，是敦煌藝術的晚期。石窟裝飾，依其紋樣特徵可分前後兩段：前段曹氏時期（相當中原五代、宋）是瓜、沙地方傳統樣式；後段是西夏、蒙元的大一統樣式。

　　曹氏時期裝飾承襲唐代紋樣，並有新的創造，繪出了寓意皇權思想的團龍藻井，以及獅鳳花草紋邊飾、鳳鳥花卉紋新圖案。傳統的唐代紋樣向着簡潔、規範、程式化演變。曹宋中期以後，紋樣造型均成定式，團龍紋成為廣泛意義的吉祥紋樣，邊飾組構呈現幾何形態。內容單調，色調冷清，氣韻平淡，是曹宋時期的基本格調。隨着回鶻勢力興起，裝飾紋樣受到高昌回鶻佛教裝飾風格影響，但裝飾整體基本樣式仍是瓜、沙地方宋代圖案的傳統樣式。

　　西夏石窟裝飾以中原漢式建築彩畫紋樣、藏傳密教圖像及其裝飾紋樣為範本，是多民族文化元素彙集而成的新圖案。

　　蒙元石窟以藻井圖案為代表，有兩種樣式：一是仍以藏密圖像為中心內容，以漢地纏枝紋樣為邊飾主紋樣組構藻井圖案，是西夏藻井樣式的延續；二是以藏密圖像為主要內容，以捲渦紋為主紋樣裝飾佛窟，是新的藏傳密教裝飾樣式。兩種不同樣式反映着兩個時代新舊交替時期石窟裝飾變化狀況。

# 第一節　　五代圖案

　　敦煌五代圖案是在經歷了一段衰落時期之後，到曹議金掌管瓜、沙二州又開始了復蘇。曹氏倡導佛教，為建造佛窟，在歸義軍衙府開設畫院，專事畫壁塑像。石窟裝飾的復蘇雖未再現唐代之輝煌，卻也呈現出一種新氣象。在繼承中晚唐圖案紋樣的基礎上，畫院匠師們以自己的智慧，另闢蹊徑，繪製了屬於那個時代特有的、以團龍藻井為代表的新圖案。

　　龍，在漢文化傳統中，是神靈的化身，寓意吉祥。龍的形象，至晚在漢代已經形成，並作為四靈（麟、鳳、龜、龍）或四神（青龍、白虎、朱雀、玄武）之一雕繪於建築及其他藝術品上。與此同時，以龍喻於帝王皇權的思想也已發生，《史記·高祖本紀》中說漢高祖劉邦身為龍種，有"龍顏"之相。

　　五代寺院盛行畫龍，相傳四明山僧人傳古大師就是聞名的畫龍能手。宋代郭若虛《圖畫見聞誌》敍論專列"論畫龍體法"，還總結出畫龍"三停九似"的妙訣。敦煌五代石窟門之兩側多畫《龍王禮佛圖》，即是寺院盛行畫龍風氣的表現，雖然這與象徵皇權思想的藻井團龍性質不同，但不論畫雲龍、飛龍，或是龍王，都必然對團龍藻井圖案的流行產生一定的影響。

　　關於敦煌圖案中的龍紋，自北朝起已有塑繪，如佛龕楣樑兩端塑繪有龍首，窟頂平棊繪有長龍，隋代藻井蓮花兩側有雙龍。這些龍形象在佛窟裝飾中均為佛陀之護法。五代石窟藻井中心繪飾團龍則與之不同，它是皇權思想的象徵，藻井裝飾有了不同於隋唐時期的新內涵。畫團龍藻井，在五代之前已有中唐第369窟一例，雖然只是一例，但由此可以推想中原已有團龍藻井的實物，而敦煌石窟中唐時期的團龍藻井應是仿自中原。此藻井中心畫捲瓣蓮花，花中畫一團龍，龍生鳳眼，爪四趾，肩胛、脊背、後肢畫有雲紋形狀的"翼"，方井四角各畫一鸚鵡。藻井雖是華麗，卻沒有廣為繪飾，可能當時認為這象徵皇權的團龍不宜畫入佛窟，因此沒有被更多的施主接受，故而成為一孤例。在以後的百餘年間也未見有繪飾。

　　時至五代，戰亂紛爭，強藩各自為政，稱王稱帝，沙州曹氏歸義軍政權雖用中原朝廷年號，實際上卻是一個獨立王國，此時在他們建造的佛窟裏，藻井中心畫團龍，以他們的權力比附皇權也就不足為怪了。以曹氏家族建造的石窟規模、佈局來看，這些石窟形制高大，有的達200平方米。窟中央設佛壇，壇前有登壇梯級，壇後高樹背屏。窟門甬道兩側壁上畫高大的男供養人行列，着烏紗紅袍；窟內前部壁面下方畫女供養人行列，着鳳冠禮服；窟後部下端畫歸義軍衙府官員僚屬，少則數十，多則上百。窟頂中央是華麗的團龍藻井，四坡角隅成凹弧形，畫四大天王守護。窟內壁畫佈局形同宮殿之中百官臨朝，石窟表露的皇權思想不言自明。沙州曹氏政權維持一百餘年，其中一重要原因，是假中原朝廷年號以壯聲威，力倡佛教作為統治精神支柱，可以說是政教合一。石窟中的團龍藻井正是這種"政教合一"精神的集中體現。

團龍紋藻井，是以中心方井、外圍邊飾層、垂幔三部分組成，承襲隋唐樣式。中心的團龍、鸚鵡、蓮花佈局，無疑也受到中唐第369窟團龍紋藻井的啟迪，但是相隔百年後的五代團龍紋藻井紋樣已是全新的形象了。團龍為獸頭，雙角，長吻，下脣有鬚，背有鰭，肘生毛翼，三爪趾，盤捲於蓮花之中，首尾相接，前爪作戲珠狀。團龍蓮花多為兩重，內層蓮花瓣多是捲瓣，瓣片稠密。外層蓮瓣多是一片如同圓葉形的花飾，串聯起來好似一個花環。整體花形同唐代藻井花形已有很大的不同。團龍蓮花周圍有的畫鸚鵡、雲彩。方井外圍邊飾層除中晚唐時的迴紋、小團花、白珠紋之外，主紋飾是新的獅鳳花草紋和纏枝捲草紋。

獅鳳花草紋是一種全新的紋樣，紋樣以獅子(狻猊)、鳳鳥為主，配以花草葉紋。鳳在漢文化中是一種祥瑞之禽，亦是"四靈"之一，是依據多種鳥形特徵

經想像而畫成的一種神鳥。自漢代之始，皇帝即有"鳳皇車"、"鳳蓋(傘蓋)"，皇后有"鳳冠"。鳳的形象與稱為南方七宿的朱雀相同，除去商周銅器上那奇異的鳥形紋飾，自漢代以後，鳳鳥形象出現於雕刻、繪畫上已非常之多。敦煌北朝石窟平棊、窟頂神異畫像羣中，以及唐代捲草紋樣中都有展翅欲飛的鳳鳥形象。當然畫在不同部位的鳳鳥紋樣都有其不同的含意。獅子(狻猊)是祥瑞之獸，《穆天子傳》說"狻猊野馬，走五百里"。狻猊即獅子，產於西亞，東漢順帝(公元126～144年)時，疏勒王曾來獻犎牛及獅子。野馬亦稱"巨虛"，形體矯健，迅捷善跑，傳說能闢除邪厲。

在封建制時代，祥禽瑞獸紋樣的使用，有着嚴格的等級制度，唐代時朝廷曾幾次詔令禁止民間織造龍鳳紋瑞錦，但並未禁絕。新疆吐魯番唐墓出土的絲織物中就有獅紋、戴勝鷺鳥紋、花鳥紋的多種瑞錦。敦煌壁畫中，晚唐張氏歸義銜府官員家屬女供養人畫像即着有華麗的獅子、禽鳥、花草紋禮服，五代曹氏家族女供養人畫像也是鳳鳥紋禮服。藻井中的獅鳳花草紋邊飾無疑也受到了這些絲錦紋樣的影響。

邊飾中的花草葉紋，亦如鳳鳥紋禮服上的葉紋，一片片平面鋪展，而不是通常所見的那種捲狀花葉。纏枝捲草

紋，是唐代捲草紋的餘緒，其單元花形的外沿呈扁三角狀，花朵中央綻出一石榴果，兩側的葉片如左右兩翼對稱展開，葉紋曲捲正反，顏色冷暖分佈均保持對稱、平衡之狀態。單元紋樣作上下對置，相錯連續排列，以波狀纏枝相聯。紋樣簡潔明快，裝飾意味濃鬱。除用於窟頂藻井邊飾之外，四壁經變畫之間也有繪飾，是捲草邊飾中的主要樣式。並為宋代所沿襲。它是盛唐捲草紋樣中的單枝捲草紋邊飾的發展和變異。中唐時，形成了以同一捲草紋樣為單元、以波狀纏枝相聯的樣式，只是主花兩側的捲葉，顏色還不完全對稱，單元花形的外沿還處在半圓弧形與扁三角之間的過渡階段。藻井四周的垂幔紋，五彩垂鈴排列稠密，彩鈴之間有珠寶瓔珞相聯，有的珠寶瓔珞之上又重疊以垂帶，較之晚唐更為繁縟。藻井色彩多用紅、赭、橘黃等暖色鋪地，綠、青、白冷色畫紋，鮮明的對比色調，使中心方井團龍紋，在四周的獅子鳳鳥花草紋邊飾、纏枝捲草邊飾以及白珠紋、綠迴紋襯托中非常美觀。與唐末相比，正像曹氏廢除屈辱的金山國，奉中原朝廷為正朔，雄踞於河西一樣，頗有新生的氣息與活力。

除去藻井，其次重要的就是佛龕內的裝飾。五代石窟半數是在中晚唐窟內重繪的，龕形均是方口盝頂帳形龕，龕內裝飾也照樣模仿前朝。龕口上沿是一橫條方格團花紋帳額邊飾，帳額兩端有的畫有龍首啣珠串花草紋，帳額上沿有的畫山花蕉葉紋。龕內頂部畫棋格團花紋平棊，四坡畫方格佛像，四坡下畫彩鈴垂幔，裝飾佈局與中晚唐無異。佛龕裝飾中的主要紋樣是團花，團花的花瓣，有扁圓狀的內捲雲紋、茶花紋、多裂圓葉紋多種。在組合中或單用一種，或兩種相間。（這幾種團花也用於窟內四壁的邊飾上。）佛龕團花紋平棊乍一看去與中晚唐無異，仔細辨別，就可感到中晚唐佛龕團花紋平棊形象飽滿壯實，色彩沉着穩重，繪工精到，而五代佛龕團花紋平棊形象乏力，色彩單薄。這種差異，除去顏料不濟，繪技差別，另一重要原因是棋格邊條與方格空間的尺寸寬窄、花形大小與所留空地比例設計有關。兩種不同的審美意識，反映着輝煌的大唐與偏居西陲的沙州曹氏小王國心理及氣質的差異。

五代的邊飾不及唐代豐富，除上述藻井、佛龕裝飾中的捲草、團花紋之外，再就是菱形、茶花一類窄小的邊飾。菱形邊飾的菱格內畫一四瓣小花，以不同底色顯示節奏變化。它是組構佛龕頂部四坡和窟門甬道頂部兩坡團花方格"桁條"的主要紋樣。有的窟也繪於四壁經變畫之間，到宋代得到廣泛應用。茶花紋邊飾與唐代相比，已有很大的變

化，茶花兩側的兩片大葉各分解為三片
小葉，纏枝的空隙處也增添了幾片小
葉，花與葉的整體外形也呈現着近於扁
三角狀這一五代波狀纏枝連續紋的特
徵。

　　壁畫中的佛菩薩背光、寶蓋、幡幢
大都是對唐代樣式的複製。在沿襲唐代

紋樣時，花形、色彩已經簡化，而某些
部分對同一紋樣又多次重複，顯得繁
瑣。這是五代圖案發展中一種不可忽視
的現象，它反映出這一時期敦煌石窟畫
工們在缺乏新紋樣的困惑中艱難創作的
境況。

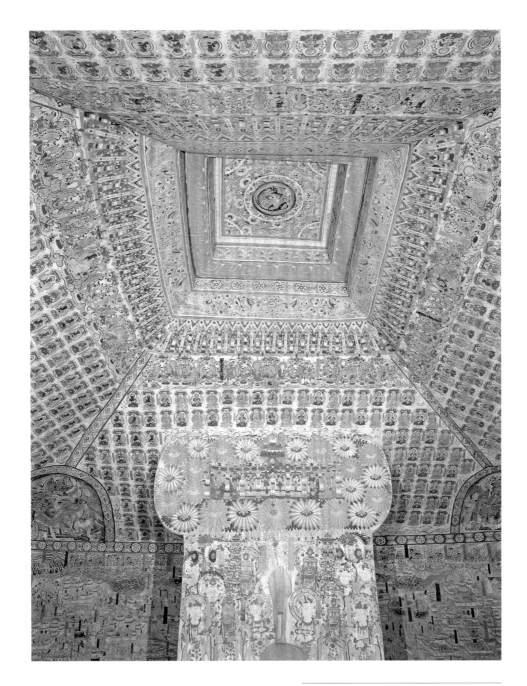

### 172 佛壇背屏窟內景

五代時期開鑿的大型洞窟，中央設佛
壇，壇後立有背屏。上為覆斗式窟頂，
藻井多繪有團龍團花紋，團花紋是唐代
紋樣的延續，團龍是五代藻井裝飾的主
要紋樣。四面坡上邊飾層多，裝飾豪
華。此窟為五代時沙州統治者曹氏家族
的功德窟。

五代 莫61

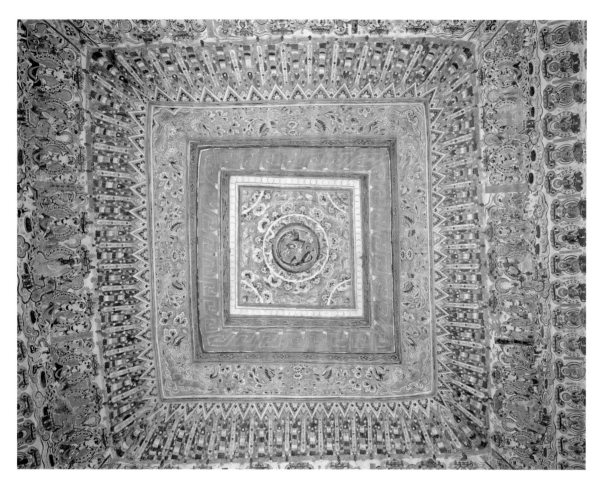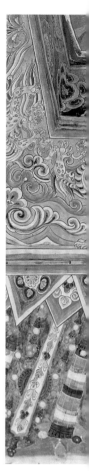

## 173 團龍鸚鵡團花紋藻井

藻井中心繪團龍團花,團花由二重花環
合成,外環以十六片圓葉紋合成,內環
以四十六片捲葉紋合成,環中繪團龍。
團花周圍繪四對八鸚鵡對舞。方井外圍
邊飾繪白珠紋、捲草紋、迴紋、小團花
紋、獅鳳花草紋及垂幔。裝飾非常華
麗。中心方井兩重凸起,增強了高遠的
空間感。

五代 莫61 窟頂

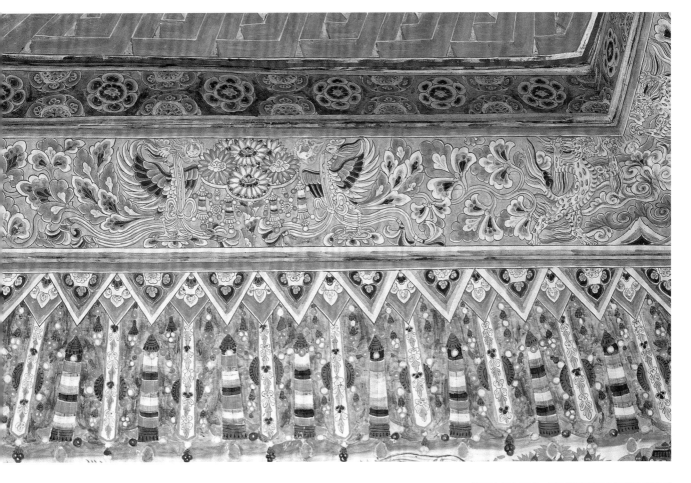

### 174 藻井中的獅鳳紋邊飾

此圖是前圖的局部。邊飾中鸞鳳口啣綬
帶居中，通稱"雙鸞啣綬"。左右兩獅
子分別與另一端的獅子相對跳躍戲珠。
垂幔中除繪飾珠玉鈴瑞外，又增加了一
條白色垂帶，使紋飾更加繁縟。
五代 莫61 窟頂

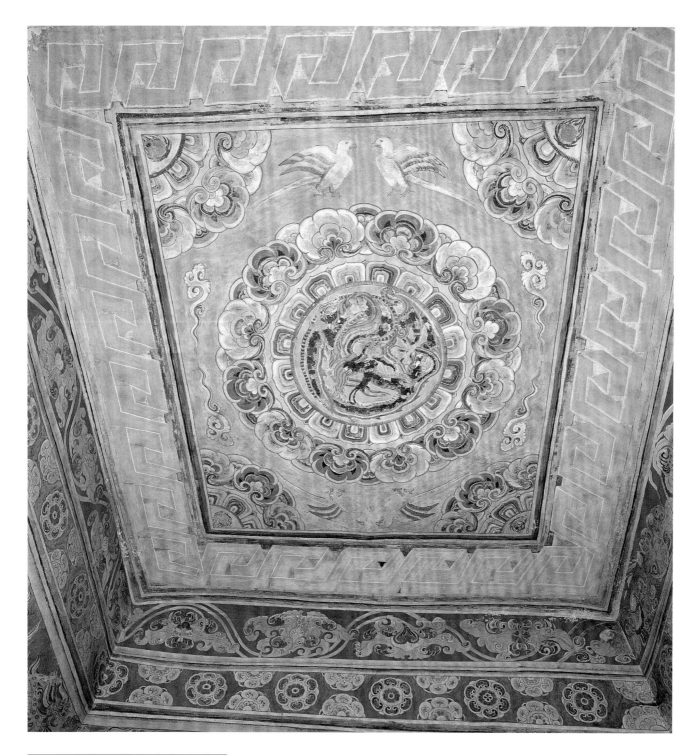

## 175 團龍鸚鵡團花紋藻井

藻井中心團花，花瓣二重，外重由捲雲
圓葉紋聯成一大花環，內重為方頭平面
蓮瓣，中心繪團龍戲珠。團花周圍繪四
鸚鵡和祥雲。方井向上凸起較高，井壁
立面畫捲草和團花邊飾，方井四周平面
畫迴紋、鸞鳳獅子邊飾，是這一時期藻
井邊飾中的主要紋樣。此窟是曹氏家族
較早營造的。

五代 莫98 窟頂

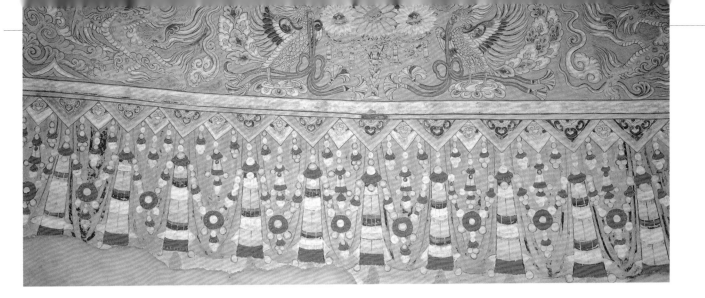

### 176 藻井中的獅鳳紋邊飾

此圖是前圖的局部。藻井邊飾中,四邊均畫有雙鳳獅子花草紋,鸞鳳口啣綬帶,展翅對舞,雙獅立起,撲戲火珠。邊飾下是藻井的垂幔紋飾。

五代 莫98 窟頂

### 177 團龍蓮花紋藻井

藻井中心蓮花花瓣二重,外重桃形蓮瓣,內重捲葉蓮瓣,中心繪海水團龍啣珠。蓮花花瓣密集是此時團龍蓮花紋的一個特徵。此窟亦為曹氏家族功德窟。

五代 莫100 窟頂

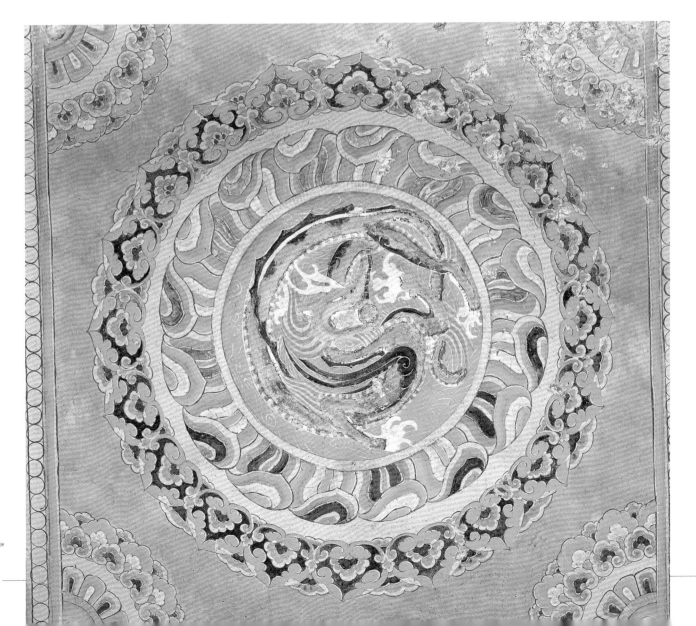

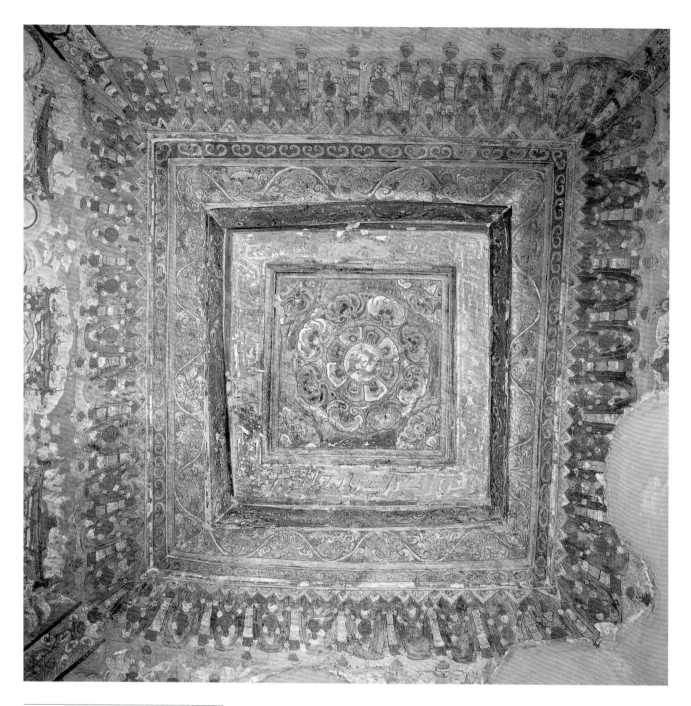

## 178 三兔團花紋藻井

藻井繪三兔蓮花紋,外環是捲雲圓葉大
花環,內繪平瓣蓮花,花中心繪三兔相
追逐。這是唐代多種藻井蓮花的復合
型。邊飾中的石榴捲草紋,單元紋樣為
三角狀,是一種簡化了的新紋樣。

五代 莫99 窟頂

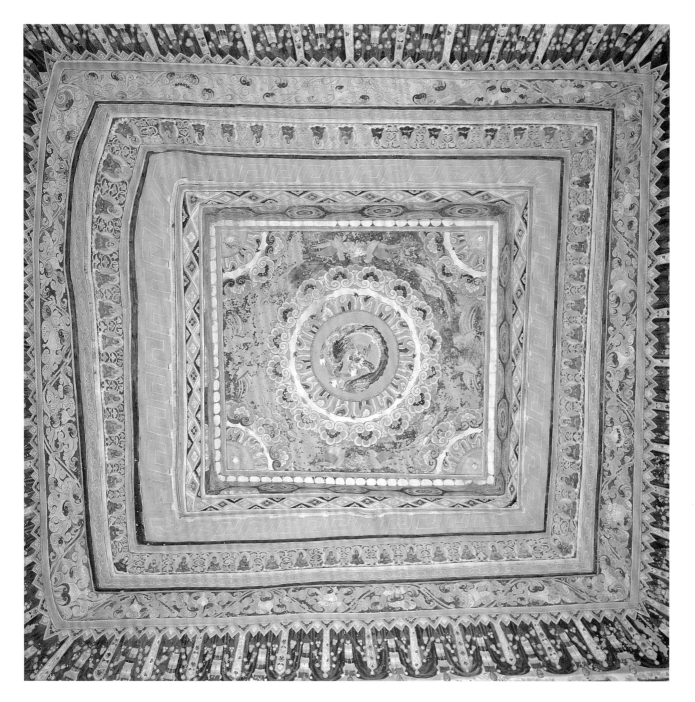

**179 團龍鸚鵡蓮花紋藻井**

藻井中心繪團龍捲瓣蓮花，外環為捲雲
大花環，四周繪鸚鵡與祥雲。邊飾中繪
捲草紋、小坐佛、迴紋、菱格紋。此藻
井仿第98窟和第100窟繪製。

五代　莫146　窟頂

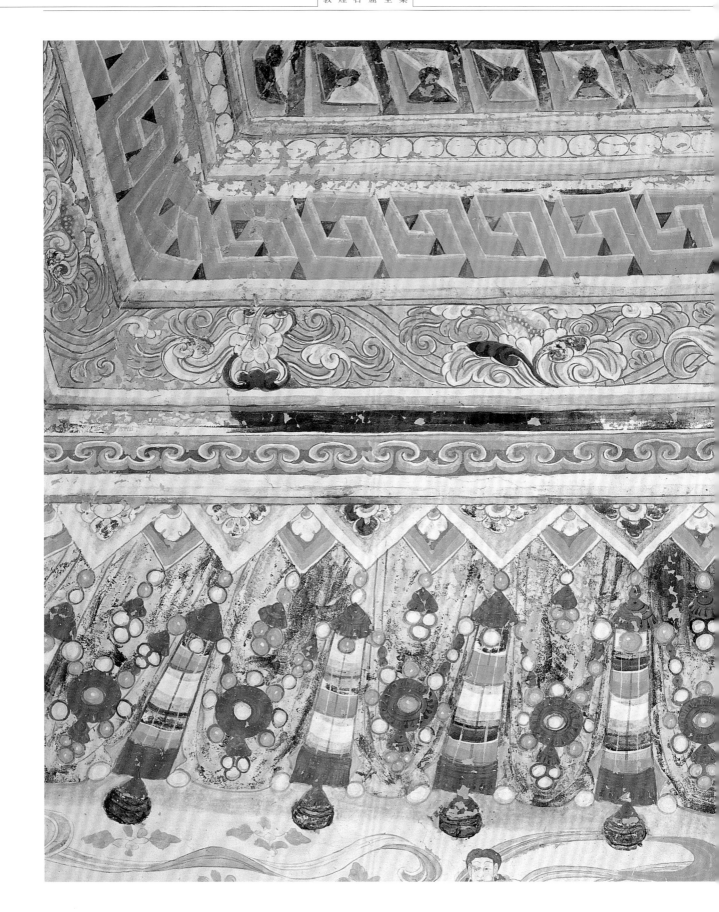

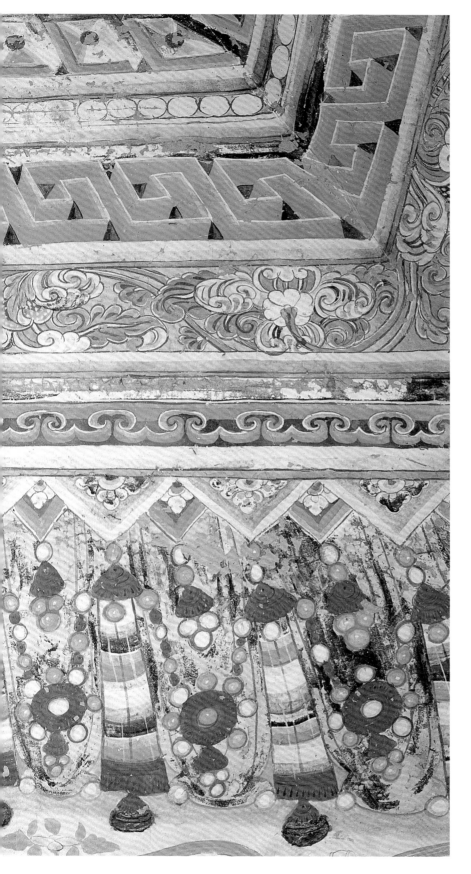

### 180　藻井中的邊飾

藻井邊飾還保留着唐代樣式，有方勝
紋、白珠紋、迴紋、捲草紋、捲雲勾聯
紋。但紋樣已經簡化，捲草單元紋樣的
捲葉呈現對稱之勢，顏色疊暈層次也已
減少。

五代　榆16　窟頂

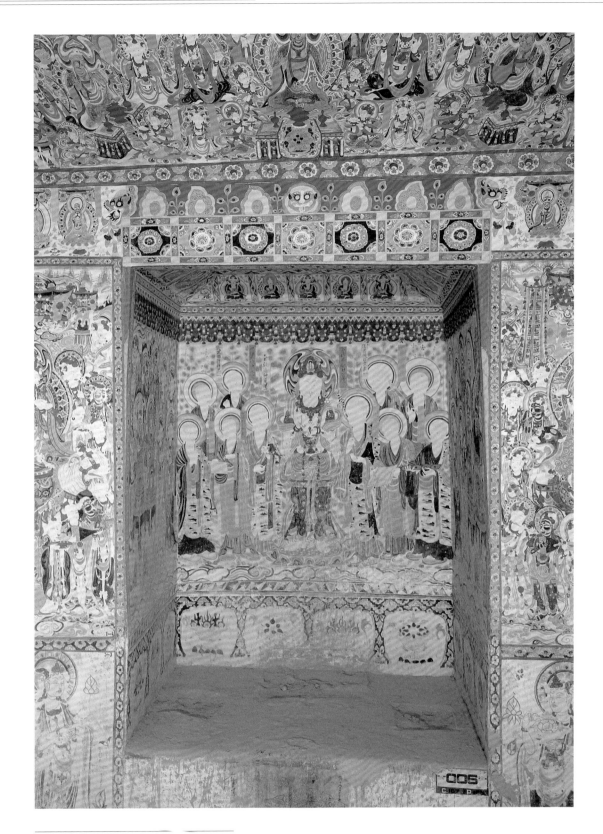

## 181 佛龕裝飾

佛龕頂部繪平棊，龕上沿繪團花帳額，
龕壁繪觀世音菩薩與十大弟子像，主尊
頭光繪波折紋，弟子頭光均為色環。下
部是壼門裝飾。這是五代佛龕裝飾的基
本樣式。

五代 莫6 西龕內

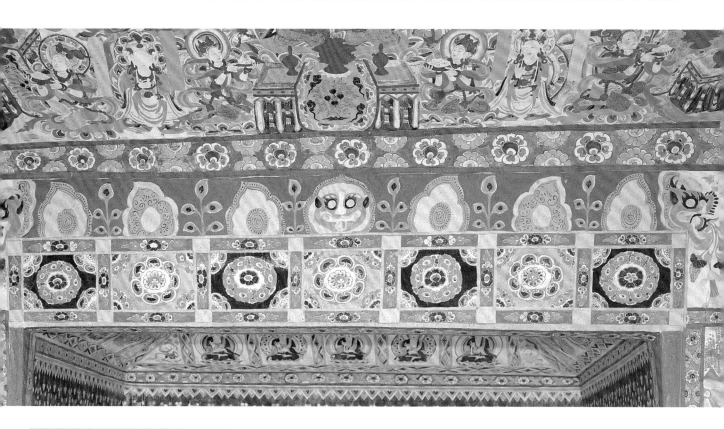

### 182　佛龕帳額裝飾

帳額方格團花為二種：一是茶花形團
花，一是捲雲形團花。上邊是山花蕉
葉，中央葉飾繪獸面，兩端各繪一龍
頭，保持着中唐以來的樣式。顏色皆平
塗，無疊暈，鮮亮如新。

五代　莫6　西龕

### 183　佛龕帳額裝飾

這是佛龕帳額上的團花紋，繪工細緻，
可惜顏色褪蝕嚴重。

五代　莫5　西龕

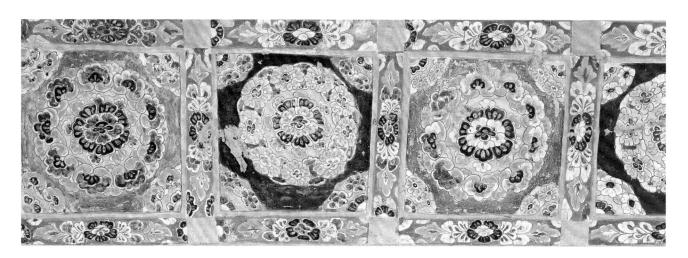

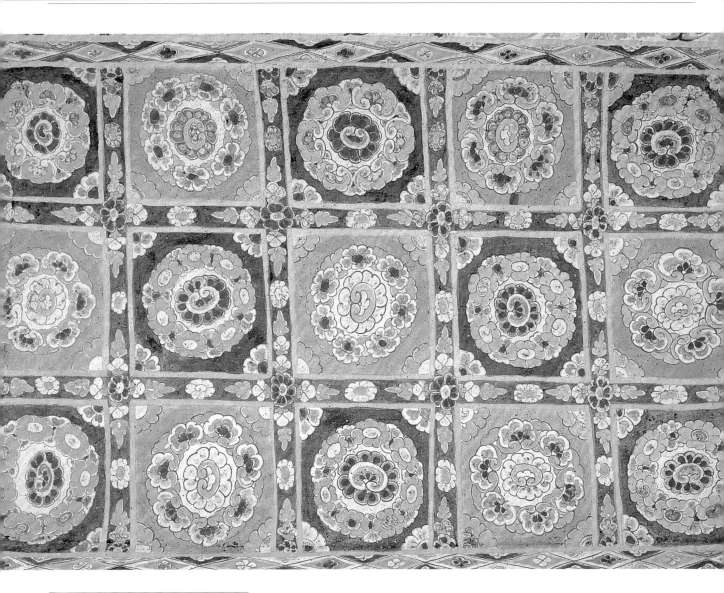

### 184 團花紋平棊

龕頂中部是團花平棊，相間繪紅白兩色茶
花，外有花環，四邊斜坡面均繪坐佛
像，顏色完好如新。是五代龕頂裝飾的
典型樣式。

五代 莫6 西龕內

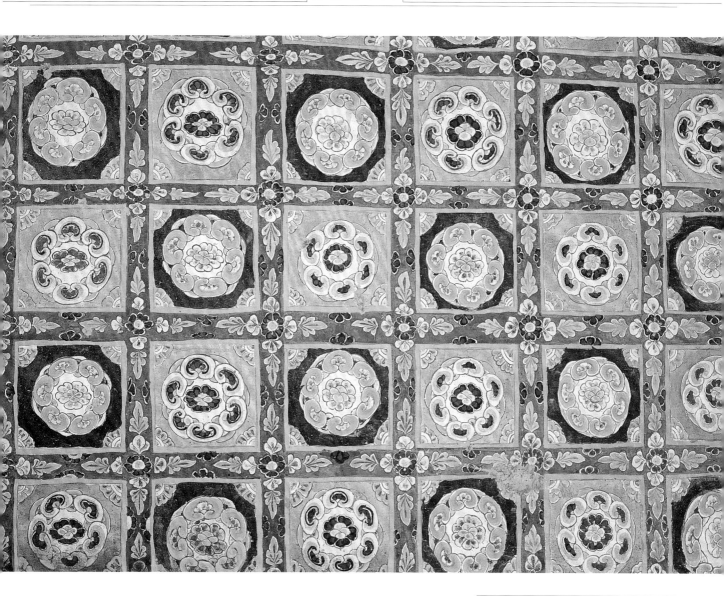

### 185 團花紋平棊

平棊棋格邊條繪茶花四出葉紋，格內繪
捲雲紋團花。紋樣與佛龕頂部平棊相
同。

五代 榆16 前室頂

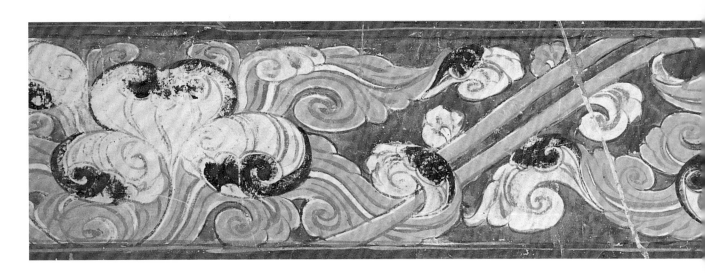

### 186 纏枝捲草紋邊飾

邊飾的捲草紋由多個單元連續而成，捲
草紋樣兩翼成對稱形，葉片寬大，紋形
簡潔，以纏枝串聯。這是五代纏枝捲草
紋的典型樣式。

五代 莫146 南壁

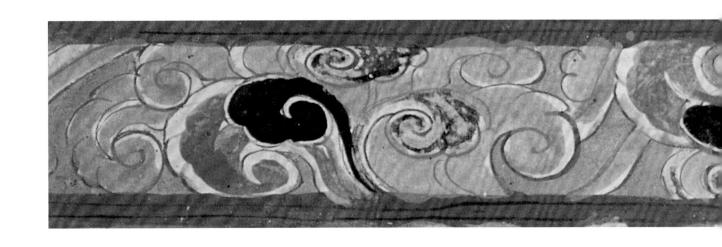

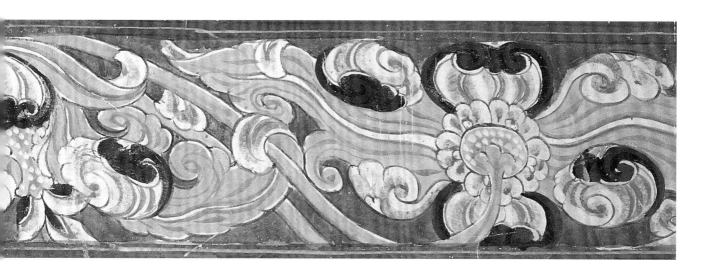

## 187 捲草紋邊飾

捲草有葉無莖，無花實，同一單元紋樣
左右倒置，反復連續。紋樣簡潔，色彩
鮮明，節奏感強。這是有別於前圖的另
一種捲草紋樣。

五代　莫6　北壁

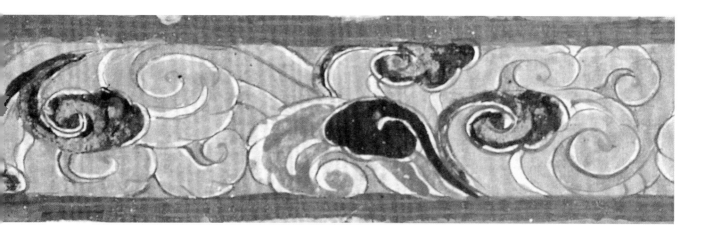

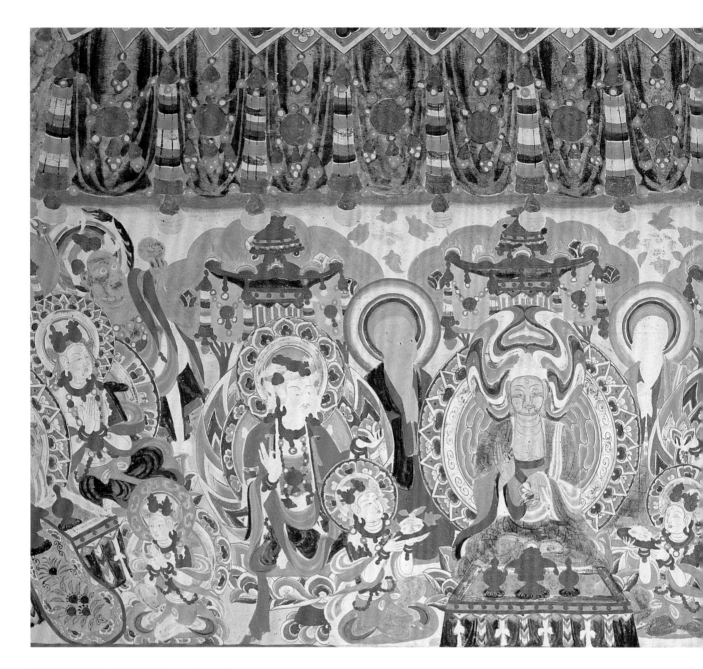

### 188 佛背光裝飾

佛說法圖中，背光紋樣繪飾華麗，多種
多樣，有水波折紋、折帶紋、三角紋、
圓葉紋、雲紋、三角蓮瓣紋、方形蓮瓣
紋。顏色完好如新。

五代 莫6 南壁

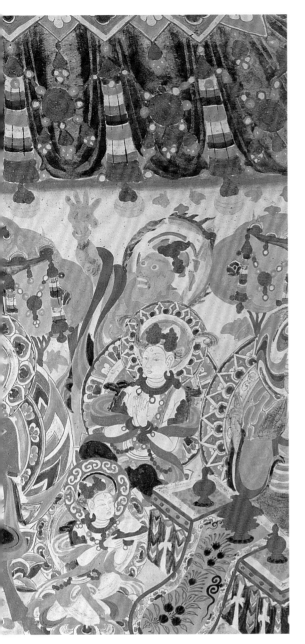

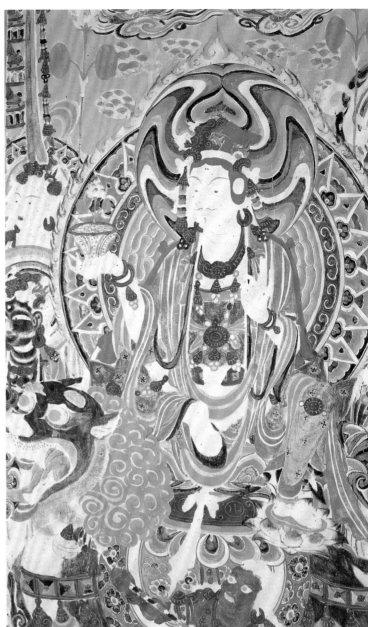

**189 文殊菩薩背光裝飾**

文殊菩薩頭光繪水波折紋，背光繪三角
紋、捲雲紋、折帶紋。兩側的幡幢長至
五層，左側幡幢兩邊並畫有細長的小幡
鈴璫，裝飾繁縟。

五代 莫6 西壁

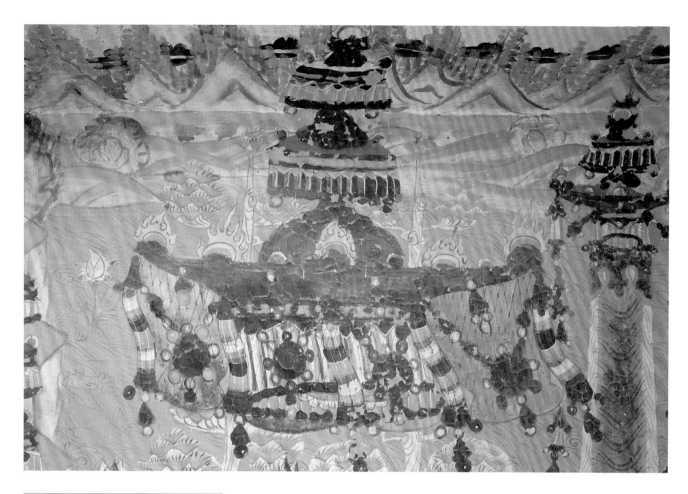

### 190 文殊菩薩的華蓋

華蓋為三重，蓋頂有火燄寶珠，下層傘
蓋為六角形，每角雲頭紋，上有火燄寶
珠，下垂羅網鈴璫。華蓋後方襯以山水
松林，是表現文殊菩薩的道場五台山聖
境，別有情趣。

五代 榆16 西壁

# 第二節　　宋代圖案

宋代圖案在石窟內佈局上與五代基本相同，主要集中在窟頂、佛龕、窟門甬道頂部、四壁下部，有藻井圖案、平棊圖案、垂幔和一些零散的花卉。圖案內容雖比較簡單，但並非一個模式。宋初的圖案尚存五代遺風，藻井多繪有垂幔，窟頂四坡平棊多繪棋格團花，龕口上沿多繪有團花紋帳額山花蕉葉或捲草、團花紋邊飾。中期多是成組連片的重修前代石窟，圖案多類同相似。藻井中心除塑團龍外，還有五龍、團鳳四龍、鳳首龍、八角形團花。藻井邊沿多不繪垂幔，窟頂四坡平棊團花有的不繪棋格。晚期受到高昌回鶻佛教藝術影響，其中有些雖然是局部的或一窟之孤例，但也説明當時畫工們仍進行着翻新的探索。

窟頂藻井仍然是圖案的代表作。如果説五代藻井圖案在總體上還是唐代樣式的繼續，那麼到宋代，藻井圖案所展現的則是完全不同的面貌。藻井仍以團龍為中心內容，幾乎是窟窟藻井皆團龍。在承襲五代團龍紋樣時，製作方法又進一步，改平面繪製為泥塑敷金，龍體凸起，金光閃耀。並有雙龍、五龍、團鳳四龍多種，可見對龍紋樣的重視。從窟內壁畫內容整體觀察，宋代中期以後，藻井裝飾團龍已超越了象徵皇權觀念的範疇，成為更廣泛的喻意吉祥紋樣。藻井裝飾的壁面也較唐、五代擴大

了，團龍方井四周的邊飾層多至七、八重。邊飾寬窄比例編排不同於唐、五代那種由內向外逐漸增寬，主次分明，形成一種高深遠的空間感，而是內外邊飾寬窄相當，色調清冷，形成一種平緩的靜態形式。

藻井方井四周邊飾，主要有三角波狀纏枝捲草紋、菱形四葉紋、迴紋、方勝紋、小團花紋、白珠紋等，名稱雖與唐、五代基本相同，而形象已發生諸多變化。

三角波狀纏枝捲草紋，即唐代的纏枝捲草紋，經五代，單元主花兩翼的葉子與顏色，已完成了向對稱演變的歷程，花飾外沿形成規整的扁三角形狀，上下相對，左右相錯連續排列，自然形成一條三角波狀纏枝線。

菱形四葉紋，四葉花飾的外沿呈菱形，作一整二半反復連續，形成一開一合的節奏變化。這兩種連續紋的組構方法，都是以三角折線分區，連續排列，前者是一條上下起伏的三角折線，形成快速跳動的節奏感。後者是兩條左右開合的三角折線，顯現的是一種平穩的秩序感。

迴紋，從中唐時畫入藻井，就以它那通體綠色和透空的幾何形體與其他紋樣取得和諧共處，至宋代則成為藻井中不可缺少的主紋樣。

方勝紋，始繪於盛唐，曾興盛一

時，中晚唐時很少再有繪飾。五代末宋初，又再興起，繪飾漸多，並模仿迴紋畫出具有立體感的透視面。此紋飾還繪於四壁經變畫之下，成為環繞窟壁的邊飾。

小團花紋，有別於大團花紋，大團花紋是盛唐藻井邊飾的主紋樣之一，中唐則很少使用。晚唐以後，小團花紋興起，畫入藻井或四壁，花形簡化，排列密集，但已不再是主紋飾，至宋代又再度被簡化。

白珠紋，在藻井組構中是一種輔助性的、用作界隔線的小邊飾，畫在中心方井四周，將方井金色團龍襯托得頓時豁亮起來，頗有點睛之妙。宋代藻井繪飾白珠紋甚多，有的多至三四道，但卻減弱了它潔白的光彩。

藻井最外重是垂幔紋，但繪有垂幔紋的藻井並不太多。垂幔紋轉移到了窟內四壁的上端，這是宋代窟內裝飾佈局的又一重大變化。垂幔紋多是在赭褐色或黑色地上畫以稠密的白色垂帶和花串，紋樣簡潔，排列整齊，氣韻溫和。這些取之於唐代的紋樣，此時已經過了簡化和變異，發生了質的變化，喜用菱形、方形、三角形、直條形等幾何形組構藻井邊飾。層次排列平整規矩，色調冷靜，氣韻溫和，構成了宋代藻井圖案形象的主旋律。

窟頂四坡均畫團花紋平棊，這是不同於前代窟頂裝飾的重大變化。窟門甬道頂部亦繪團花平棊。團花紋平棊有兩種，即棋格團花紋和無棋格團花紋。棋格團花紋是在每一方格內畫一團花，是盛唐帳形佛龕頂部團花紋平棊的沿襲。無棋格團花紋脫胎於棋格團花紋，是棋格團花紋平棊的簡化，在四方團花之間畫一"十"字形四葉小花，以取代十字方格。平棊上的團花紋是一種大團花，花瓣有方頭梯形、圓葉形、多裂圓葉形、扁圓雲頭形，還有少數是以茶花組成的團花紋。平棊中有單用一種團花的，也有兩種相間的。團花紋平棊圖案在窟內所佔壁面最大，整齊化一，裝飾感極強。但千篇一律，看多了不免令人感到形式單調。

佛龕裝飾。龕內頂部繪團花紋平棊，龕內正壁畫菩提寶蓋，左右畫飛天，寶蓋下畫佛背光，兩側壁畫弟子、菩薩頭光，餘壁空處畫西番蓮花卉。龕口上沿畫方格團花紋帳額，兩側邊沿有的還畫有龕柱裝飾和花卉。佛龕裝飾的佈局基本是對前代的模仿或改繪，少有新意，唯西番蓮花卉為宋代的新紋樣。西番蓮，又名西洋蓮、西洋菊，是域外傳入的花種。紋樣具有蓮荷與菊花之特徵，綻開者，瓣片呈尖葉狀；半開或包合者，瓣片圓弧有淺裂；花中均有三葉小花。雖不是圖案中的主要紋樣，但繪飾甚多，有鮮明的時代性。

注重四壁裝飾是宋代窟內裝飾總體

佈局又一重大變化，四壁上端畫垂幔紋，下邊畫壺門裝飾。四壁上端畫垂幔，雖然北朝已有先例，但紋樣不同，用意也不同。北朝人視一窟為無量之淨土，窟內壁畫分佈有天地之分，內外之別。宋人視一窟為一堂一室，佛龕、窟門甬道、四壁上端繪飾垂幔，四壁下邊繪壺門裝飾，都表現出世俗生活化的傾向。

宋代晚期，回鶻勢力興起，窟內裝飾紋樣受到高昌回鶻佛教藝術影響，圖案中出現了幾種新紋樣。如藻井邊飾中的如同"剔刻法"而成的捲雲單線波狀連續紋，四壁上的波狀纏枝單葉連續紋，佛背光中的三珠火燄紋，藻井垂幔紋，都與新疆吐魯番伯孜克里克石窟、吉木薩爾破城子佛寺遺址高昌回鶻壁畫中的裝飾紋樣相同。

窟頂平棊團花紋也有微妙的變化，出現了兩種新花形。一種是四葉形團花，即由四片圓葉組成一個團花，這是唐代圓葉紋在此時一種新的組合紋樣。另一種是尖瓣葉片團花，這是前述那種方頭梯形瓣片團花的變異。這些變化無疑也受到高昌回鶻佛教藝術的啟迪。

對這些有回鶻佛教藝術影響的石窟壁畫，有研究者認為，在沙州曹氏政權滅亡以後，繼續有一個歷時三十餘年的"沙州回鶻汗國"，應屬回鶻時期。也有研究者認為，西夏佔據瓜、沙二州之後，"沙州回鶻"處在遠離沙州城的邊遠地方，只是西夏管轄下的"羈縻"部落，並未建立政權。這裏還應當注意的是，早在9世紀已有回鶻人遷入沙州，並參加了張議潮對吐蕃的戰爭，五代曹氏與回鶻聯姻，漢人與回鶻交往甚為密切，高昌回鶻佛教藝術也曾受到敦煌佛教藝術的影響。曹氏政權衰落，回鶻勢力興起，敦煌佛教藝術又受到高昌回鶻佛教藝術的影響，模仿高昌回鶻佛教壁畫中一些紋樣也是正常的。不論是否有過"沙州回鶻汗國"，石窟中的以團龍藻井為代表的裝飾圖案，基本格調仍屬沙州曹氏時期的傳統，這一點並未改變。

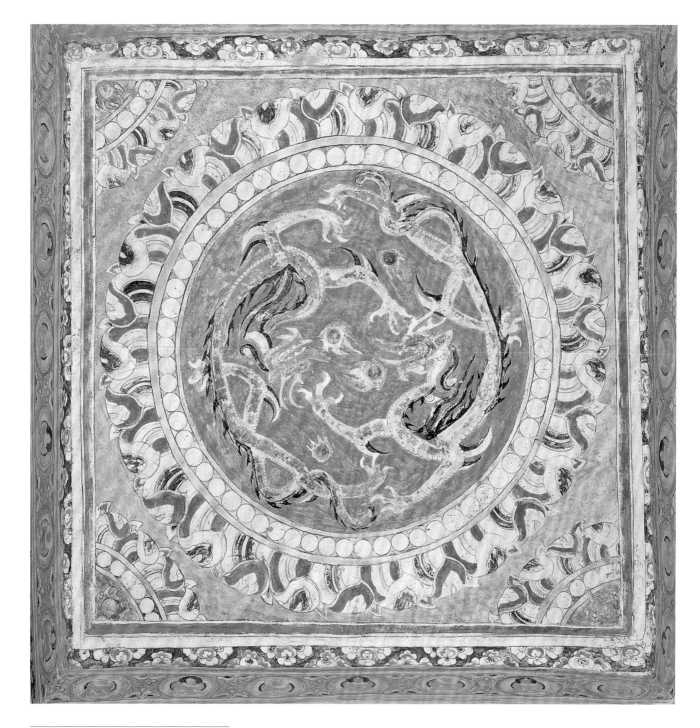

### 191 雙龍捲瓣蓮花紋藻井

藻井中心方井內繪雙龍戲珠，外環白珠
紋和捲瓣蓮花，蓮花花心特大，突出雙
龍形象。方井四周繪邊飾與五代藻井無
異。此窟為沙州統治者曹氏家族功德
窟。

宋 莫55 窟頂

### 192 團龍捲瓣蓮花紋藻井

藻井中心方井寬大，凸起二重，捲瓣蓮花中浮塑貼金團龍。邊飾層次少，色調清淡。這是宋代團龍蓮花的一種新樣式。

宋 莫25 窟頂

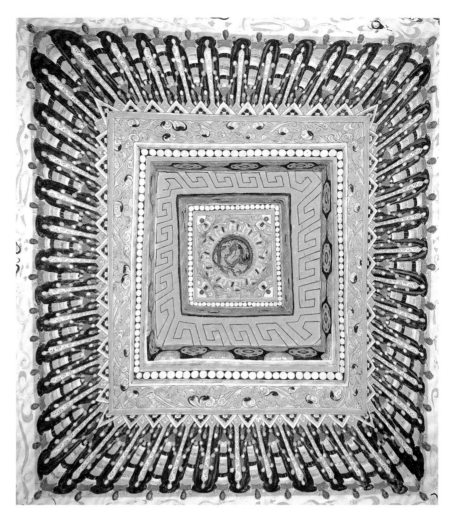

### 193 團龍捲瓣蓮花紋藻井

藻井中繪捲瓣大蓮花，蓮花中心為團龍戲珠。方井外繪勾雲紋、迴紋、捲草紋，垂幔外有飛天環繞。

宋 莫202 窟頂

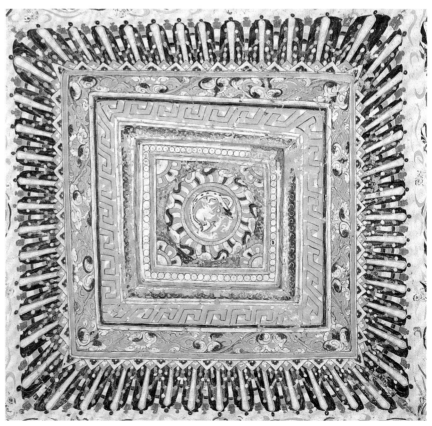

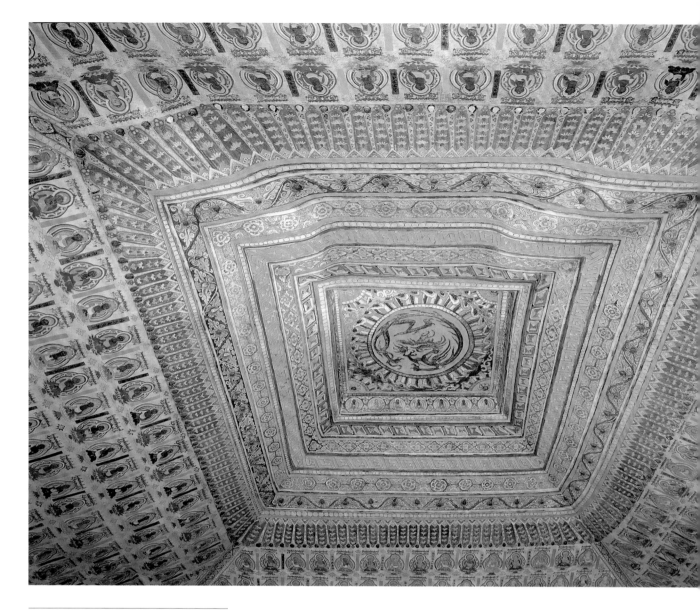

## 194 團龍捲瓣蓮花藻井

藻井中心蓮花畫得特別大，花中有浮塑
貼金團龍戲珠。方井四周邊飾層多，有
小坐佛像、白珠紋、方勝紋、菱形四葉
紋、迴紋、團花紋、纏枝三角花葉紋和
垂幔。這是宋代藻井中的另一樣式。

宋 莫76 窟頂

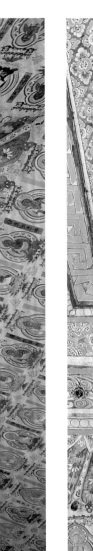

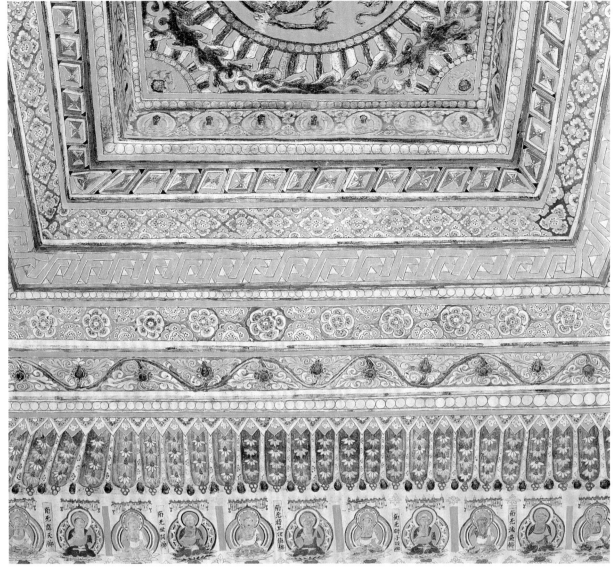

## 195 藻井中的邊飾

邊飾層中的菱形四葉紋、纏枝三角花葉紋是藻井裝飾中未有過的新紋樣。垂幔紋飾簡潔，持續百餘年的繁縟的彩幡鈴璫紋飾為新的簡單的花串紋所代替。邊飾層呈現着直線、規矩、呆板的特徵。

宋 莫76 窟頂

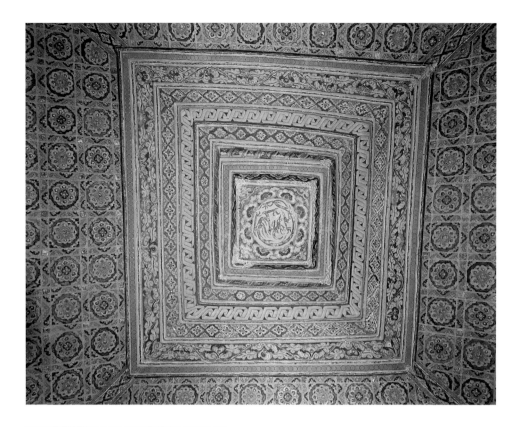

### 196 團龍團花紋藻井

藻井中心以八片多裂圓葉組成花環式團
花，花中浮塑貼金團龍。方井四角畫雲
紋，代替了唐代以來畫蓮花的老樣式。
四周邊飾以纏枝三角花葉紋、菱形四葉
紋、迴紋、團花為主，無垂幔。四坡畫
團花紋平棊。與第76窟為同一類型。

宋 莫368 窟頂

### 197 藻井中的邊飾

中心方井已毀，邊飾存有方勝紋、團花
紋、白珠紋、迴紋、菱形四葉紋、纏枝
三角花葉紋，無垂幔。四坡繪棋格團花
紋。這是宋代中期窟頂藻井裝飾的基本
格式。

宋 榆26 窟頂

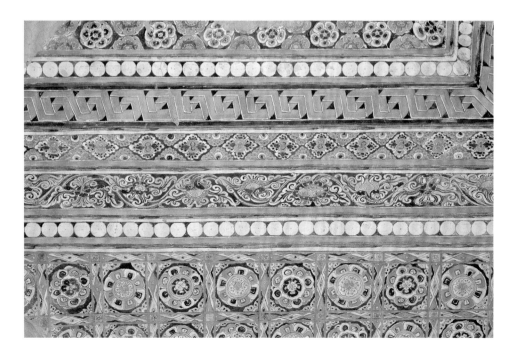

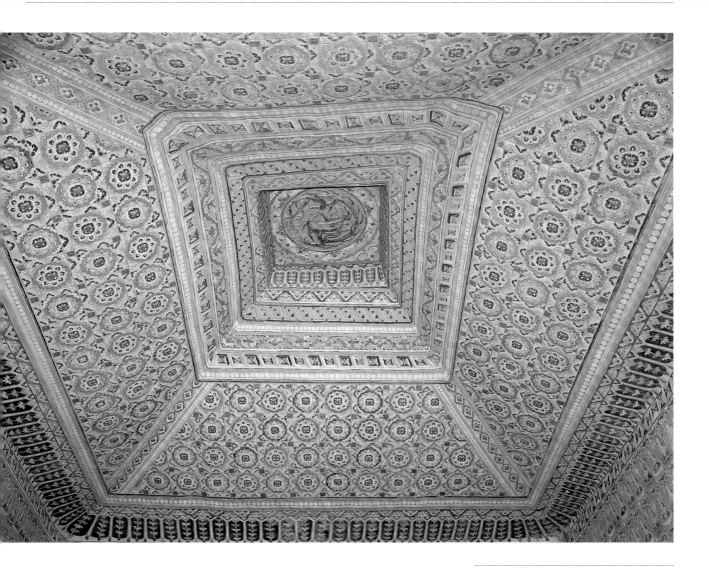

**198　團龍團花紋藻井**

藻井的團花以捲雲圓葉組成，花中浮塑
貼金團龍，團花特別大，四角畫雲紋。
四周邊飾紋樣已程式化。紋樣顏色中多
有敷金，是此類藻井又一特色。

宋　莫35　窟頂

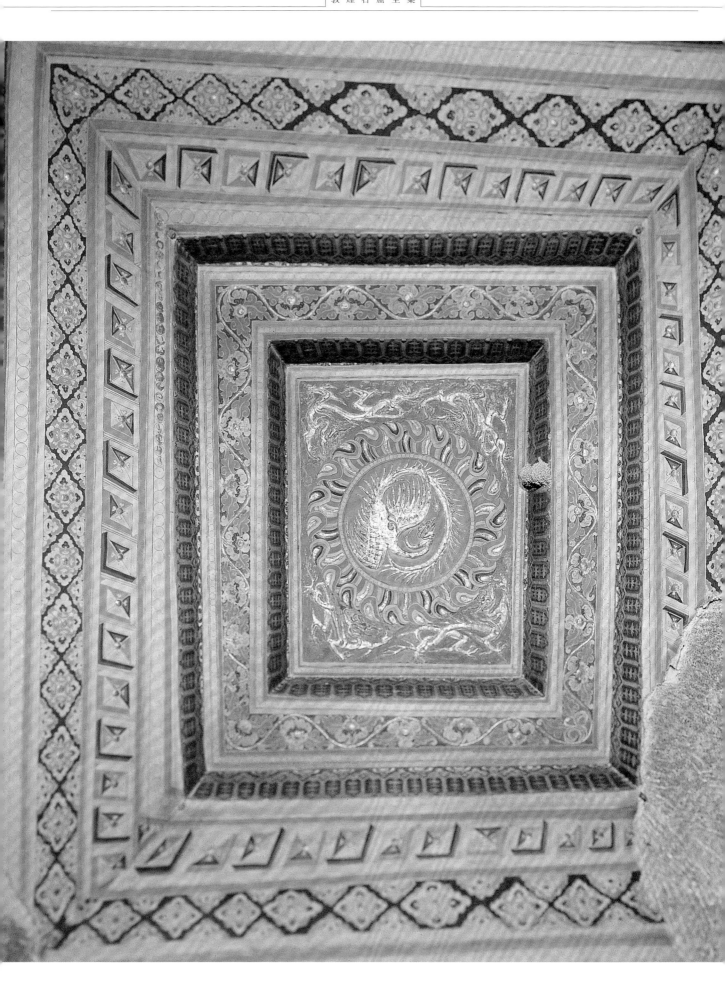

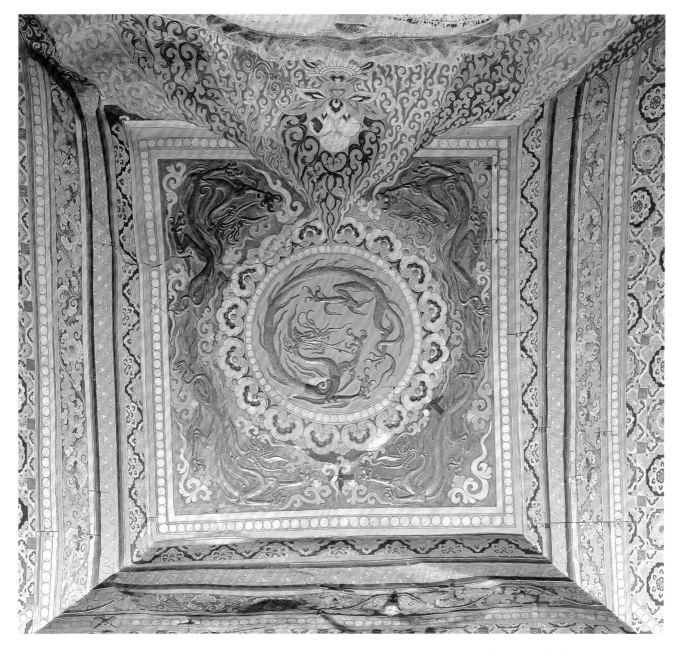

**200 五龍團花紋藻井**

藻井中心方井寬大，平頂，畫捲雲圓葉
大團花，花中浮塑金團龍，花外浮塑四
條金龍奔騰飛躍，形成對稱佈局。邊飾
層少，無垂幔。這是團龍紋藻井的又一
種樣式。

宋 莫130 窟頂

**199 團鳳蓮花四龍紋藻井**

藻井中心方井內為紅地，畫捲瓣蓮花，
花中為綠地，浮塑金色展翅飛翔的鳳
鳥。蓮花外浮塑四金龍環繞。紅地，綠
蓮，金色的團鳳、飛龍，色彩富麗堂
皇，形式新穎。

宋 莫16 窟頂

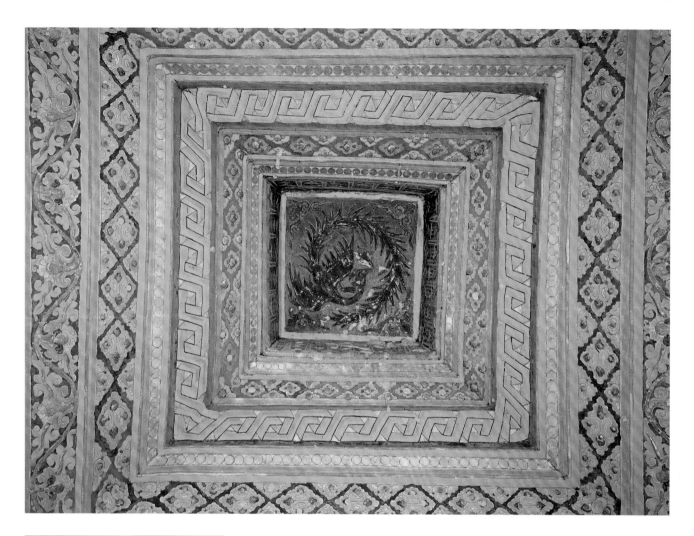

## 201 團鳳紋藻井

藻井中心方井內浮塑金色鳳鳥，鳳鳥展
翅盤旋飛翔狀，長長的尾羽環繞成團
形，四角塑雲紋。這是一頂無蓮花紋的
藻井，新穎獨特。方井地色原為天青
色，後變為灰色。

宋 莫367 窟頂

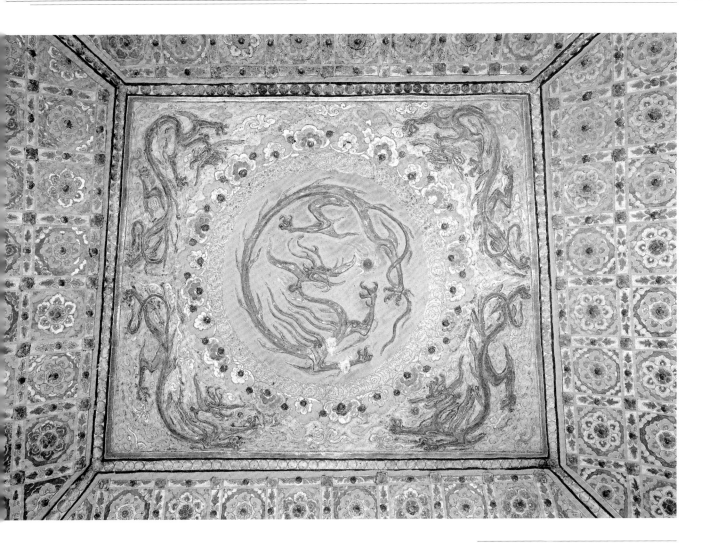

**202 五龍團花紋藻井**

藻井中心大團花以捲雲圓葉為花瓣，內
中環繞一周雲紋，中心浮塑金龍戲珠。
團花外周四角亦各有一金龍。五龍代表
天體中央與四方，團花在這裏已退居次
要地位，成為龍的陪襯。

宋 莫235 窟頂

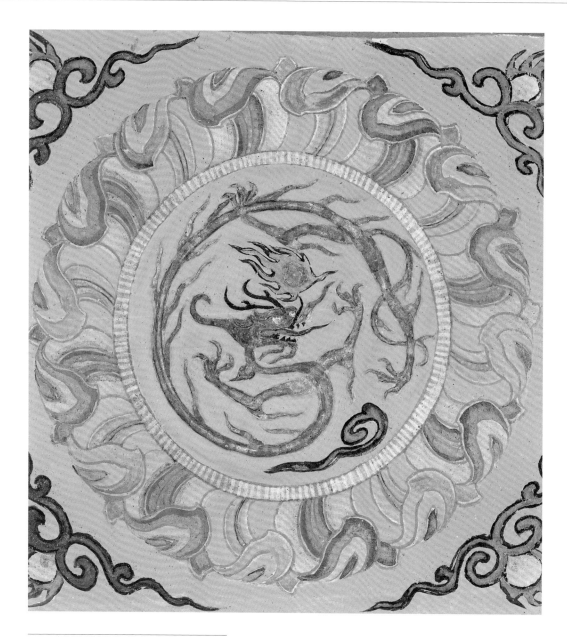

### 203 團龍捲瓣蓮花紋藻井

藻井中心方井內繪團龍戲珠紋，龍體修
長，外環捲瓣蓮花，四角有祥雲托火燄
寶珠。

宋 莫29 窟頂

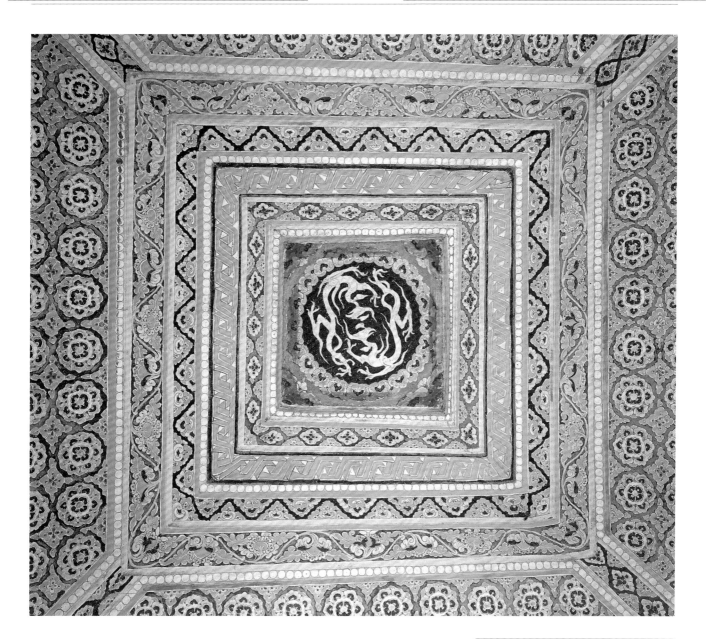

**204 鳳頭雙龍團花紋藻井**

藻井中心的團花已變為一個花環，花環
中的雙龍為鳳頭龍身，紋樣奇異，敦煌
石窟僅此一例。

宋 莫400 窟頂

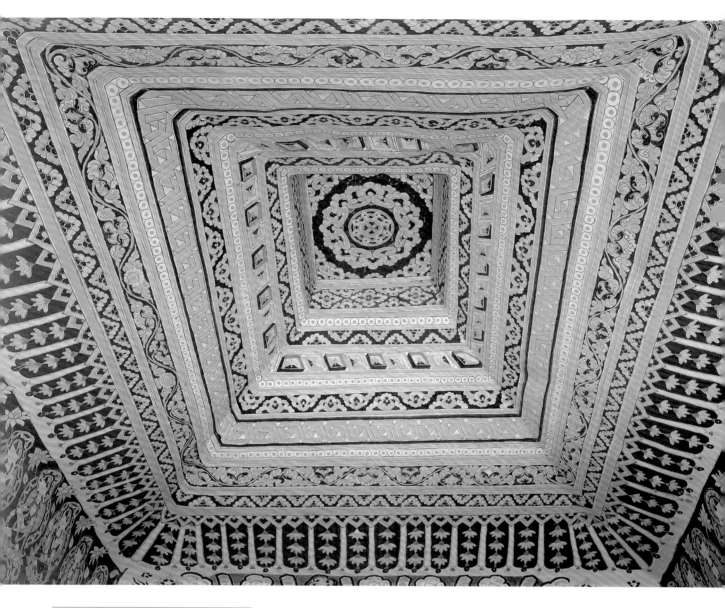

## 205 團花紋藻井

藻井紋樣滿佈窟頂四坡，中心方井內團
花以捲雲與圓葉紋組成一個花環，花環
內又繪一八角小團花。方井外邊飾層次
多至十道，垂幔完整無缺。當時可能由
於顏料缺乏，因此使用了較多的黑色與
淺淡的青、綠色，以土紅色勾線，形成
清冷的色調。這是宋代中晚期藻井色彩
形象的典型作品。

宋 莫378 窟頂

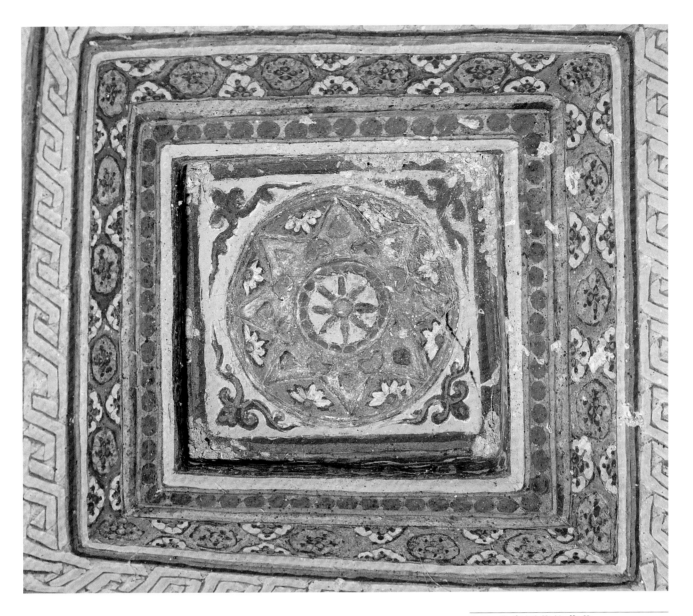

**206 八角團花紋藻井**

藻井中心團花為八角形，八角形的內外
空間均畫葉紋，花心略呈法輪形。整體
花形已失去原來具有的蓮花含意，成為
非傳統意義上的佛教裝飾紋樣。

宋　莫81　窟頂

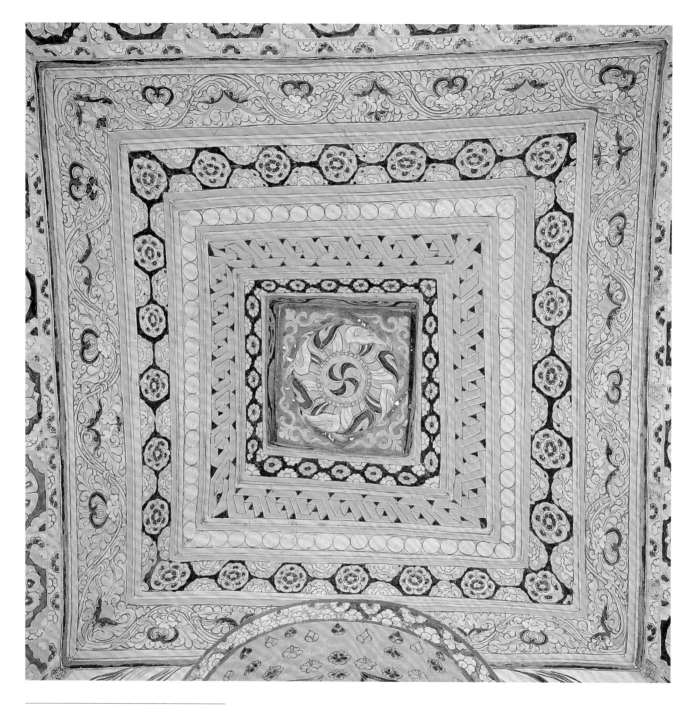

### 207 捲瓣蓮花紋藻井

藻井的蓮花形象簡潔，蓮瓣用深淺兩色
交錯塗飾，花心為反向葉片形，整體在
視覺上呈現旋轉的動態。

宋 莫27 窟頂

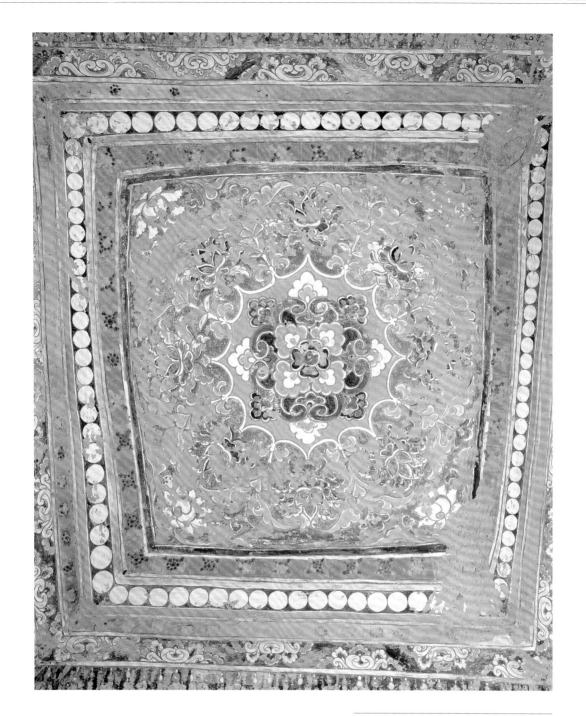

## 208　西番蓮團花紋藻井

藻井殘損嚴重，中心方井內的蓮花由捲
雲與圓葉組成方形，顏色以綠、黑褐、
白三色交錯塗飾。外環紫青色八朵西番
蓮花，以莖枝串聯。四角畫白色荷花。

宋　榆14　窟頂

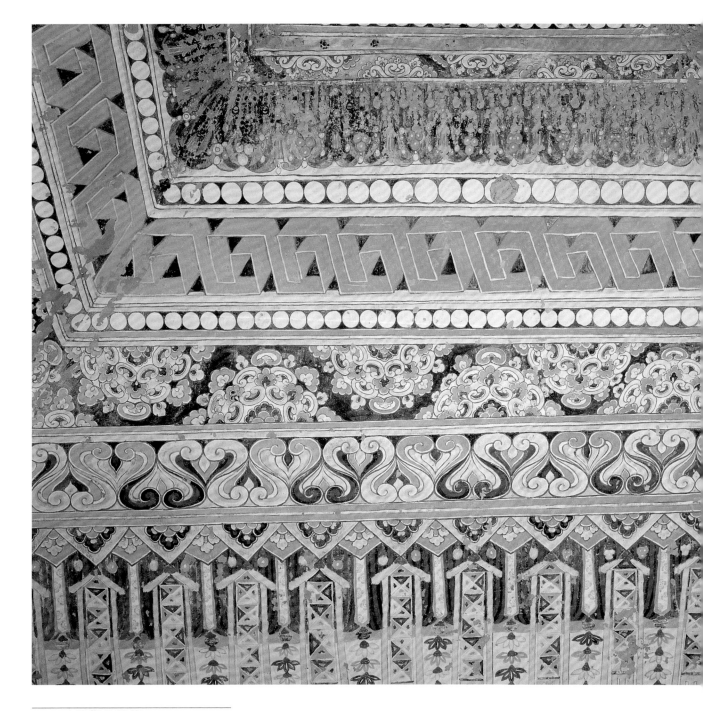

### 209 二重藻井邊飾

此圖是前圖的延續，可以看出藻井為二
重。內層方井四周的邊飾層、垂幔描繪
俱全。外重加繪邊飾及垂幔，邊飾中的
迴紋、半團花、折帶紋、垂幔幡帶都是
五代以來的舊紋樣，只是在紋樣組合、
塗色上動用了化整為零的方法，使之與
傳統的程式化了的形象略有差別。

宋 榆14 窟頂

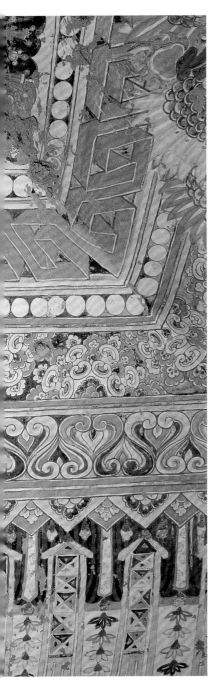

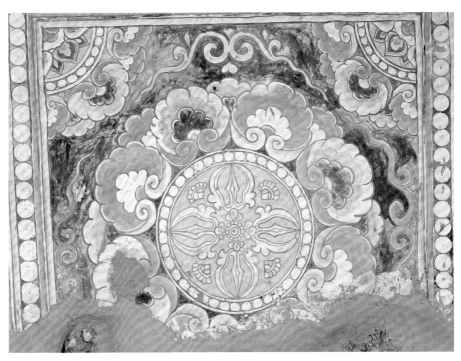

### 210 交杵團花紋藻井

藻井紋飾大部分已損毀，僅存中心方井
紋樣。捲雲圓葉團花中繪十字金剛杵
紋，紋樣特別。

宋 榆21 窟頂

### 211 團龍紋藻井

藻井中心繪團龍戲珠紋，環周無蓮花，
龍體繪製精細，畫有鱗甲，雙角生於眉
弓上，為三叉形，前爪握火燄寶珠，與
此前藻井中的團龍形象略有差別。方井
外圍裝飾極其簡單，只畫白珠紋和平頭
蓮瓣紋一周。

宋 莫310 窟頂

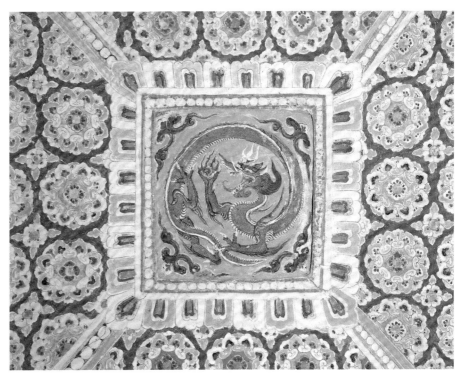

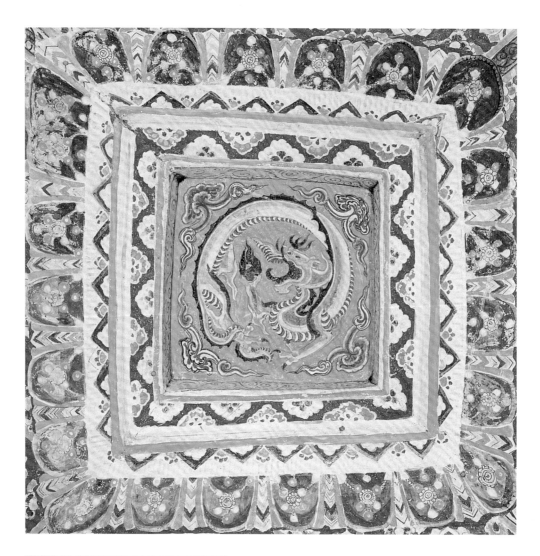

## 212 團龍紋藻井

方井內畫團龍戲珠，環周無蓮花，四角
畫雲紋。邊飾紋樣簡潔，藻井外圍四坡
畫團花。方井凸起立面與四坡之間畫捲
雲形纏枝葉紋邊飾，邊飾白地，以土紅
色作剔填法勾線。邊飾紋樣以及垂幔均
與吐魯番高昌回鶻佛寺裝飾紋樣相似。

宋 莫207 窟頂

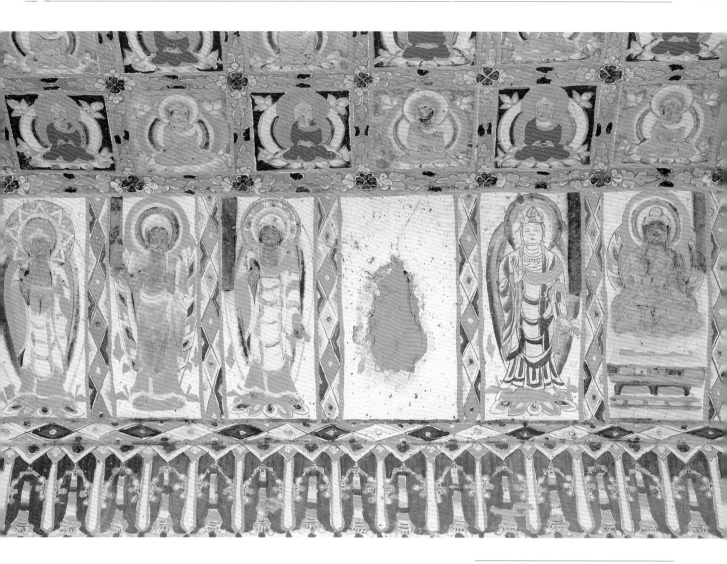

### 213　坐佛平棊

佛龕頂部平棊方格內全畫小坐佛，斜坡
面畫立佛瑞像，下接壁面畫垂幔。平棊
畫小坐佛像，在敦煌石窟僅此一例。

宋　莫449　西龕內

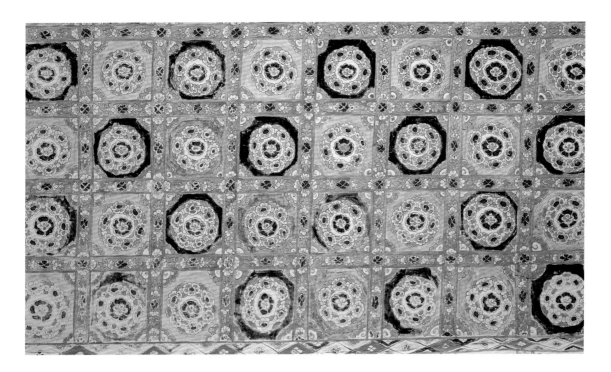

### 214 團花紋平棊

平棊中的團花以茶花組成，花形、顏色相
同，方格內以不同地色襯映團花，求其
變化。整體上還保留着唐及五代的遺
風。

宋 莫25 龕頂

### 215 團花紋平棊

團花花瓣一種為圓葉形，一種為方片
形。花形簡化，土紅線，綠色紋，褐色
襯地是宋代中期團花平棊的基本格調。

宋 榆26 窟頂

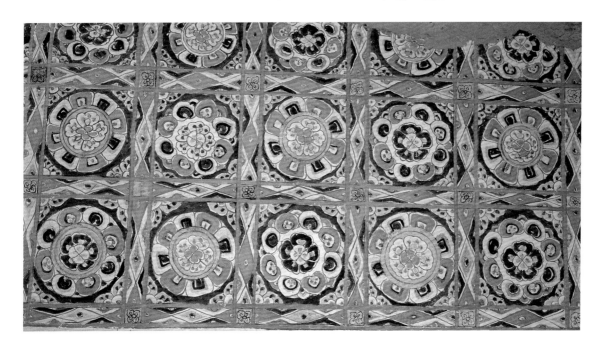

### 216 團花紋平棊

平棊無棋格構架，四周垂幔也畫得極簡
單，是宋代團花紋平棊行將解體的變化現
象。

宋 莫263 龕頂

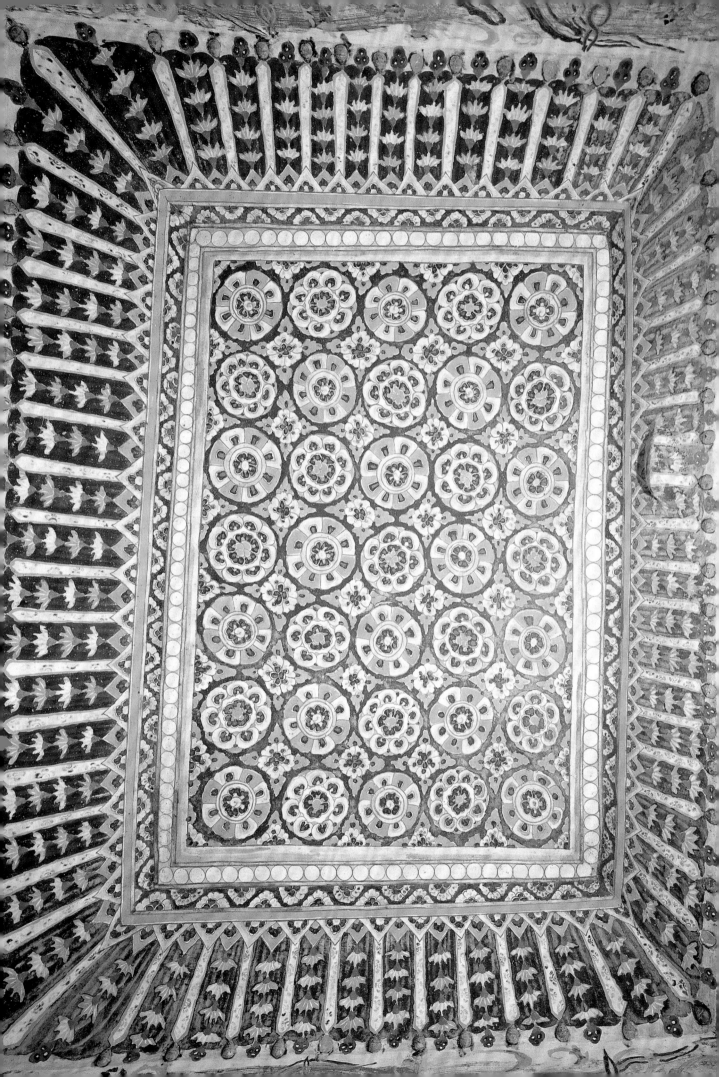

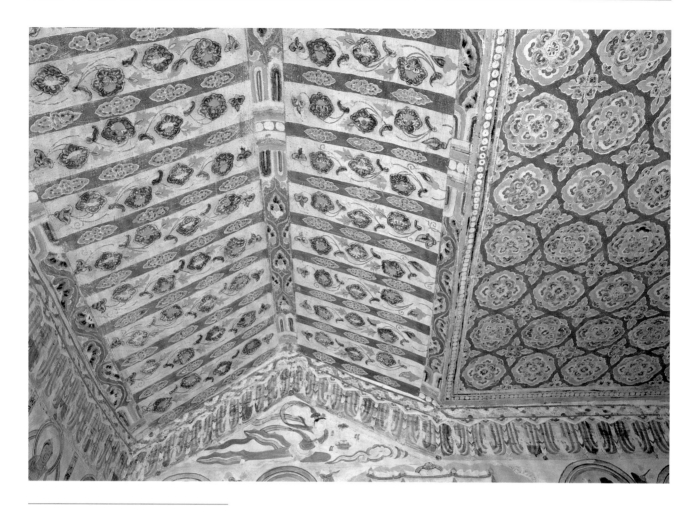

### 217 平棊與椽間裝飾

椽間裝飾是在早期人字坡形窟頂上繪製
的,中部橫條邊飾是脊枋,上畫一開一
合纏枝蓮花紋,枋腰間分段畫蓮瓣紋束
腰。兩坡畫條椽,椽間畫纏枝蓮花。其
後接團花紋平棊。

宋 莫309 窟頂

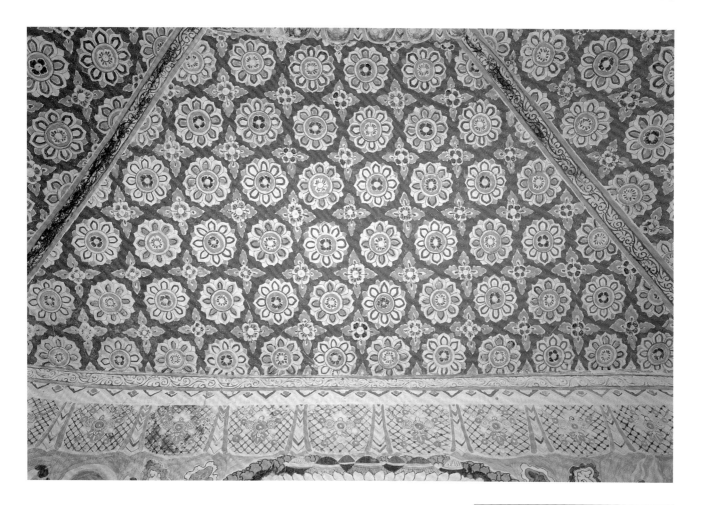

**218　團花紋窟頂坡面**

在藻井四周的坡面上繪團花紋，團花為
蓮花瓣片，瓣端稍尖，着色部位也隨之
變化。團花之間畫四葉小花，無棋格。
紋樣略有新意。

宋　莫207　窟頂

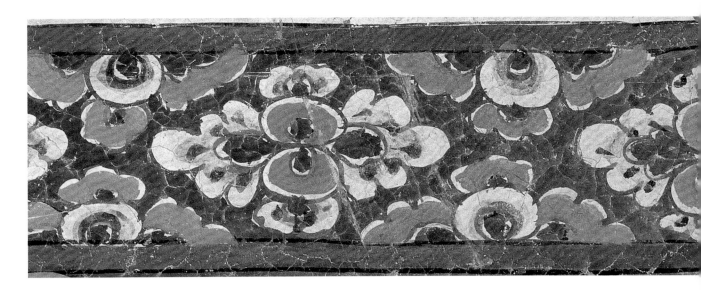

### 219 菱形四葉紋邊飾

邊飾的單元花形為四葉，外沿成菱形。
以土紅線成形，白葉綠芯，或綠葉白
芯，白中點以淡黃。一整二半連續，襯
以紅地。是宋代晚期流行的邊飾紋樣。

宋 榆26

### 220 菱形四葉紋邊飾

菱形四葉紋邊飾兩側繪立體方塊紋，方
塊立面繪有四菱葉、冰裂紋。是宋代中
期紋樣組合中特有的樣式。

宋 榆17

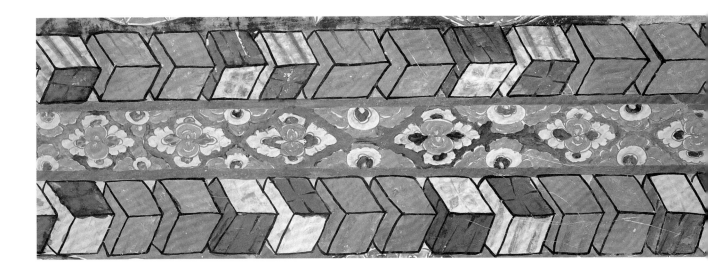

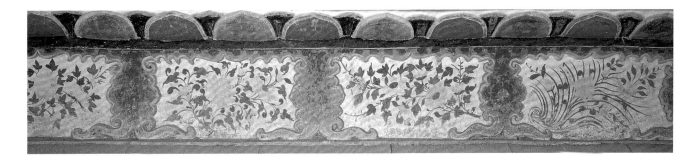

## 221 折枝花卉之一

佛牀壼門內畫折技花卉，葉片均以青綠
畫成，葉形多是三裂片形，葉端甚尖。
花形均以淡赭色點畫，無勾勒，如同
"沒骨法"。其法屬花卉畫譜系，但也
具有較多的裝飾性。宋代石窟內佛牀、
壇台、四壁下部的壼門裝飾，多畫火燄
寶珠紋，而此窟塑像下的壼門內全畫折
枝花卉，是少見的新紋樣。

宋 莫365

## 222 折枝花卉之二

佛牀壼門內所畫花形似牡丹、菊花。牡
丹花頭碩大，千葉起樓；菊花花瓣細
長，花莖蜿蜒，花葉點綴其間。

宋 莫365

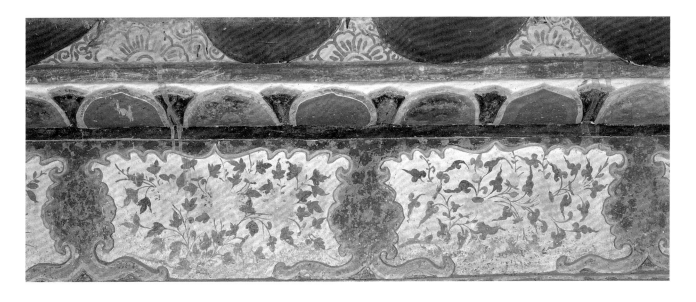

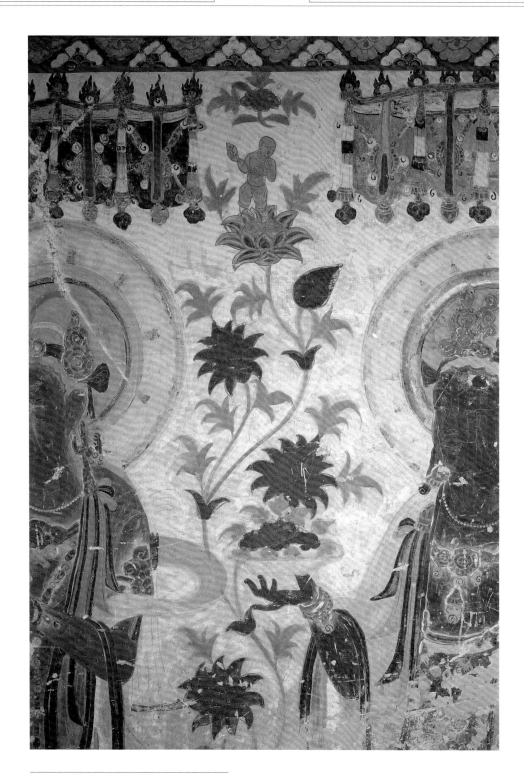

### 223 纏枝西番蓮紋樣

在供養菩薩之間畫纏枝西番蓮，上端蓮
花有一童子，手持蓮蕾俯視，即蓮花化
生童子。纏枝花卉的繪製方法極富裝飾
性。

宋 莫16 甬道側壁

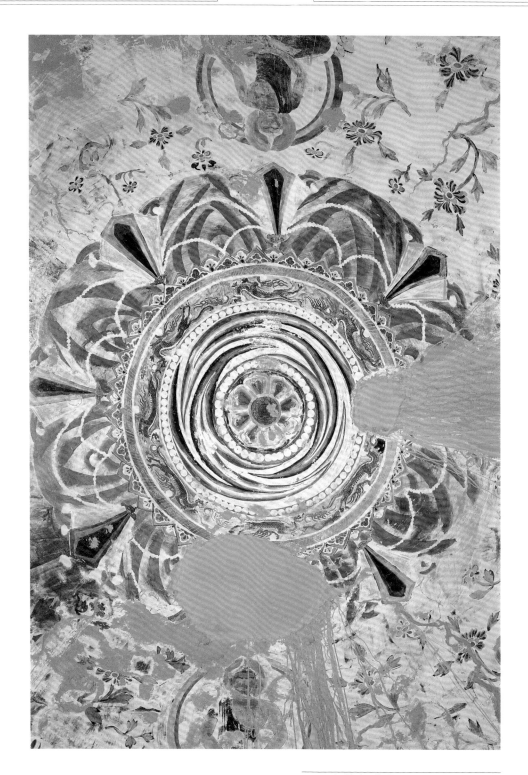

### 224 七龍紋華蓋

華蓋畫於塔內穹隆頂上，中心畫一小蓮
花，環繞蓮花畫銳角形多層色彩疊暈雲
氣紋，視覺上形成旋動不已，直衝太空
的強力動感。七條火龍環繞蓮花雲氣飛
騰，最外是寬大的垂幔。華蓋設計與塔
形建築非常協調。

宋 第5號塔 塔內頂部

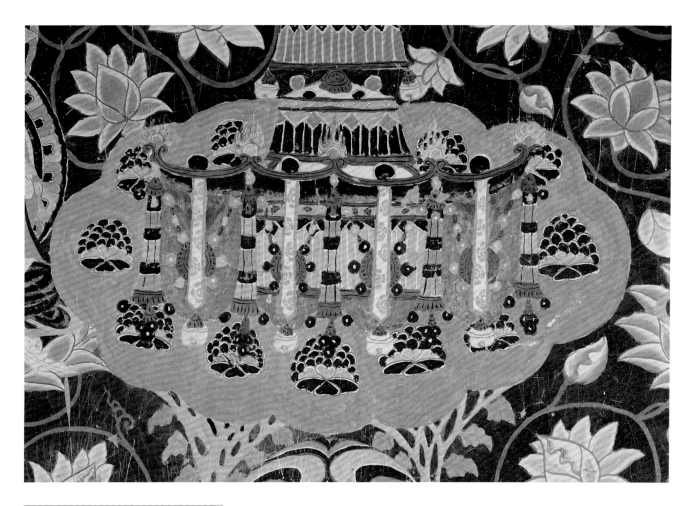

## 225 雙樹華蓋

華蓋為側視八角形，每角上有火燄寶
珠，下有垂幔。後方襯綠色菩提樹，松
果形花飾是樹冠上曼陀羅花。菩提樹周
圍畫西番蓮花。紋飾襯以黑地，裝飾感
極強。

宋 榆17

## 第三節　　西夏圖案

公元1036年，西夏佔據瓜、沙二州，置瓜州監軍司，是瓜、沙地方的軍事政治中心。西夏建造的石窟不多，都是在晚期，以榆林窟為代表。

在以往的研究中，一大批本屬於宋代曹氏時期傳統圖案的石窟，被定為西夏早中期繪製，其實並無明確文字紀年，也沒有區分出有別於宋代的藝術特徵。現在看來，是需要重新審視的。這些石窟圖案與西夏圖案是兩個完全不同的系列，兩者沒有上下承襲關係，也不是交錯並存的，而是相隔着一個很長的時間差。

從敦煌藝術發展史來看，每當改朝換代，或瓜、沙二州統治者易人，如果他們信奉佛教，修建了石窟寺院，都會為敦煌藝術帶來中原的或是西域的新內容，出現新紋樣、新風格的變化，即便是回鶻短暫的一時得勢也是如此。而雄據西北的西夏國，在統治瓜、沙的前半期，如果建造了石窟，圖案裝飾中理當出現帶有西夏時代特徵的新內容、新紋樣。但是，在這些石窟裏沒有看到任何新變化，圖案裝飾依舊是宋代的老樣式。西夏前期沒有建造石窟，可能有多種原因。西夏雖然信奉佛教，而且開國皇帝元昊也通曉佛學，但廣泛展開弘揚佛教的活動，還是在立國以後的幾十年，代表西夏佛教的皇家寺院均始建於11世紀中葉。榆林窟第15窟有西夏國慶五年（公元1073年）"阿育王寺釋門賜紫僧惠聰住持窟記"題記，從中可以看到，此時的榆林窟還沒有西夏建窟活動，惠聰師徒七人在那裏只住了四十天就離去了。第19窟有西夏乾祐二十四年（公元1193年）甘州畫師高崇德畫秘密堂記，據此推測，畫有西夏國師與瓜州監軍司、沙州監軍司諸軍事頭目供養畫像和藏密壁畫的第29窟即"秘密堂"，建造時間也在晚期了。言其藝術風格也當在此時。

區分宋與西夏圖案的時代標尺，是沙州曹氏時期傳統紋樣與新的中原紋樣和藏傳密教裝飾紋樣。那些為曹氏時期傳統紋樣的石窟圖案仍屬宋代所繪，而不是西夏。西夏文化深受中原漢文化影響，佛教深受吐蕃藏傳密教影響，因此西夏石窟圖案明顯地呈現着多種文化成分的特徵。

西夏圖案仍以藻井為代表，藻井的中心內容是藏密圖像，方井內畫壇城圖，或畫八葉蓮花九尊佛。方井四周邊飾層次繁多，滿佈窟頂四坡，有的邊飾層中畫有連續坐佛像。邊飾紋樣非常豐富，可分為幾何紋、禽獸花草紋和垂幔三大類。

幾何紋中有迴紋、龜甲紋、菱形紋，迴紋又有六種之多，這些紋樣在宋《營造法式》中都可以找到完全相同或類同的圖例。如迴紋中的"天"字、"工"

字、"香印"紋與之完全相同,都是畫工以漢字形象命名的。其實"工"字迴紋更像"王"字。"香印"亦稱"香篆",即以香編排成如同篆文形象,點燃記錄時間。畫工對這種難以名狀的迴紋,比之難以識別的篆文形象,並賦予了有吉祥含意的名稱——香印。龜甲紋有兩種,一是龜甲片中向六方伸出六條支幹,與周邊的甲片再行套聯,如此連續成邊飾,《營造法式》稱"六出龜紋"。另一種龜紋,外沿為六邊形,內為圓環狀,同一紋形,兩種顏色,上下重疊套聯,連續成邊飾,可稱為環狀龜甲紋。這些龜甲紋,色彩以綠、青色為主,配以淡赭,勾描白線,曲折方圓,變化莫測。菱形紋,組構方法與五代、宋相同,但是格內葉紋、色彩皆為新的樣式。非常清楚,藻井中的這幾種幾何紋完全是模仿建築彩繪的。

禽獸花草紋是藻井邊飾中的主紋飾,一頂藻井畫有三道或四道,有的花草邊飾中夾畫有禽獸紋。花草紋的花形可歸為兩類:一類是蓮花,另一類是牡丹。蓮花花瓣是以流暢的弧線勾成,花中有蓮蓬,花形近於寫生。它與唐代蓮花花形有明顯的承襲關係,並延續到明清。牡丹花形變化較多,可分為三種:其一,類似菊花,瓣片放射狀,花中畫一大石榴。其二,花瓣多裂捲曲狀,花中亦畫有石榴。這兩種花飾應是石榴牡丹或海石榴。其三,花形多似團狀,瓣片多裂,花中一般不繪物象,或有若似蓮花、石榴的物形,以後演變成明清時的"寶相花",即花中有吉祥寶物。這些不同的花形在組合中,有單獨一種連續,也有幾種相雜連續。在連續方法上,繪於藻井邊飾的皆以枝條串聯連續,繪於甬道頂部的,皆為滿地鋪展葉紋,《營造法式》稱之為"枝條捲成"和"鋪地捲成"。花草連續紋中,有的畫有鳳、鸚鵡、龍、獅子(狻猊)、象、馬等禽獸紋。甬道頂部牡丹紋中多畫丹鳳或雙鳳。兩宋時期,中原流行牡丹花草鳳鳥紋樣,如石榴牡丹、孔雀牡丹、穿枝牡丹、團鳳雙鳳以及蓮、梅、菊花卉,都是織物、印染、銅鏡、陶瓷、建築彩畫常見的紋樣,西夏石窟藻井畫出這些紋樣也是自然的事。而宋沙州曹氏時期傳統圖案中,卻完全看不到這些中原的新紋樣。

還有一種圓環套聯紋,亦稱聯泉紋,《營造法式》稱"球璐紋"。或左右連續成邊飾畫入藻井,或四方連續、六方連續成平棊畫在窟門甬道頂部。這種紋樣流行比較廣泛,新疆高昌回鶻壁畫,西藏古格佛寺遺址天花板上均有繪飾。

垂幔紋以布幔、五彩垂帶、珠串紋組成,有的畫雙重幔,幔上端有的畫如意雲頭紋。較之宋代垂幔紋,已增添了新的內容。繪於藻井四邊,也繪於窟內四壁上端。高昌回鶻時期石窟、佛寺，西藏古格佛寺四壁上端也畫有垂幔，只是各地所用紋樣及其組合各有差異。看來，垂幔紋樣就是當時佛教寺院殿堂普遍使用的裝飾實物。

由此可見，西夏藻井圖案明顯地模仿了宋代建築彩畫的紋樣，主要紋樣與宋《營造法式》所舉圖例也是相同的。

西夏藻井圖案除模仿漢式建築彩畫紋樣之外，在以吐蕃藏密壇城圖、八葉蓮花九尊像做中心方井內容的同時，也隨之帶來了個性鮮明的藏傳佛教裝飾圖案中的捲渦紋樣。捲渦紋也有多種，有的像行雲回捲，有的如激流漩渦，有的似植物捲葉。不論何種形象均做捲渦之狀，或連續成帶狀邊飾，或滿地鋪開裝飾於佛背屏（背光）。繪飾多用綠色，或淺色地深色紋，或深色地淺色紋，再勾墨線。亦或素地墨線勾紋。榆林窟第3窟藻井中心壇城圖外的四角即為行雲捲渦紋，東千佛洞第5窟佛背屏（背光）畫有蓮花捲渦紋，金剛座畫行雲捲渦紋。另外，與之同期的後藏拉當寺滾噶吉澤喇嘛像（卷軸畫）背屏上、寧夏青銅峽一百零八塔出土的西夏絹畫《彩繪千佛圖》主尊佛像背屏（背光）亦畫行雲捲渦紋。可見捲渦紋是當時藏密佛教藝術中一種重要的裝飾紋樣。這種捲渦紋樣來源於印度，在著名的埃羅拉石窟第16窟（蓋拉神廟）雕像的背壁（背屏）上、龕柱上，奧里薩邦的羅闍羅尼神廟龕柱上都雕刻有這類捲渦紋。約在10世紀西藏佛教後弘期，隨着那突出人體藝術造型特徵的密教圖像一並傳入。捲渦紋的勾描之法，也模仿印度雕刻樣式，在西夏圖案中是與藏密圖像密切相聯的，到元代，捲渦紋的繪飾達到了純熟的階段。

綜上所述，西夏石窟的圖案，是完全不同於沙州曹氏時期圖案的，是具有多民族、多文化元素特色的新圖案。

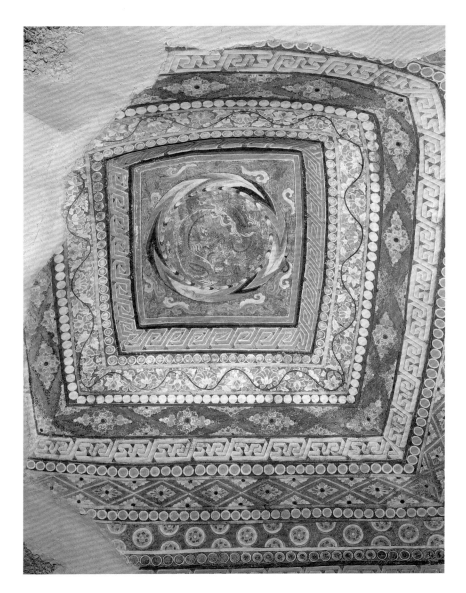

### 226 團龍紋藻井

藻井內繪團龍，體態遒勁，以朱紅塗點
鱗甲，刻畫極其細膩，外環以銳角形多
層五彩疊暈紋，形成視覺上旋動不已，
加速了團龍的騰躍感。四角有捲葉形彩
雲，無蓮花。裝飾層次組構雖承襲宋代
樣式，但紋樣，色彩均為新樣，面貌為
之一新。

西夏 榆2 窟頂

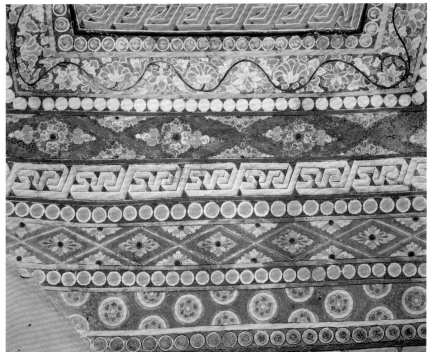

### 227 藻井中的邊飾

藻井邊飾紋樣有迴紋、纏枝花草紋、菱
格紋、菱形花葉紋、團花紋、聯珠紋，
名稱與前代相似但紋樣構成不同，形象
不同，是未有過的新紋樣。並大量使用
了深淺不同的赭紅色，使滿壁呈現出熱
烈的色調。

西夏 榆2 窟頂

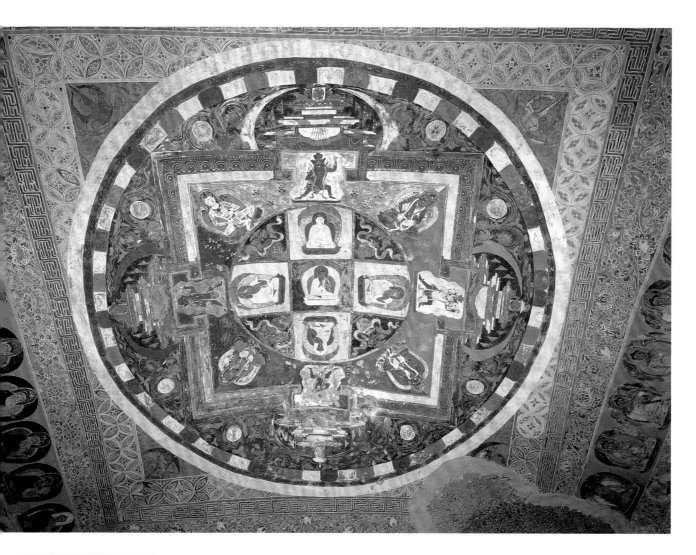

**228 壇城圖像藻井**

藻井滿佈窟頂，中心繪壇城圖，邊飾層
次多，有圓環套聯紋、迴紋、纏枝牡丹
紋、坐佛像、蓮瓣紋和垂幔。是一種全
新的藻井。

西夏 榆3 窟頂

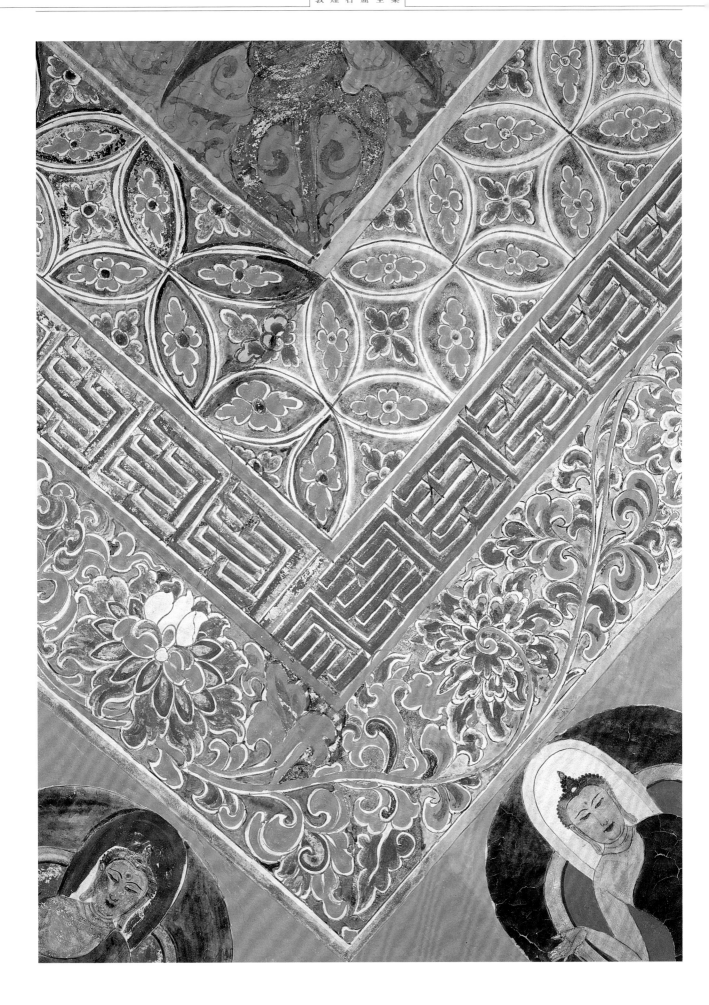

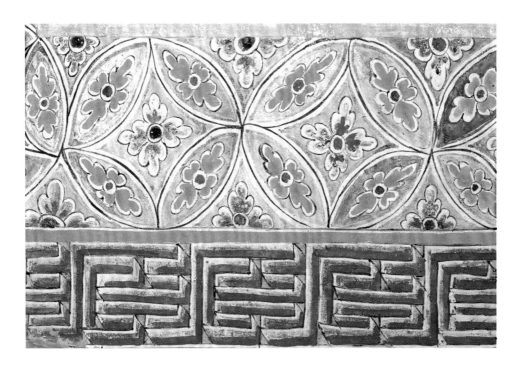

### 230 圓環套聯紋

藻井邊飾中的圓環套聯紋，圓環上下套疊，左右相聯，成二方連續邊飾，圓內成四角形，內畫四葉紋。下方是工字迴紋。

西夏 榆3 窟頂

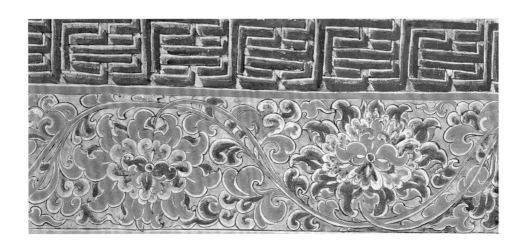

### 231 纏枝牡丹紋之一

花葉稠密多捲曲，彎弧旋轉如雲狀，纏枝呈波狀起伏如流水。從中可以看到捲草紋的遺痕與新的發展。

西夏 榆3 窟頂

### 229 藻井中的邊飾

藻井邊飾紋樣自上而下依次是：壇城圖外四角的金剛杵紋與行雲渦紋、圓環套聯紋、工字迴紋、纏枝牡丹紋。

西夏 榆3 窟頂

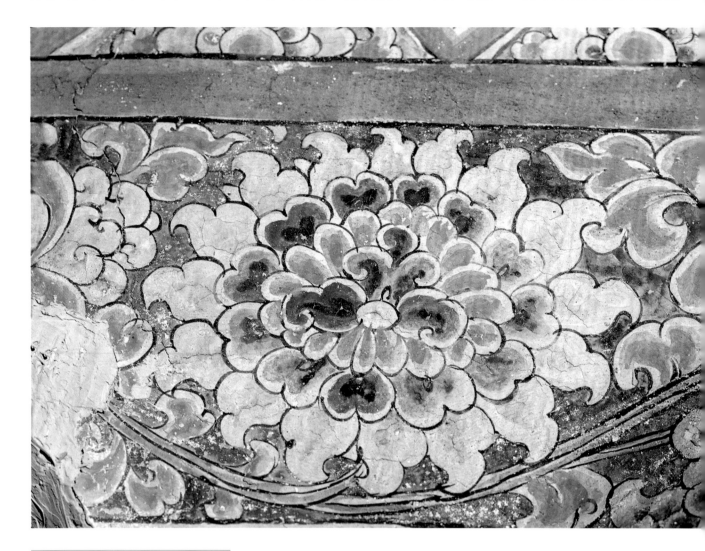

### 232 纏枝牡丹紋之二

花葉外重肥、短、尖，排列似蓮花，內
重花瓣為多裂圓葉，此為牡丹花紋樣之
一種。

西夏 榆3 窟頂

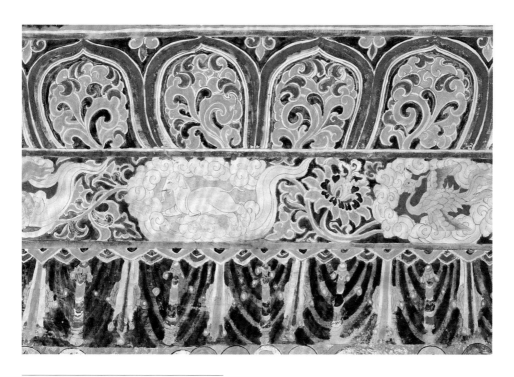

### 233 禽獸牡丹紋之一

邊飾由纏枝石榴牡丹紋間以雲朵白象、
鳳鳥，邊飾上方是捲葉蓮瓣紋，下方是
垂幔紋。

西夏　榆3　窟頂

### 234 禽獸牡丹紋之二

邊飾主紋飾為纏枝牡丹紋，花中亦畫蓮
荷紋。在飄蕩的白雲中有一匹天馬奔馳
而來，頭有肉角，肩生火燄，偶蹄，是
為瑞獸。上部是六出龜紋。

西夏　榆3　窟頂

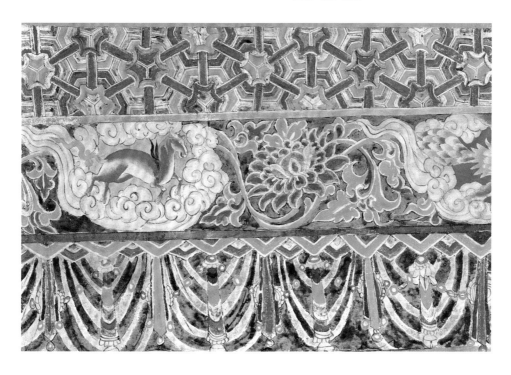

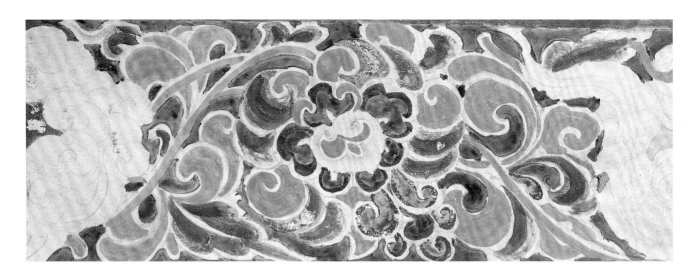

## 235 禽獸牡丹紋之三

繪有禽獸的白雲之間,繪纏枝牡丹紋,
形態多有變化,外重花瓣為捲葉形,內
為茶花、蓮花或石榴,不拘一格,生動
活潑。

西夏 榆3 窟頂

## 236 藻井中的邊飾

藻井邊飾自上而下為蓮荷紋、聯珠紋、
環狀龜甲套聯紋、工字迴紋、聯珠紋、
牡丹紋、方菱圓環套聯紋、聯珠紋、香
印迴紋。除聯珠紋外,均為新紋樣。三
道聯珠紋起着界線與調節的作用。

西夏 榆10 窟頂

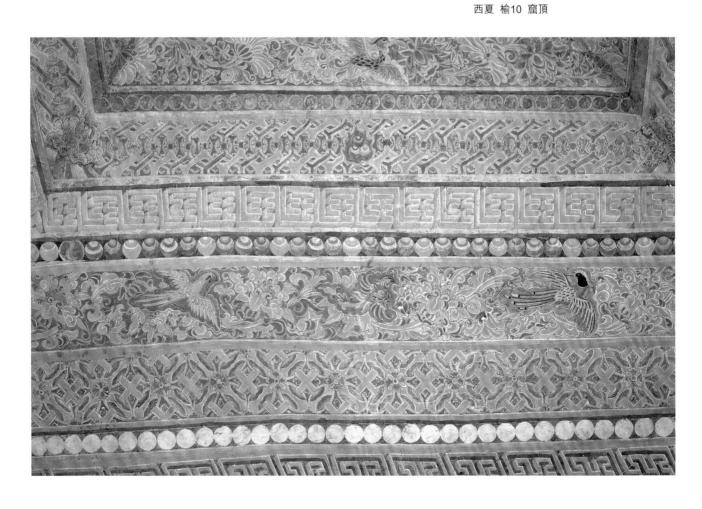

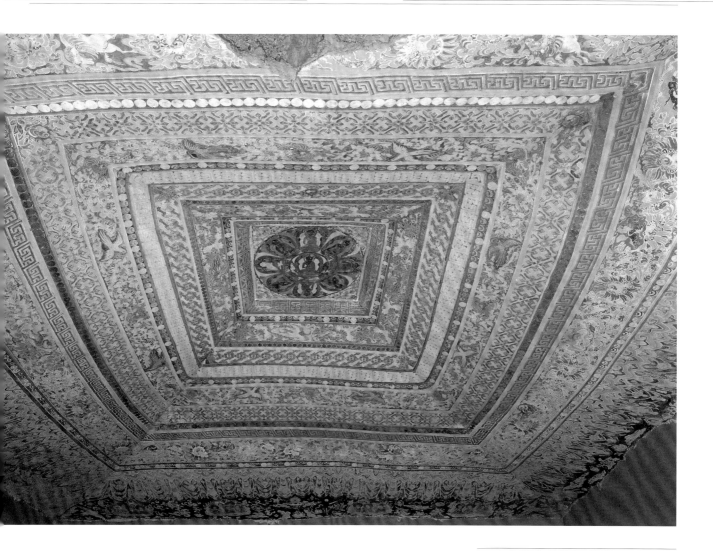

### 237　八葉九佛圖像藻井

藻井滿佈窟頂，中心方井畫八葉九尊佛像，邊飾層次多，有牡丹紋、蓮荷紋、多種幾何紋。青綠為紋，赭紅襯地，非常華麗。

西夏　榆10　窟頂

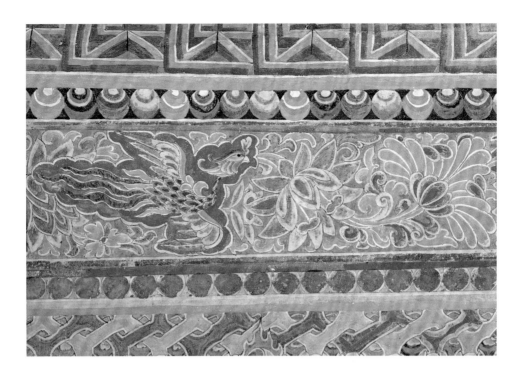

### 238 鸞鳳蓮荷紋之一

邊飾為淡紫色地，展翅飛翔的鳳鳥以青
色襯地，三條尾羽隨風飄動。蓮荷以
青、綠相間，花中點染朱紅，紋樣均加
勾白線，形成調和對比熱烈色調。上邊
一條是天字迴紋，下邊一條是圓環龜甲
套聯紋。

西夏　榆10　窟頂

### 239 鸞鳳蓮荷紋之二

在蓮荷紋邊飾中，相間繪青鸞，圓首細
頸，後拖捲草式尾羽。青鸞以石綠為
地，形象鮮明。青鸞為傳說中神鳥。鸞
鳳紋亦稱鳳凰紋。

西夏　榆10　窟頂

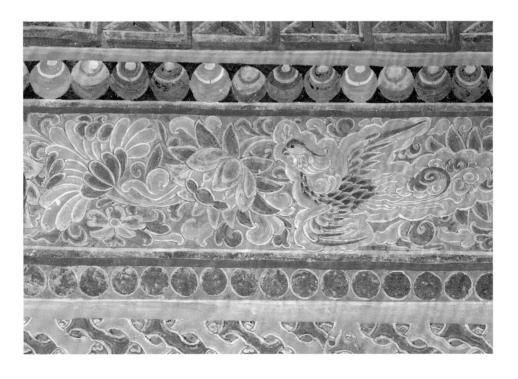

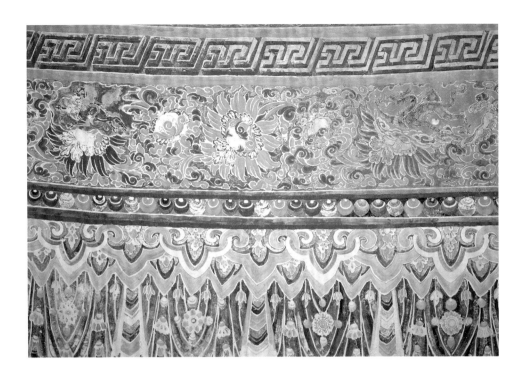

### 240 瑞獸石榴牡丹紋

藻井邊飾中繪纏枝石榴牡丹紋，相間繪
奔獅、行龍。下方是垂幔紋，垂幔上半
畫雙重捲雲勾聯紋，下半畫密集的垂幔
褶紋線，使垂幔有一種華貴織物的質
感。

西夏 榆10 窟頂

### 241 石榴牡丹紋

藻井邊飾中繪纏枝石榴牡丹紋，其花形
有二種，似菊形者內中畫石榴紋，花瓣
為捲葉狀者內中畫蓮實。兩種相間排
列，形象自由變化。

西夏 榆10 窟頂

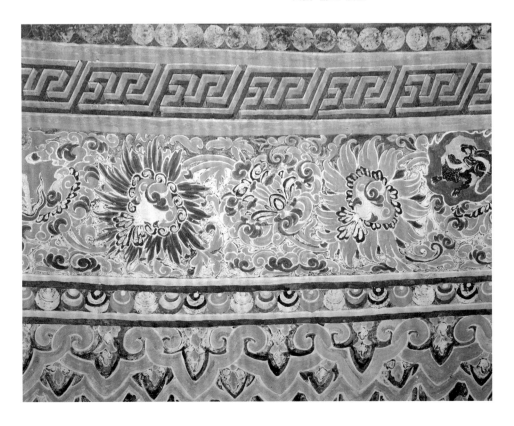

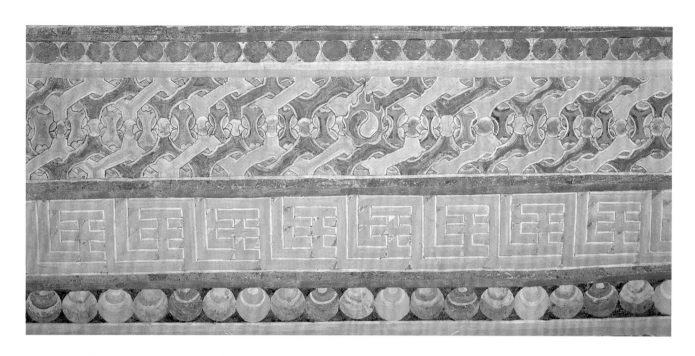

**242　幾何紋邊飾**

藻井邊飾中，自上為聯珠紋、圓環龜甲
套聯紋、工字迴紋。

西夏　榆10　窟頂

**243　圓環套聯紋與垂幔紋**

甬道頂中部畫圓環套聯紋，兩側斜坡面
畫垂幔紋。垂幔紋與同期藻井垂幔相
同。

西夏　莫61　甬道頂

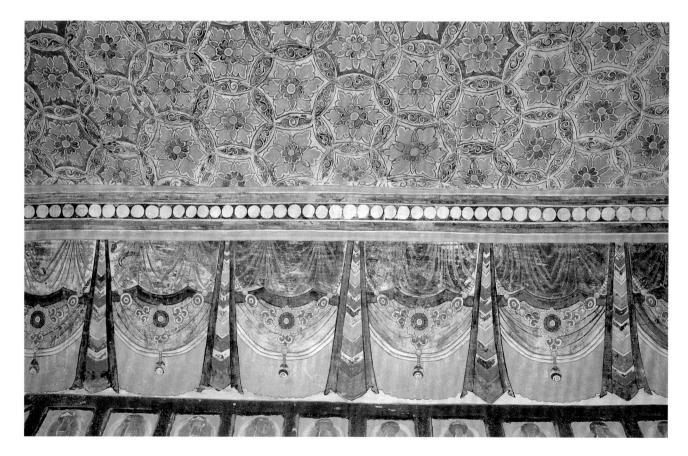

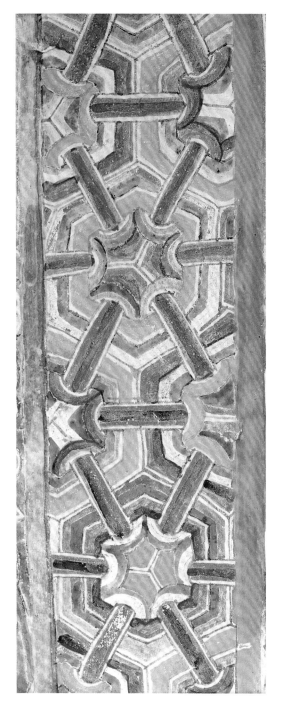

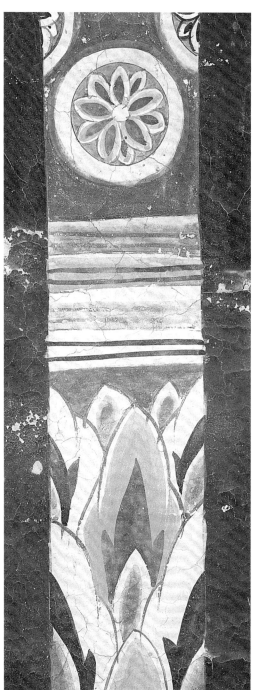

**244　六出龜紋**

六出龜紋，其紋樣之名出自宋代《營造
法式》，屬於幾何紋樣。

西夏　榆3　窟頂

**245　團花旗角紋邊飾**

邊飾畫於窟壁兩鋪經變之間，示意壁
柱。上端與窟頂藻井垂幔相接，中部畫
束腰帶把邊飾分為上下兩段，上段是菊
花形團花，下段是長葉形魚鱗旗角紋，
均為新紋樣。

西夏　榆2

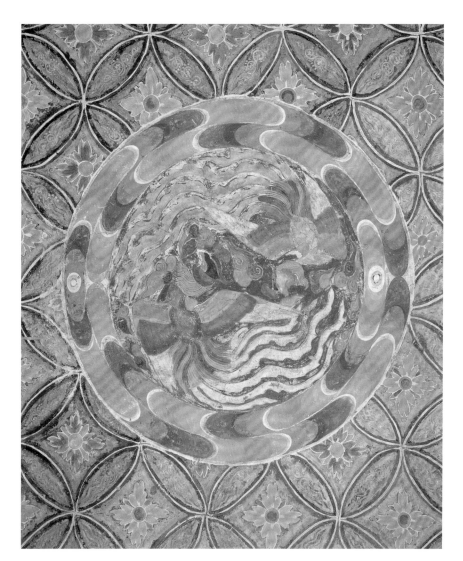

**246 雙鳳圓環套聯紋**

中心圓環內畫展翅盤旋飛翔雙鳳，四周
畫圓環套聯紋。是西夏甬道頂裝飾流行
的紋樣。

西夏 榆10 甬道頂

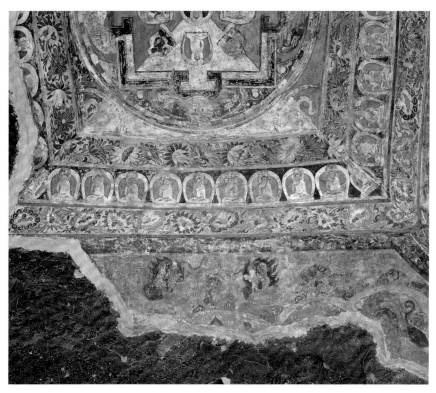

**247 壇城圖藻井一角**

中心方井畫壇城圖，壇城外四角畫金剛
杵紋，邊飾為蓮荷紋、坐佛像連續帶、
牡丹紋，無垂幔。此紋樣與榆林窟同期
藻井相同。

西夏 東2 窟頂

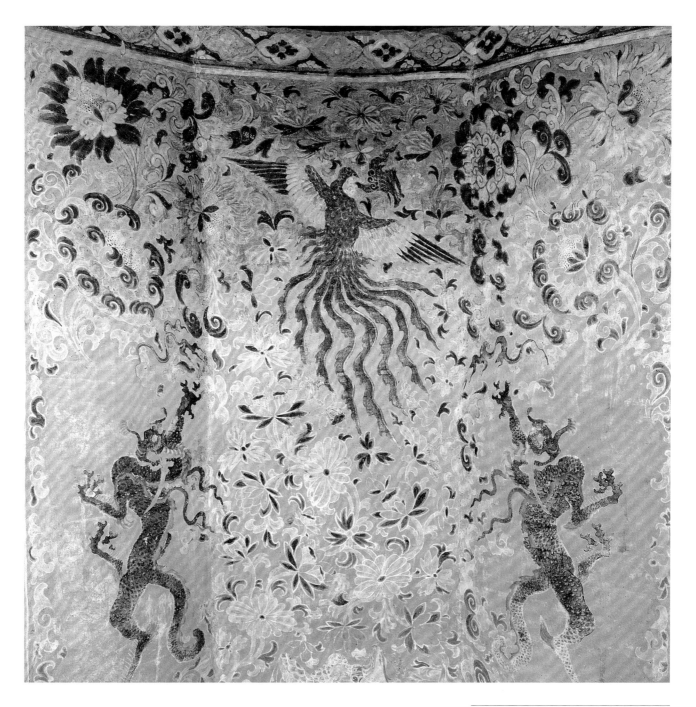

### 248 龍鳳牡丹紋

石榴牡丹紋滿地鋪展，前端畫展翅鳳
鳥，另一端兩側各畫一龍，形象生動，
繪飾精美。壁面地層雖多剝蝕，但紋樣
仍清晰可辨。

西夏 東2 甬道頂

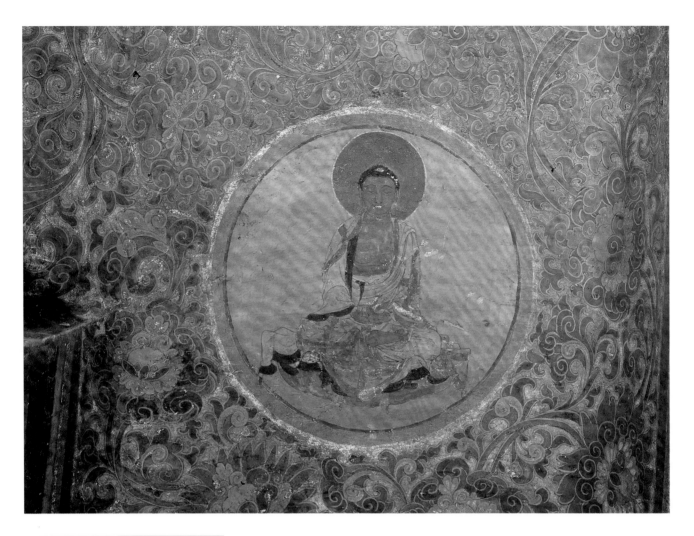

### 249 纏枝石榴牡丹紋

龕柱甬道頂部畫纏枝石榴牡丹紋，滿地
佈飾，牡丹瓣葉有長葉形、捲葉形兩
種，花內均畫石榴，以纏枝串聯。淡赭
地，青綠紋，勾白線。牡丹紋中分段畫
坐佛像。

西夏　東2　甬道頂

### 250 雙鸞牡丹紋

龕柱甬道頂部，牡丹紋滿地佈飾，花飾
較小，花中畫石榴或蓮荷，葉紋自由聯
接，無纏枝。牡丹紋中分段畫雙鸞。鸞
鳳牡丹紋是西夏流行紋樣，以後演變為
孔雀戲牡丹。

西夏　東7　甬道頂

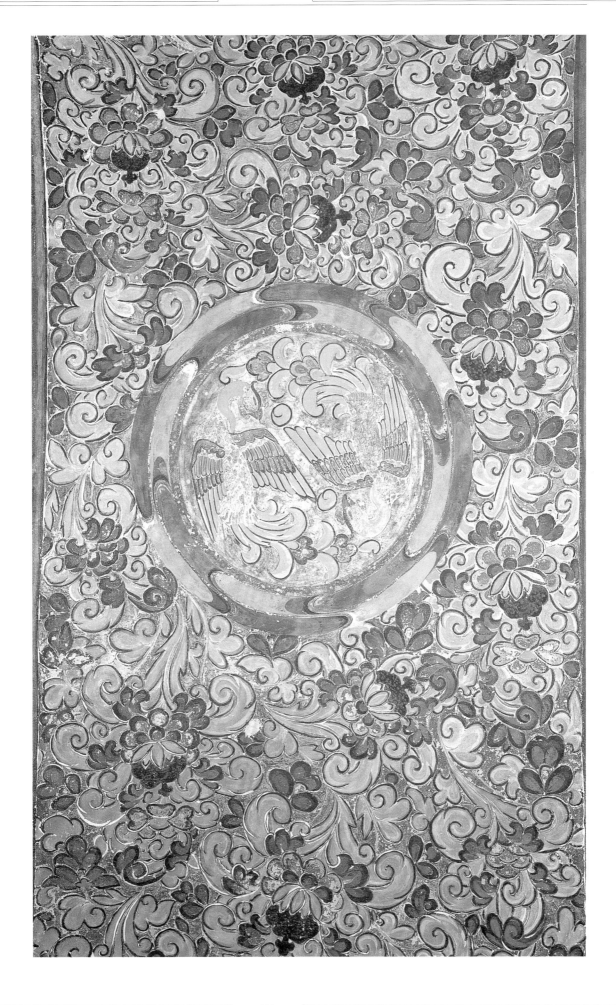

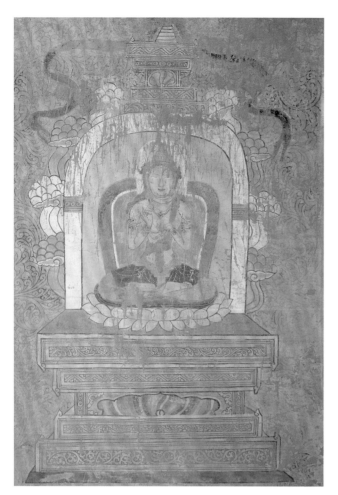

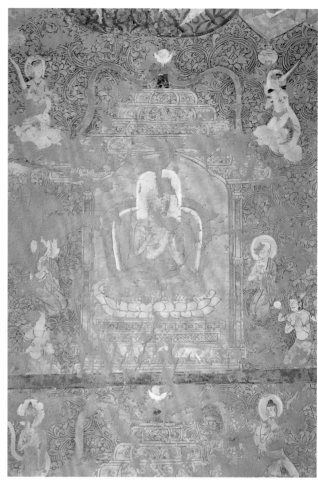

## 251 佛塔裝飾紋樣

佛龕金剛座畫捲葉紋、三角紋、捲渦
紋。捲渦紋形似捲雲，宋《營造法式》
有"狼牙蕙草"紋與之相似。佛塔外遍
畫捲葉紋。

西夏 東5 西壁

## 252 纏枝西番蓮紋

佛龕為塔形，土紅線畫金剛座、龕柱和
塔頂裝飾。塔外素地，墨線滿畫纏枝西
番蓮花紋，別具一格。

西夏 東5 西壁

### 253 捲葉紋

四葉五尊佛周圍以素地墨線畫捲葉紋，
捲葉細而稠密，主枝蜿蜒四方連續，捲
葉如湖泊水草，隨波蕩漾，亦有新意。
西夏　東5　西壁

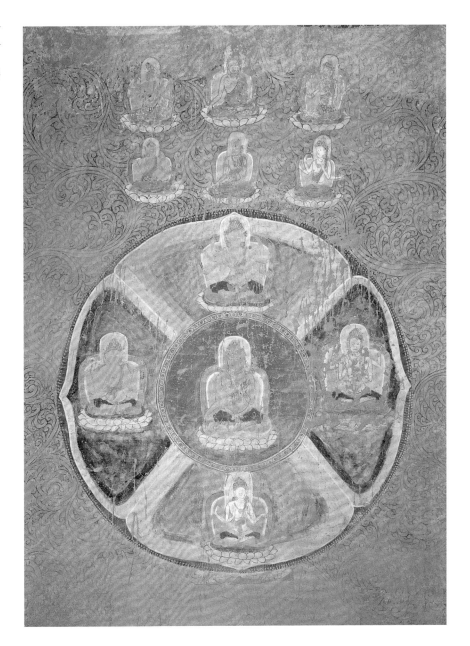

### 254 圓環套聯紋

甬道頂部畫圓環套聯紋，其組構法是一
個圓環與周邊六個圓環邊沿相疊壓，如
此擴展。圓環中成六角形，周邊成六梭
形，內中畫六葉小花。這是有別於周邊
四個圓環套聯紋的另一種紋樣。
西夏　莫61　甬道頂

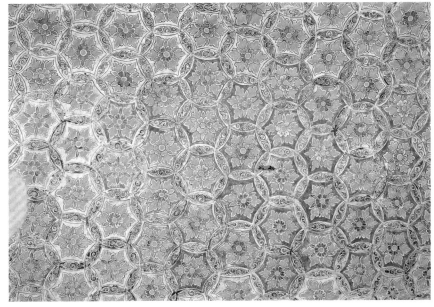

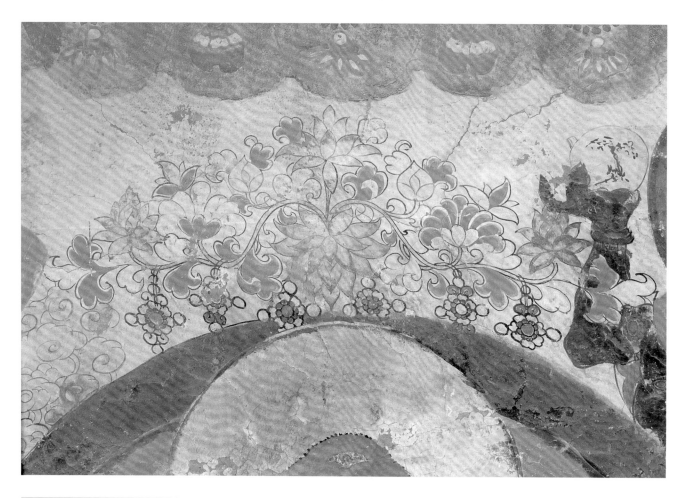

**255 蓮花華蓋**

以纏枝蓮花代表華蓋，纏枝掛飾珠玉示
意寶相，是想像美化的裝飾紋樣。

西夏 榆2

## 第四節　　蒙元時期圖案

公元1227年，蒙古軍滅西夏，佔據瓜、沙二州，至明洪武五年（公元1372年）的一百四十五年中，蒙元時期新建和重修石窟大小僅有十餘座，圖案以莫高窟第465窟、榆林窟第4窟為代表。兩窟均繪於蒙元早期，都以藏密圖像為中心內容，而裝飾紋樣卻是兩種風格。

榆林窟第4窟與西夏榆林窟第3窟相鄰，兩窟藻井都以藏密圖像為中心內容，裝飾紋樣屬同一系統，風格相同。藻井圖案滿佈窟頂，分為兩重，中心方井畫八葉蓮花九尊佛，方井外圍邊飾依次為白珠紋、纏枝牡丹紋、方菱圓環套聯紋、纏枝西蕃蓮紋、圓環套聯紋、迴紋、垂幔紋，是為內重。次為千佛一列、纏枝石榴牡丹紋、垂幔紋，是為外重。除去白珠紋、迴紋、圓環套聯紋之外，方菱圓環套聯紋和三種纏枝花草邊飾均是以前未有的新紋樣。

方菱圓環套聯紋是一種斜方格和圓弧支條疊壓套聯的連續紋，與西夏第3窟藻井中的六出龜紋同屬一類。六出龜紋是從中伸出六條支幹與六方的（龜甲）單元相聯，方菱圓環套聯紋是從中伸出四條弧形支條，與四方的單元相聯。兩者組構連續方法完全相同。斜方形紋《營造法式》稱為"方菱"，但無方菱圓環套聯紋圖例。藻井中的紋飾應是畫工依據多邊幾何形連續紋組構方法自創繪製的。可以想像，宋元時期建築彩畫幾何

形紋樣比之《營造法式》所收圖樣更加豐富！

藻井中的纏枝花草紋有三種：一、菊花紋，花朵呈仰視狀，團形，瓣片端頭圓形有裂，周邊葉片短、肥、尖。二、西蕃蓮紋，花朵呈側視狀，瓣片捲曲成團狀，周邊葉片向外伸展。烘托花朵的兩片綠葉左右分開，向外翻捲。三、石榴牡丹紋，花朵呈圓形，瓣片捲曲狀，中有石榴或蓮蓬，周邊葉片或伸展或捲曲，花朵兩側各配置一朵小花。花飾整體呈三角形狀。三種邊飾均以波狀纏枝串聯，花朵的葉片皆為同一母體，如以捲曲的葉片為花瓣，以粗、短、尖的葉片為花朵周邊的葉片等。而三種纏枝又各自特徵鮮明，在同一藻井中互映成趣，相得益彰。榆林窟元代第4窟藻井纏枝邊飾如與西夏第3、10窟藻井纏枝邊飾比較，略顯少些華麗與精緻，卻另具樸實無華之特色。而三窟纏枝花草紋，從中都可看到唐代捲草紋之遺風。但這種轉變的歷程是發生在五代、兩宋期間的內地，而不是邊遠的瓜州、沙州。

莫高窟第465窟藻井圖案則屬另一風格。藻井亦以藏密圖像為中心內容，覆斗方井向上凸起兩重，方井內畫大日如來一鋪，窟頂四坡畫東南西北四方佛，與中心大日如來合為五方佛。方井四周畫四重邊飾，無垂幔。四坡說法圖

之間亦有邊飾間隔。構成窟頂藻井以五方佛為中心內容，以圖案邊飾裝飾各鋪佛像邊框和聯結線的總體佈局。

藻井邊飾有捲雲形迴紋、牡丹花卉紋、寶珠捲渦紋。捲雲形迴紋連續紋的單元紋形，是一個兩側內捲的雲紋，上下相對，相間排列。兩個單元之間是兩個相對的"3"字形彎折形聯結，如此反復連續，宛若一條回環捲折舞動的絲帶。捲雲形單元紋樣，在中唐藻井中已經出現。是平列連續成邊飾。五代藻井中，是在兩個雲形單元之間畫以橫臥的"3"字紋形相聯。這種回環彎轉立體透空之法，從其結構形象來看，與方形迴紋連續紋均屬同一類別。而第465窟這一捲雲形迴紋連續紋又應是從域外傳入的另一支系。

牡丹花卉紋，是宋元時期盛行的邊飾紋樣，此窟牡丹花卉紋與上述諸種牡丹紋相比，前者重勾線，尚存唐風餘韻；後者重敷色，傾向寫生，是一種"勾填法"，先勾線，填色後不再加勾墨線，線條或隱或現。花瓣外沿色深，內中淡，兩色交暈。葉子用深色畫出葉脈，枝幹隨意穿插。這是一種新法。寫生型牡丹紋多見於絲織印染織物，如北京故宮博物院藏北宋元祐元年（公元1086年）製的纏枝牡丹貼綾、福建福州北郊浮山黃升墓出土的宋代羅、綾織物上的牡丹紋樣都是自然生態的形象。但此窟纏枝牡丹紋並非直接來自於中原，從其風格看，它已染上了一些藏地藝術的風韻，它應是由藏地畫工親手繪製的。

捲渦紋，是藏密佛教裝飾中的重要邊飾紋樣。此窟有三種，即寶珠捲渦紋、流水捲渦紋、簡筆雲氣捲渦紋。寶珠捲渦紋，形似藤蔓植物，紋飾為黑地，黃金色紋，捲渦中分別填塗紅、藍、綠色，模仿黃金紋飾鑲嵌寶珠。這一邊飾繪在藻井方井四周和窟頂四坡說法圖的周邊，是聯結統一窟頂裝飾的紐帶和支架，是窟內裝飾中的主要邊飾紋樣。流水捲渦紋，紋形似流水漩渦，白地，綠紋，黑線。繪於佛像背屏（背光）和窟門周邊（門框），而以窟門周邊的紋飾最為典型、美觀，可惜畫面已磨損。這兩種捲渦紋在印度阿旃陀石窟、埃羅拉石窟和我國西藏古格佛寺遺址的天花板上、佛殿門框上都有雕刻或彩繪。簡筆雲氣捲渦紋，亦繪於窟門周邊，此紋稱"簡筆"是相對西夏榆林窟第3窟藻井中心壇城圖四角的雲氣捲渦紋而言的，兩種捲渦紋結構法式同為一類型，紋形也相似，但仔細分析，當為兩個不同支系。

西夏藻井中的雲氣捲渦紋比較複雜，分有多頭，葉片多裂花。西藏古格佛寺遺址天花上繪有多種，其源亦應是由印度傳入。簡筆雲氣捲渦紋較簡潔，是一條粗壯斜向纏枝，一端成捲渦形，捲渦線的一側畫有齒狀的圓點。兩段捲渦相接的分杈處，勾點幾筆，示意"花蕾"。如此反復連續成邊飾。素地，深褐色畫紋，紋簡質樸。這類紋樣，在宋代民用瓷器上多有繪飾。吳水存先生在《江西吉州窰彩繪瓷器研究》中有舉例，瓷器腹部均繪滿地捲渦紋。吉州窰雖在南方，但它的窰工技藝是在 12 世紀金人南侵戰亂時由北方磁州窰傳去的。在新疆克孜爾石窟7世紀壁畫中，有一種斜向"S"形捲渦連續紋，捲渦的一側亦畫若干圓點，如果把兩端捲渦改為一端捲渦，反復連續起來，與簡筆雲氣捲渦紋也就相差無幾了。有的研究者總愛把這類雲氣捲渦紋與流行於5世紀的忍冬紋相聯繫，這是不妥的。但它的紋形內在氣韻使人感到它仍隱寓着遠祖西域的影子，只是傳入及發展的支系不同而已。

元代石窟圖案（包括西夏圖案）模仿藏傳佛教寺院裝飾是顯而易見的。西藏古格佛寺遺址中的天花裝飾，即有八葉蓮花九佛、九葉蓮花十佛、梵文六字真言、各種捲渦紋、各種幾何紋、花卉紋、圓環套聯紋、禽獸紋，敦煌西夏、元代石窟圖案中的主要紋樣大都與之相同或類似。古格佛寺遺址現存壁畫，西藏自治區文物管理委員會編寫的《古格故城》中研究推定為 15 世紀中期以後繪製，而佛寺建築早於現存壁畫，"古格王國地處偏僻，外界畫風的改變很難在短時間影響到這裏，所以古格壁畫保持了較強的連續性，後世模仿前世之作，少有創新，沒有發生較大的階段性變化"。那麼作為純裝飾性的圖案紋樣更應是保持了較早的樣式，如佛殿門框上雕刻的捲渦紋也應是建築同期之作，佛殿天花板上那些因多次拆御塗色組裝錯位不能連接的捲渦紋亦應是舊有紋樣。這些現象都說明古格佛寺裝飾中的主要紋樣仍保持了早期的樣式。這些早期的佛寺裝飾紋樣也隨同藏傳密宗佛教圖像一並內傳，進入敦煌的西夏、蒙元時期石窟，與漢地建築彩畫紋樣共同組構成以藏密圖像為中心內容、漢藏紋樣合一的新圖案。

最後要說明的是，有研究者認為蒙元時期的第465窟壁畫是唐代所繪，實在是不該發生的一大失誤。因為圖案紋樣研究不僅是一個裝飾藝術問題，紋樣還是一個時代的標誌。

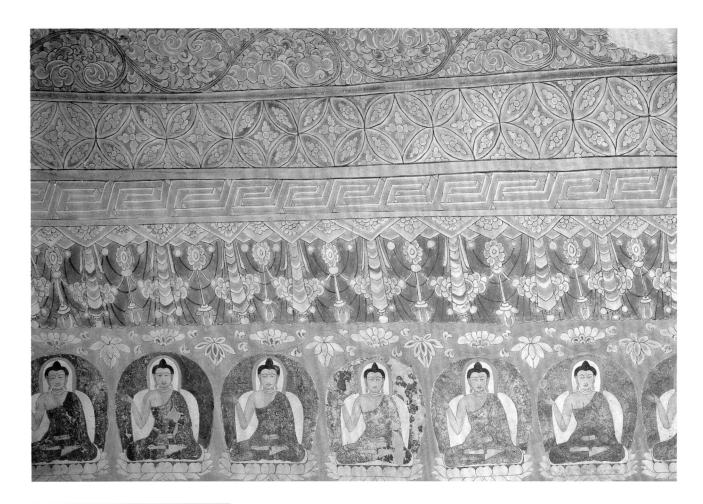

**256 藻井邊飾**

此藻井邊飾有內外兩重，圖中為內重邊
飾，依次為纏枝西番蓮紋、圓環套聯
紋、迴紋與垂幔。

元 榆4 窟頂

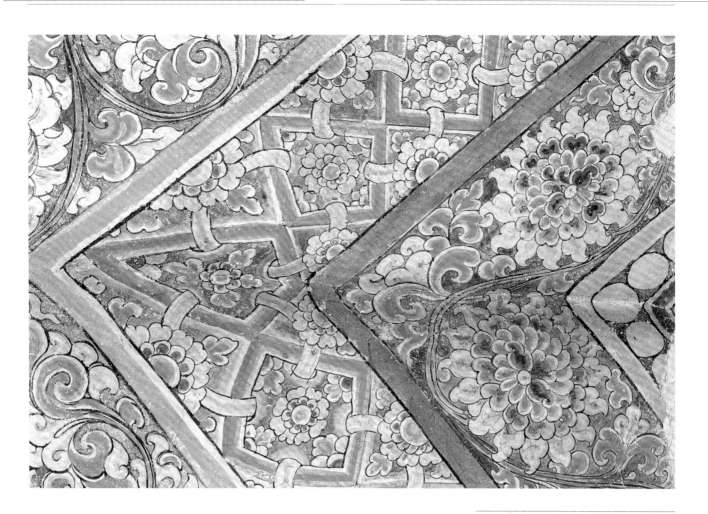

**257 藻井邊飾一角**

藻井邊飾一角可見連續紋樣在轉折處的
銜接關係。自上為聯珠紋、纏枝牡丹
紋、方菱圓環套聯紋。其中牡丹為菊形
瓣，是藻井裝飾中未有過的新紋樣。

元 榆4 窟頂

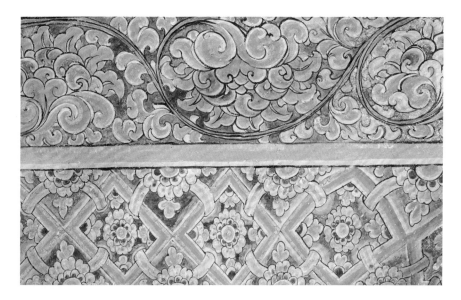

### 258 方菱圓環套聯紋邊飾

藻井邊飾中的方菱圓環套聯紋，組構奇特，給人以皮革穿編的感覺，加上團花裝飾，更顯華麗。此紋樣亦屬幾何紋之一種。

元 榆4 窟頂

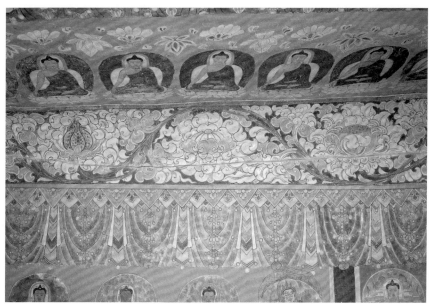

### 259 藻井邊飾

此圖為藻井邊飾的外一重。上端是內重垂幔，其下是坐佛像連續帶，再下是纏枝牡丹紋、垂幔紋。牡丹紋中包含有蓮蓬、石榴。

元 榆4 窟頂

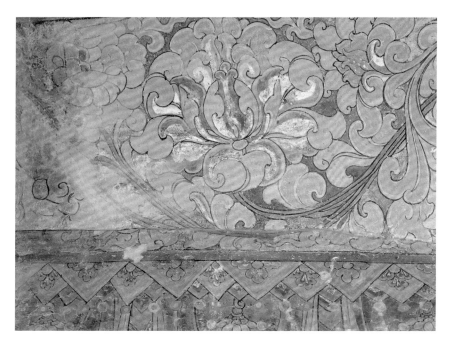

### 260 纏枝牡丹紋邊飾

邊飾中牡丹瓣片為捲曲狀，中畫石榴，形態飽滿，色彩冷豔。此亦為牡丹紋樣之一種。

元 榆4 窟頂

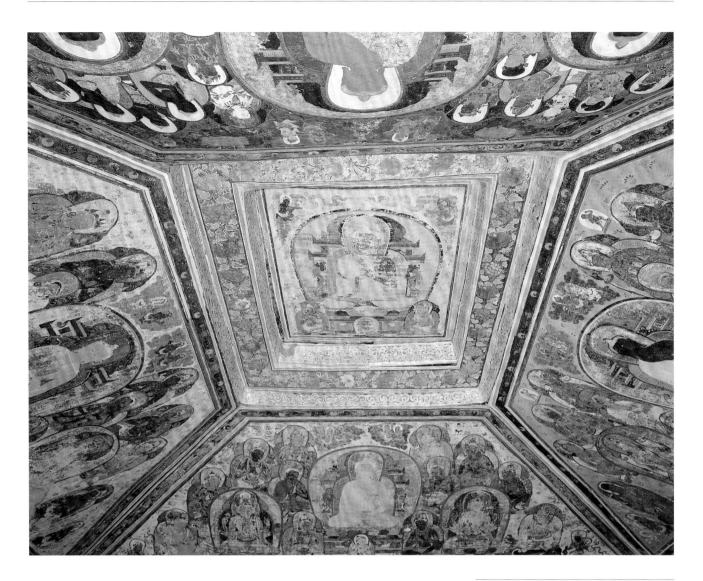

### 261　五方佛圖藻井

藻井裝飾為五方佛圖像，中心方井畫一
坐佛像，四坡各畫一鋪佛說法圖。方井
四周邊飾，說法圖四邊邊飾即藻井主要
裝飾紋樣。紋樣有捲雲形迴紋、牡丹花
卉紋、寶珠捲渦紋，都是藻井裝飾中未
有過的新紋樣。

元　莫465　窟頂

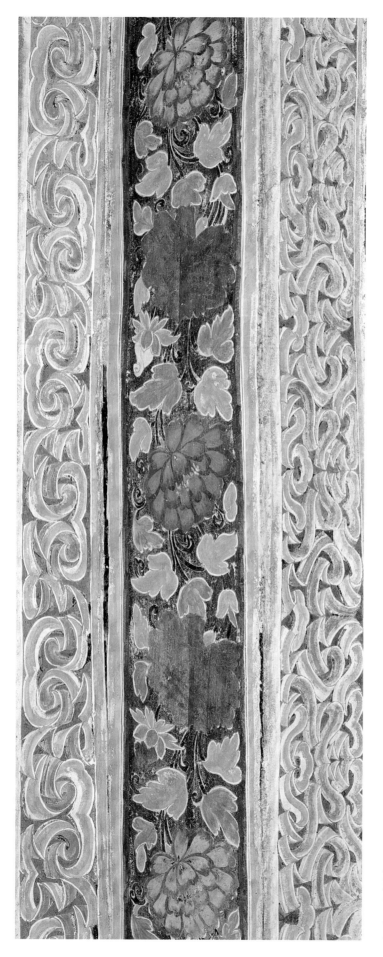

### 262 牡丹紋邊飾

邊飾中的牡丹雖為纏枝形式，但其書法
具有較多寫生性，暈染方法類似 "沒骨
法"。 此牡丹紋與西夏藻井牡丹紋有顯
著不同。兩側邊飾為捲雲形迴紋。為藏
傳佛教裝飾紋樣，源於印度。

元 莫465

### 263 捲渦紋佛背光

佛背光中繪捲渦紋，此為藏傳佛教裝飾
紋樣之另一種，源於印度。

元 莫465

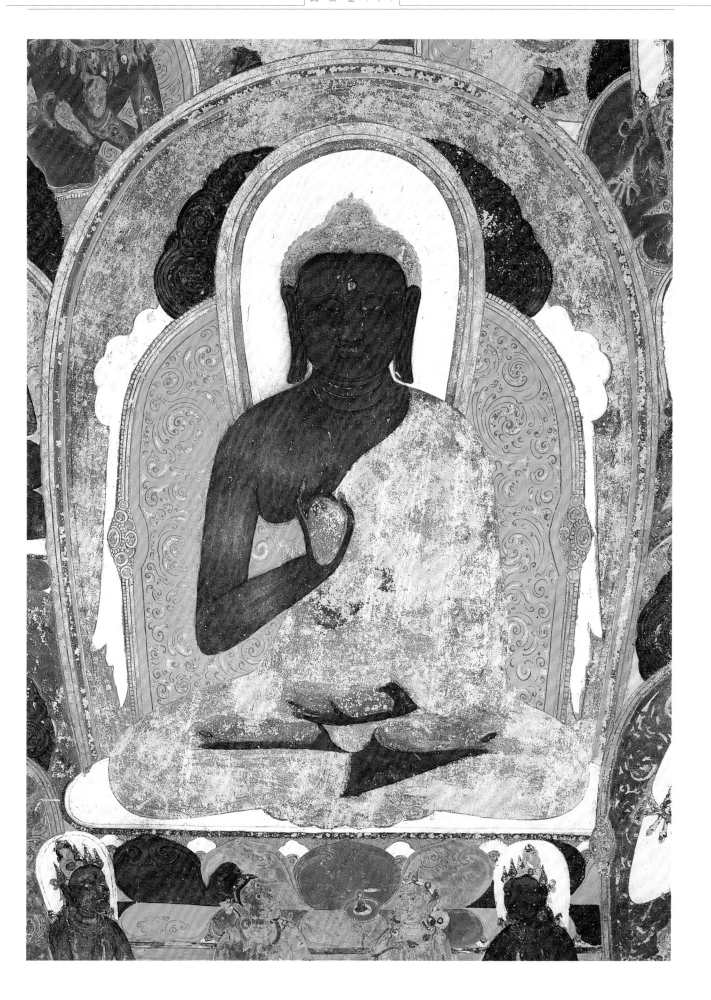

# 圖版索引

| 圖號 | 圖名 | 窟號 | 頁碼 | 圖號 | 圖名 | 窟號 | 頁碼 | 圖號 | 圖名 | 窟號 | 頁碼 |
|---|---|---|---|---|---|---|---|---|---|---|---|
| 第三章 | | | | 60 | 團花紋平棊 | 莫79 | 67 | 121 | 龕頂裝飾紋樣 | 莫360 | 116 |
| 1 | 葡萄石榴紋藻井 | 莫322 | 14 | 61 | 單枝石榴捲草紋邊飾 | 莫217 | 68 | 122 | 龕頂裝飾 | 莫231 | 118 |
| 2 | 葡萄蓮花紋藻井 | 莫387 | 15 | 62 | 單枝石榴捲草紋邊飾 | 莫113 | 68 | 123 | 雁啣珠串團花紋平棊 | 莫361 | 118 |
| 3 | 葡萄石榴紋藻井 | 莫209 | 16 | 63 | 單枝石榴捲草紋邊飾 | 莫148 | 68 | 124 | 雁啣珠串團花紋平棊 | 莫361 | 119 |
| 4 | 石榴蓮花紋藻井 | 莫375 | 16 | 64 | 多枝石榴捲草紋邊飾 | 莫444 | 68 | 125 | 雁啣珠串團花紋 | 莫158 | 120 |
| 5 | 石榴蓮花紋藻井 | 莫373 | 17 | 65 | 多枝石榴捲草紋邊飾 | 莫23 | 70 | 126 | 團花紋平棊 | 莫360 | 120 |
| 6 | 四瓣蓮花紋藻井 | 莫211 | 18 | 66 | 多枝石榴捲草紋邊飾 | 莫148 | 70 | 127 | 茶花團花紋平棊 | 莫188 | 121 |
| 7 | 三兔蓮花紋藻井 | 莫205 | 19 | 67 | 茶花捲草紋邊飾 | 莫172 | 71 | 128 | 團花紋平棊 | 莫237 | 121 |
| 8 | 平瓣蓮花紋藻井 | 莫386 | 20 | 68 | 茶花捲草紋邊飾 | 莫148 | 71 | 129 | 纏枝茶花捲草紋邊飾 | 莫197 | 122 |
| 9 | 平瓣蓮花飛天紋藻井 | 莫204 | 21 | 69 | 捲草 紋邊飾線稿 | 莫116 | 72 | 130 | 靈鳥石榴捲草紋邊飾 | 莫159 | 122 |
| 10 | 桃形瓣蓮花紋藻井 | | | 70 | 半團花紋邊飾 | 莫217 | 72 | 131 | 石榴茶花捲草紋邊飾 | 莫237 | 122 |
| | (中心部分) | 莫331 | 22 | 71 | 百花草紋邊飾 | 莫79 | 72 | 132 | 石榴茶花捲草紋邊飾 | 莫237 | 124 |
| 11 | 桃形瓣蓮花紋藻井 | 莫335 | 23 | 72 | 百花草紋邊飾 | 莫66 | 74 | 133 | 石榴捲草紋邊飾 | 莫158 | 124 |
| 12 | 桃形瓣蓮花紋藻井 | 莫340 | 24 | 73 | 百花草紋邊飾 | 莫120 | 74 | 134 | 纏枝茶花石榴紋邊飾 | 莫180 | 124 |
| 13 | 桃形瓣蓮花紋藻井 | 莫341 | 25 | 74 | 龜甲紋邊飾 | 莫323 | 75 | 135 | 纏枝茶花紋邊飾 | 莫199 | 126 |
| 14 | 蓮花紋藻井 | 莫372 | 26 | 75 | 斜方格紋邊飾 | 莫217 | 75 | 136 | 纏枝茶花紋邊飾 | 莫361 | 126 |
| 15 | 飛天蓮花紋藻井 | 莫329 | 27 | 76 | 斜方格紋邊飾 (局部) | 莫217 | 75 | 137 | 團花紋邊飾 | 莫237 | 126 |
| 16 | 蓮花紋藻井 | 莫321 | 28 | 77 | 菱格紋邊飾 | 莫387 | 76 | 138 | 纏枝蓮荷童子邊飾 | 莫361 | 127 |
| 17 | 纏枝葡萄紋邊飾 | 莫322 | 29 | 78 | 菱格紋邊飾 | 莫39 | 76 | 139 | 團花紋背光邊飾 | 莫225 | 128 |
| 18 | 菱格紋邊飾 | 莫322 | 29 | 79 | 菱格紋邊飾 | 莫172 | 76 | 140 | 團花紋建築紋樣 | 莫158 | 129 |
| 19 | 蓮荷童子紋邊飾 | 莫57 | 30 | 80 | 菱格紋邊飾 | 莫166 | 76 | 141 | 捲草紋背光邊飾 | 莫188 | 130 |
| 20 | 纏枝蓮花紋邊飾 | 莫321 | 30 | 81 | 蓮花紋邊飾 | 莫320 | 78 | 142 | 纏枝茶花紋背光邊飾 | 莫202 | 131 |
| 21 | 纏枝蓮花紋邊飾 | 莫321 | 31 | 82 | 蓮花紋邊飾 | 莫46 | 78 | 143 | 團花捲草紋背光邊飾 | 莫158 | 132 |
| 22 | 纏枝石榴捲草紋邊飾 | 莫220 | 32 | 83 | 蓮花紋邊飾 | 莫166 | 78 | 144 | 石榴捲草紋佛背光 | 莫159 | 132 |
| 23 | 纏枝石榴蓮花紋邊飾 | 莫340 | 32 | 84 | 蓮花紋邊飾 | 莫46 | 79 | 145 | 水波折紋佛背光 | 莫148 | 133 |
| 24 | 單枝蓮花邊飾 | 莫340 | 32 | 85 | 蓮花紋頭光 | 莫208 | 80 | 146 | 水波折紋佛頭光 | 莫148 | 134 |
| 25 | 纏枝百花草紋邊飾 | 莫334 | 34 | 86 | 團花紋佛背光 | 莫217 | 80 | 147 | 水波折紋佛背光 | 莫202 | 135 |
| 26 | 纏枝百花草紋邊飾 | 莫71 | 34 | 87 | 蓮花紋頭光之一 | 莫217 | 82 | 148 | 水波折紋佛頭光 | 莫192 | 136 |
| 27 | 四葉蓮花紋邊飾 | 莫334 | 36 | 88 | 蓮花紋頭光之二 | 莫217 | 82 | 149 | 菩薩背光 | 莫192 | 137 |
| 28 | 二菩薩頭光 | 莫57 | 37 | 89 | 蓮花紋頭光之三 | 莫217 | 83 | 150 | 龕內裝飾 | 莫188 | 138 |
| 29 | 葡萄捲藤紋佛背光 | 莫209 | 37 | 90 | 纏枝蓮草紋頭光 | 莫217 | 84 | 151 | 龕內裝飾 | 莫201 | 140 |
| 30 | 石榴捲草紋頭光 | 莫220 | 38 | 91 | 蓮花捲草紋佛背光 | 莫444 | 85 | 152 | 捲瓣大蓮花紋華蓋裝飾 | 莫201 | 141 |
| 31 | 纏枝百花草紋菩薩頭光 | 莫332 | 39 | 92 | 葡萄石榴蓮花紋菩薩頭光 | 莫444 | 86 | 153 | 蓮花紋華蓋 | 莫116 | 142 |
| 32 | 蓮花紋弟子頭光 | 莫341 | 40 | 93 | 蓮花紋佛頭光 | 莫387 | 87 | 154 | 獅子捲瓣蓮花紋藻井 | 莫85 | 145 |
| 33 | 蓮瓣紋佛背光 | 莫341 | 40 | 94 | 半蓮花紋佛背光 | 莫328 | 88 | 155 | 靈鳥平瓣蓮花紋藻井 | 莫9 | 146 |
| 34 | 雙樹華蓋 | 莫331 | 41 | 95 | 蓮花紋佛背光 | 莫74 | 89 | 156 | 藻井邊飾之局部 | 莫196 | 147 |
| 35 | 纏枝石榴紋華蓋 | 莫332 | 42 | 96 | 百花草紋佛背光 | 莫180 | 90 | 157 | 鳳鳥石榴藻井邊飾 | 莫12 | 148 |
| 36 | 纏枝捲草紋華蓋 | 莫329 | 44 | 97 | 百花草紋佛背光 | 莫225 | 91 | 158 | 觀音像藻井 | 莫161 | 150 |
| 37 | 桃形瓣蓮花紋藻井 | 莫323 | 49 | 98 | 百花草紋頭光之一 | 莫225 | 92 | 159 | 四方佛像藻井 | 莫14 | 151 |
| 38 | 桃形瓣蓮花紋藻井 | 莫216 | 50 | 99 | 百花草紋頭光之二 | 莫225 | 92 | 160 | 二團花藻井 | 莫167 | 152 |
| 39 | 桃形瓣蓮花紋藻井 | 莫215 | 51 | 100 | 百花草紋頭光之三 | 莫225 | 93 | 161 | 佛壇背屏裝飾 | 莫196 | 153 |
| 40 | 桃形瓣蓮花紋藻井 | 莫217 | 52 | 101 | 茶花紋佛背光之一 | 莫182 | 94 | 162 | 佛壇背屏裝飾 | 莫16 | 154 |
| 41 | 桃形瓣蓮花紋藻井 | 莫103 | 53 | 102 | 茶花紋佛背光之二 | 莫182 | 94 | 163 | 茶花捲草邊飾 | 莫12 | 155 |
| 42 | 三蓮花藻井 | 莫319 | 54 | 103 | 茶花紋佛背光 | 莫169 | 95 | 164 | 石榴茶花捲草紋邊飾 | 莫14 | 155 |
| 43 | 葉形瓣蓮花紋藻井 | 莫41 | 54 | 104 | 蓮花紋華蓋 | 莫66 | 96 | 165 | 纏枝千佛紋邊飾 | 莫85 | 155 |
| 44 | 葉形瓣蓮花紋藻井 | 莫41 | 55 | 105 | 蓮花垂幔紋華蓋 | 莫171 | 98 | 166 | 纏枝千佛紋邊飾 | 莫361 | 156 |
| 45 | 葉形瓣蓮花紋藻井 | 莫171 | 55 | 106 | 蓮花寶珠紋華蓋 | 莫172 | 99 | 167 | 菱格紋邊飾 | 莫12 | 157 |
| 46 | 葉形瓣蓮花紋藻井 | 莫175 | 56 | 107 | 蓮花寶珠紋華蓋 | 莫129 | 100 | 168 | 龕內裝飾 | 莫9 | 158 |
| 47 | 團花紋藻井 | 莫320 | 56 | 108 | 金龍啣珠紋華蓋 | 莫171 | 101 | 169 | 團花甲衣紋樣 | 莫196 | 160 |
| 48 | 團花紋藻井 | 莫49 | 57 | 109 | 茶花團花紋樣 | 莫148 | 102 | 170 | 團花服飾紋樣 | 莫196 | 160 |
| 49 | 團花紋藻井 | 莫122 | 58 | 110 | 茶花紋藻井 | 莫180 | 107 | 171 | 華蓋寶座裝飾 | 莫9 | 162 |
| 50 | 團花紋藻井 | 莫123 | 59 | 111 | 石榴茶花紋藻井 | 莫201 | 108 | 第四章 | | | |
| 51 | 團花紋藻井 | 莫166 | 60 | 112 | 蓮花茶花紋藻井 | 莫159 | 109 | 172 | 佛壇背屏窟內景 | 莫61 | 169 |
| 52 | 葉形瓣團花紋藻井 | 莫117 | 61 | 113 | 靈鳥捲瓣蓮花紋藻井 | 莫360 | 109 | 173 | 團龍鸚鵡團花紋藻井 | 莫61 | 170 |
| 53 | 桃形瓣團花紋藻井 | 莫113 | 62 | 114 | 獅子平瓣蓮花紋藻井 | 莫359 | 110 | 174 | 藻井中的獅鳳紋邊飾 | 莫61 | 171 |
| 54 | 葉形團花紋藻井 | 莫79 | 63 | 115 | 獅子捲瓣蓮花紋藻井 | 莫231 | 111 | 175 | 團龍鸚鵡團花紋藻井 | 莫98 | 172 |
| 55 | 團花紋藻井 | 莫208 | 63 | 116 | 蓮花紋藻井 | 莫197 | 111 | 176 | 藻井中的獅鳳紋邊飾 | 莫98 | 173 |
| 56 | 葉形團花紋藻井 | 莫31 | 64 | 117 | 三兔蓮花紋藻井 | 莫144 | 112 | 177 | 團龍團花紋藻井 | 莫100 | 173 |
| 57 | 團花紋藻井 | 莫172 | 65 | 118 | 佛龕裝飾 | 莫159 | 112 | 178 | 三兔團花紋藻井 | 莫99 | 174 |
| 58 | 團花紋藻井 | 莫26 | 66 | 119 | 靈鳥團花紋帳額 | 莫361 | 114 | 179 | 團龍鸚鵡蓮花紋藻井 | 莫146 | 175 |
| 59 | 龕頂部團花紋 | 莫23 | 67 | 120 | 千佛團花紋帳額 | 莫361 | 115 | 180 | 藻井中的邊飾 | 榆16 | 176 |

| 圖號 | 圖名 | 窟號 | 頁碼 | 圖號 | 圖名 | 窟號 | 頁碼 | 圖號 | 圖名 | 窟號 | 頁碼 |
|---|---|---|---|---|---|---|---|---|---|---|---|
| 181 | 佛龕裝飾 | 莫6 | 178 | 209 | 二重藻井邊飾 | 榆14 | 206 | 237 | 八葉九佛圖像藻井 | 榆10 | 229 |
| 182 | 佛龕帳額裝飾 | 莫6 | 179 | 210 | 交杵團花紋藻井 | 榆21 | 207 | 238 | 鴛鳳蓮荷紋之一 | 榆10 | 230 |
| 183 | 佛龕帳額裝飾 | 莫5 | 179 | 211 | 團龍紋藻井 | 莫310 | 207 | 239 | 鴛鳳蓮荷紋之二 | 榆10 | 230 |
| 184 | 團花紋平棊 | 莫6 | 180 | 212 | 團龍紋藻井 | 莫207 | 208 | 240 | 瑞獸石榴牡丹紋 | 榆10 | 231 |
| 185 | 團花紋平棊 | 榆16 | 181 | 213 | 坐佛平棊 | 莫449 | 209 | 241 | 石榴牡丹紋 | 榆10 | 231 |
| 186 | 纏枝捲草紋邊飾 | 莫146 | 182 | 214 | 團花紋平棊 | 莫25 | 210 | 242 | 幾何紋邊飾 | 榆10 | 232 |
| 187 | 捲草紋邊飾 | 莫6 | 183 | 215 | 團花紋平棊 | 榆26 | 210 | 243 | 圓環套聯紋與垂幔紋 | 莫61 | 232 |
| 188 | 佛背光裝飾 | 莫6 | 184 | 216 | 團花紋平棊 | 莫263 | 211 | 244 | 六出龜紋 | 榆3 | 233 |
| 189 | 文殊菩薩背光裝飾 | 莫6 | 185 | 217 | 平棊與椽間裝飾 | 莫309 | 212 | 245 | 團花旗角紋邊飾 | 榆2 | 233 |
| 190 | 文殊菩薩的華蓋 | 榆16 | 186 | 218 | 團花紋窟頂坡面 | 莫207 | 213 | 246 | 雙鳳圓環套聯紋 | 榆10 | 234 |
| 191 | 雙龍捲瓣蓮花紋藻井 | 莫55 | 190 | 219 | 菱形四葉紋邊飾 | 榆26 | 214 | 247 | 壇城圖藻井一角 | 東2 | 234 |
| 192 | 團龍捲瓣蓮花紋藻井 | 莫25 | 191 | 220 | 菱形四葉紋邊飾 | 榆17 | 214 | 248 | 龍鳳牡丹紋 | 東2 | 235 |
| 193 | 團龍捲瓣蓮花紋藻井 | 莫202 | 191 | 221 | 折枝花卉之一 | 莫365 | 215 | 249 | 纏枝石榴牡丹紋 | 東2 | 236 |
| 194 | 團龍捲瓣蓮花紋藻井 | 莫76 | 192 | 222 | 折枝花卉之二 | 莫365 | 215 | 250 | 雙鴛牡丹紋 | 東7 | 237 |
| 195 | 藻井中的邊飾 | 莫76 | 193 | 223 | 纏枝西番蓮紋樣 | 莫16 | 216 | 251 | 佛塔裝飾紋樣 | 東5 | 238 |
| 196 | 團龍團花紋藻井 | 莫368 | 194 | 224 | 七龍紋華蓋 | 第5號塔 | 217 | 252 | 纏枝西番蓮紋 | 東5 | 238 |
| 197 | 藻井中的邊飾 | 榆26 | 194 | 225 | 雙樹華蓋 | 榆17 | 218 | 253 | 捲葉紋 | 東5 | 239 |
| 198 | 團龍團花紋藻井 | 莫35 | 195 | 226 | 團龍紋藻井 | 榆2 | 222 | 254 | 圓環套聯紋 | 莫61 | 239 |
| 199 | 團鳳蓮花四龍紋藻井 | 莫16 | 196 | 227 | 藻井中的邊飾 | 榆2 | 222 | 255 | 蓮花華蓋 | 榆2 | 240 |
| 200 | 五龍團花紋藻井 | 莫130 | 197 | 228 | 壇城圖像藻井 | 榆3 | 223 | 256 | 藻井邊飾 | 榆4 | 244 |
| 201 | 團鳳紋藻井 | 莫367 | 198 | 229 | 藻井中的邊飾 | 榆3 | 224 | 257 | 藻井邊飾一角 | 榆4 | 245 |
| 202 | 五龍團花紋藻井 | 莫235 | 199 | 230 | 圓環套聯紋 | 榆3 | 225 | 258 | 方菱圓環套聯紋邊飾 | 榆4 | 246 |
| 203 | 團龍捲瓣蓮花紋藻井 | 莫29 | 200 | 231 | 纏枝牡丹紋之一 | 榆3 | 225 | 259 | 藻井邊飾 | 榆4 | 246 |
| 204 | 鳳頭雙龍團花紋藻井 | 莫400 | 201 | 232 | 纏枝牡丹紋之二 | 榆3 | 226 | 260 | 纏枝牡丹紋邊飾 | 榆4 | 246 |
| 205 | 團花紋藻井 | 莫378 | 202 | 233 | 禽獸牡丹紋之一 | 榆3 | 227 | 261 | 五方佛圓藻井 | 莫465 | 247 |
| 206 | 八角團花紋藻井 | 莫81 | 203 | 234 | 禽獸牡丹紋之二 | 榆3 | 227 | 262 | 牡丹紋邊飾 | 莫465 | 248 |
| 207 | 捲瓣蓮花紋藻井 | 莫27 | 204 | 235 | 禽獸牡丹紋之三 | 榆3 | 228 | 263 | 捲渦紋佛背光 | 莫465 | 249 |
| 208 | 西番蓮團花紋藻井 | 榆14 | 205 | 236 | 藻井中的邊飾 | 榆10 | 228 | | | | |

## 敦煌石窟分佈圖

本全集所用洞窟簡稱：莫即莫高窟，榆即榆林窟，東即東千佛洞，西即西千佛洞，五即五個廟石窟。

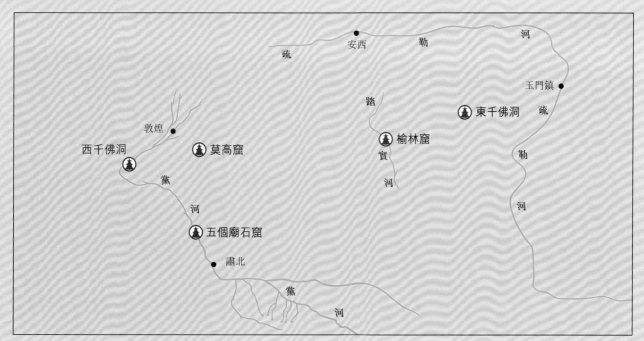

## 敦煌歷史年表

| 歷史時代 | 起止年代 | 統治王朝及年代 | 行政建置 | 備　注 |
|---|---|---|---|---|
| 漢 | 公元前 111～公元 219 | 西漢　公元前 111～公元 8<br>新　公元 9～23<br>東漢　公元 23～219 | 敦煌郡敦煌縣<br>敦德郡敦德亭<br>敦煌郡 | 公元前 111 年敦煌始設郡<br><br>公元 23 年隗囂反新莽；公元 25 年竇融據河西復敦煌郡名 |
| 三國 | 公元 220～265 | 曹魏　公元 220～265 | 敦煌郡 | |
| 西晉 | 公元 266～316 | 西晉　公元 266～316 | 敦煌郡 | |
| 十六國 | 公元 317～439 | 前涼　公元 317～376<br><br>前秦　公元 376～385<br>後涼　公元 386～400<br>西涼　公元 400～421<br>北涼　公元 421～439 | 沙州、敦煌郡<br><br>敦煌郡<br>敦煌郡<br>敦煌郡<br>敦煌郡 | 公元 336 年始置沙州；<br>公元 366 年敦煌莫高窟始建窟<br><br>公元 400 至 405 年為西涼國都 |
| 北朝 | 公元 439～581 | 北魏　公元 439～535<br><br>西魏　公元 535～557<br>北周　公元 557～581 | 沙州、敦煌鎮、義州、瓜州<br>瓜州<br>沙州鳴沙縣 | 公元 444 年置鎮，公元 516 年罷，為義州；公元 524 年復瓜州<br><br>公元 563 年改鳴沙縣，至北周末 |
| 隋 | 公元 581～618 | 隋　公元 581～618 | 瓜州敦煌郡 | |
| 唐 | 公元 619～781 | 唐　公元 619～781 | 沙州、敦煌郡 | 公元 622 年設西沙州，公元 633 年改沙州；公元 740 年改郡，公元 758 年復為沙洲 |
| 吐蕃 | 公元 781～848 | 吐蕃　公元 781～848 | 沙州敦煌縣 | |
| 張氏歸義軍 | 公元 848～910 | 唐　公元 848～907 | 沙州敦煌縣 | 公元 907 年唐亡後，張氏歸義軍仍奉唐正朔 |
| 西漢金山國 | 公元 910～914 | | 國都 | |
| 曹氏歸義軍 | 公元 914～1036 | 後梁　公元 914～923<br>後唐　公元 923～936<br>後晉　公元 936～946<br>後漢　公元 947～950<br>後周　公元 951～960<br>宋　公元 960～1036 | 沙州敦煌縣<br>沙州敦煌縣<br>沙州敦煌縣<br>沙州敦煌縣<br>沙州敦煌縣<br>沙州敦煌縣 | |
| 西夏 | 公元 1036～1227 | 西夏　公元 1036～1227<br>蒙古　公元 1227～1271 | 沙州<br>沙州路 | |
| 蒙元 | 公元 1227～1402 | 元　公元 1271～1368<br>北元　公元 1368～1402 | 沙州路<br>沙州路 | |
| 明 | 公元 1402～1644 | 明　公元 1404～1524 | 沙州衛、罕東街 | 公元 1516 年吐魯番佔；公元 1524 年關閉嘉峪關後，敦煌凋零 |
| 清 | 公元 1644～1911 | 清　公元 1715～1911 | 敦煌縣 | 公元 1715 年清兵出嘉峪關收復敦煌一帶，公元 1724 年築城置縣 |

資料來源：史葦湘《敦煌歷史大事年表》等；製表：《敦煌石窟全集》編輯委員會（馬德執筆）